KB168310

블록체인과
SNS 혁명
BlockChain & SNS Revolution

모두가 주인인 SNS 우리가 만드는 FUTUREPIA

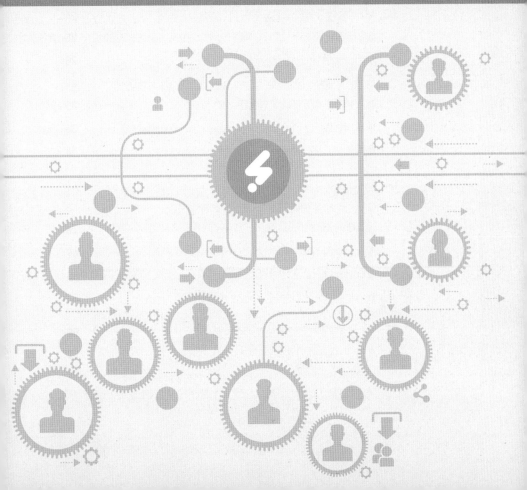

Contents

Part 02 **미래의 인터넷 블록체인 이해하기** ···················· 89

Prologue

요즘 삼성이 종합반도체 강국 도약의 목표로 "2030년까지 시스템 반도체 파운드리 분야 세계 1위, 팹리스 분야 시장점유율 10% 달성, 현재 메모리 반도체 시장의 1.5배 이상으로, 2022년에는 300조원 규모로 성장할 것"이라며 시스템 반도체로 영토 확장 필요성과 비전에 대해 화두가 되고 있다. '메모리 반도체'가 정보의 축적을 담당하면서 다품종 소량생산 구조라면, '시스템 반도체'는 정보의 활용을 담당하면서 특정목적에 맞게 설계하는 능력이 핵심이라 한다.

종합반도체 못지않게 "블록체인(BlockChain)에 관한 관심도 유난히 뜨겁다." 세계경제포럼(World Economic Forum, WEF), 국제연합(United Nations, UN), 국제결제은행(Bank for International Settlements) 등의 세계 유수한 국제기구들은 "블록체인 기술이 향후 시장과 정부의 기능에 근본적인 변화를 불러일으킬 잠재력"을 가지고 있다고 목소리를 높이고 있다. 때마침 해외 매체에서 2019년 가장 빠른 블록체인 트랜잭션(transaction) 속도를 분석하여 순위를 선정했는데 "시그마체인 퓨처피아가 TOP10 중 1위에 등극했다." 또한 국내에서도 대중소기업, 정부부처, 지방자치단체, 한국은행 및 금융기관 등을 비롯한 주요 단체들이나 학교, 국민들도 블록체인의 중요성과 파급영향을 주목하며 열공 모드로 학습중이다.

4차 산업혁명의 주요 키워드는 인공지능(AI), 사물인터넷(IoT), 빅데이터(Big Data), 클라우드 컴퓨팅(Cloud Computing), 모바일(Mobile), 3D프린팅, 로봇공학, 생명공학, 나노기술 등이 있다. 이 키워드들은 단순히 각기 다른 역할을 수행한다기보다는 서로 융합되어 사회·경제·기술 전반에 혁명적인 영향을 끼친다는 점에서 의의가 크다. 이런 융합은 초연결(hyperconnectivity), 초지능(superintelligence)을 목표로 하고 있다. 블록체인을 말하기 전에 4차 산업혁명을 거론한 이유는 '블록체인'이야말로 위 키워드들을 모두 연결할 수 있는 '초연결' 수단이기 때문이다. 블록체인은 4차 산업혁명의 주요 키워드와 신기술이거나 단순한 트렌드가 아니다. 블록체인은 세상의 모든 '장부'를 표현하는 다른 방법이라고 정의할 수 있다. 단순히 생각하면 '그게 무슨 큰 변화야'라고 생각하기 쉽지만, 블록체인을 자세히 들여다보면 놀라울 만큼 커다란 기술과 철학을 발견하게 된다. 블록체인 기술은 빅데이터 및 특정 사물(Object)과 연계되어 전 세계, 전국을 연결하는 "초연결·초지능 기술이기 때문에 막대한 트래픽(Traffic)"을 생산한다. 따라서 고도화된 네트워크(통신) 기술을 필요로 한다.

'미래의 인터넷, 블록체인(Blockchain)이 세상을 바꿀 것이다.'

돈 탭스콧(Don Tapscott)이 말한 바와 같이, "19세기에는 자동차, 20세기에는 PC와 인터넷이 나왔다면 21세기는 블록체인이 있다." 블록체인은 미래의 가장 핵심적인 신기술 중 하나이다. 블록체인에 관심이 있는 관계자들만이 아니라 미래를 살아갈 모두가 블록체인과 암호화폐 생태계 및 기반 기술에 대한 이해가 필요한 시점이다. 사이버보안, 정부, 사회보장 시스템, 은행서비스, 보험, 개인 운송, 투표, 건강 및 에너지 관리, 음악, 쇼핑, 부동산 등 사회 모든 분야에서 사용될 블록체인은 단연코 미래를 바꿀 기술이다. 최근 삼성, IBM, 마이크로소프트, JP모건, 모건스탠리, 골드만삭스 등의 굴지의 기업들은 한 가지 공통점을 가지고 있다. 바로 블록체인 기술에 투자하고 있다는 것이다. 이 같은 글로벌 대형 기업들은 물론, 주요국 증권거래소와 정부까지 블록체인 연구에 박차를 가하고 있다. 아직 발전 초기 단계이지만, 블록체인의 무한한 가능성을 인식한 것이다. 기술업계 전문가들은 블록체인을 2010년대 컴퓨팅의 새로운 패러다임이라고 평가한다. 1970년대 메인프레임이 개발되고, 1980년대 PC가 나타나고, 1990년대 인터넷이 보급되고, 2000년대 소셜미디어가 등장했듯이 2010년대부터는 블록체인 기술이 등장해 인류의 미래를 변화시키고 있는 것이다. 같은 맥락에서 블록체인은 흔히 인터넷에 비유되기도 한다. 1990년대 인터넷이 처음 보급되었을 때, 아무도 인터넷이 지금과 같은 삶의 모습을 만들어 내리라 예상하지 못했던 것처럼, 블록체인도 미래에 다양한 형태로 우리 삶의 모습을 크게 변화시킬 것이라는 것이다.

마이크로소프트 창업자 빌 게이츠는 "블록체인을 기술의 역작"이라고 호평했으며, 나스닥 CEO 밥 그리펠드는 "블록체인이 향후 10여 년 동안 우리가 떠올릴 수 있는 가장 큰 기회"일 것이라고 전망했다. 미국 前 재무장관이자 하버드대 경제학 교수인 래리 서머스는"블록체인이 금융 관행과 거래의 상당 부분을 바꿀 것이라는 확신"이 든다고 발언하기도 했다. 이들은 모두 블록체인이 가져올 변화에 주목하고 있는 것이다. 실제로 블록체인에 의한 변화는 이미 시작되었으며, 금융산업에서 가장 두드러지게 나타나고 있다. 변화의 흐름에 발맞춰 세계경제포럼은 전세계 은행의 80%가 블록체인을 도입할 것이라고 예상했고, 액센츄어는 향후 5년을 전후로 블록체인의 성장기가 도래할 것이라고 전망했다. 다시 말해, 향후 약 5년 동안 금융업계에 큰 변화가 나타날 것이라는 이야기이다. 전 하버드 총장이자 경제학자인 래리 서머스는 블록체인에 관하여 다음과 같이 언급하였다. "블록체인은 금융거래에 근본적인 변화를 가져올 것"이라고 말했다.

블록체인의 개념은 P2P 네트워크에 사이버 거래정보를 공동으로 관리하는 신개념 분산거래장부로서 이는 네트워크에서 모든 참여자가 공동으로 거래 정보를 검증 기록 보관하는 보안기술을 의미한다. 금융거래의 기반은 화폐로서, 많은 경제사학자들이 이 화폐의 원형을 기원전 2000년경 메소포타미아 문명에서 기록을 위해 쓰이기 시작한 진흙판에서 찾고 있다. 화폐라는 이름으로 실생활에서 주고받는 금속이나 종이 이전에 장부에 담긴 '정보'가 화폐의 본질이라는 것이다. 현대 사회에서 실물화폐가 오가는 거래는 3~5%에 불과하다. 즉, 대부분의 거래는 계좌에 찍히는 숫자 '정보'로 이루어진다. 이처럼 실물화폐가 신용화폐로의 변화를 겪은 이후 1960년대 반도체(CPU)의 등장을 시작으로 대부분의 물리적 기록들이 디지털 기록으로 전환되었다. 금융거래내역 또한 장부에 적는 대신 컴퓨터로 기록하고 보관하는 편이 효율적이므로 금융분야에서는 적극적으로 디지털 기술을 도입, 디지털 화폐로의 변화를 가져왔다. 이런 맥락에서 가상화폐가 나타났다. 가상화폐는 특정한 이용자끼리 화폐로 통용하는 디지털 화폐로 특정 개발자나 기업이 발행하고 운영함으로써 이에 종속되는 특성을 가지고 있다. 다시 말해 발행주체의 흥망성쇠에 따라 화폐로서의 가치를 잃을 수도 있다는 것이고, 결과적으로는 보편적으로 쓰일 수 없다는 한계를 가지고 있다는 것이다. 이러한 종속성을 초월해 더 보편적으로 쓰일 수 있는 가상화폐를 만들기 위해 가상화폐에 암호화 기술을 접목한 암호화폐가 등장하게 되었다. 이런 화폐의 발전과 변화과정 속에서 '블록체인은 비트코인의 등장과 함께 처음 실용화되었으며, 최초로 등장한 자동화·분산화된 클라우드 장부'라는 의미를 획득하게 되었다.

본 책은 4차 산업혁명시대의 창조적 변화를 추진하거나 블록체인에 관심이 있는 기업과 관계자, 실무자, 관리자에게 기본적인 지식과 정보를 공유하고자 기술하였으나 경영자에게도 권하고 싶다. 블록체인으로 새로운 변화와 혁신을 하기 위해 국내외 글로벌 기업들은 어떤 생각을 하고, 무엇을 준비하고 있으며, 어떻게 실천하고 있는지 정보를 나누고자 하기 때문이다. 또한 인사관리, 고객관리, 생산품질관리, 물류관리 등을 공부하고 있는 학생들과 직장인들에게는 이 책을 통하여 블록체인의 중요성을 간접적으로 체험할 수 있을 것이다. 또한 본서가 나오기까지 격려해주고 자료를 제공해 주신 분들께 감사를 드린다. 더불어 본서가 출간될 수 있도록 흔쾌히 결정해 주신 한올출판사 임순재대표님께 감사드리며, "글로벌 디앱 시그마체인 메인넷 기반의 블록체인을 이해하고 활용하는 데 도움"이 되기를 기대해 본다.

2019년 6월

곽진영 · 오영석 · 박경록 · 윤장준 · 박종찬

패러다임을 바꾸는
4차 산업혁명시대

패러다임을 바꾸는
4차 산업혁명시대

Chapter
01

4차 산업혁명 용어인
인더스트리 4.0

4차 산업혁명이라는 용어는 독일이 2010년 발표한 '하이테크 전략 2020'
의 10대 프로젝트 중 하나인 '인더스트리 4.0(Industry 4.0)'에서 '제조업과 정보
통신의 융합'을 뜻하는 의미로 먼저 사용되었다. 그 이후 세계경제포럼(WEF:
World Economic Forum)에서 제4차 산업혁명을 의제로 설정하면서 전 세계적으로
주요 화두로 등장하게 되었으며, 포럼 이후 세계의 많은 미래학자와 연구
기관에서 제4차 산업혁명과 이에 따른 산업·사회 변화를 논의하기 시작했
다. 4차 산업혁명의 주창자이자 WEF 회장인 클라우스 슈밥(Klaus Schwab)은 저서인 '제
4차 산업혁명'에서 4차 산업혁명을 "3차 산업혁명을 기반으로 한 바이오산업과 디지
털, 물리학 등 3개 분야의 융합기술들이 사회구조와 경제체제를 급격히 변화시키는
기술혁명"이라고 주장했다. 그는 또 "우리는 지금까지 우리가 살아왔으며, 일
하고 있던 삶의 패턴을 근본적으로 바꿀 기술혁명시대의 직전에 와 있다고
하면서 변화의 범위와 복잡성, 규모 등은 그동안 인류가 경험하지 못했던

것과는 전혀 다를 것이다"라고 말했다.

4차 산업혁명이란 인공지능(AI), 사물인터넷(IoT), 빅데이터, 모바일 등 첨단 정보통신기술이 경제·사회 전반에 융합되어 혁신적인 변화가 나타나는 차세대 산업혁명을 일컫는다. 4차 산업혁명은 인공지능, 사물 인터넷, 클라우드 컴퓨팅, 빅데이터, 모바일 등 지능정보기술이 기존 산업과 서비스에 융합되거나 3D 프린팅, 로봇공학, 생명공학, 나노기술 등 여러 분야의 신기술과 결합되어 실세계 모든 제품·서비스를 네트워크로 연결하고 사물을 지능화한다.

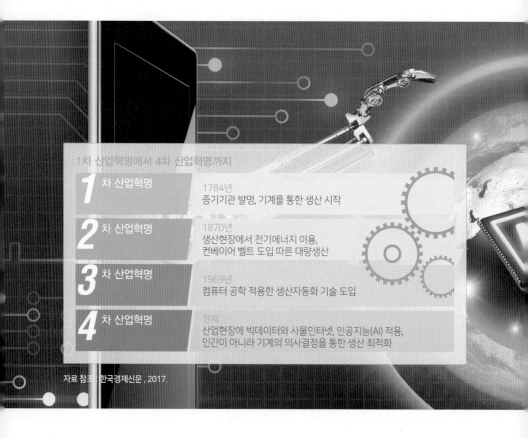

1차 산업혁명에서 4차 산업혁명까지

1 차 산업혁명
1784년
증기기관 발명, 기계를 통한 생산 시작

2 차 산업혁명
1870년
생산현장에서 전기에너지 이용,
컨베이어 벨트 도입 따른 대량생산

3 차 산업혁명
1969년
컴퓨터 공학 적용한 생산자동화 기술 도입

4 차 산업혁명
현재
산업현장에 빅데이터와 사물인터넷, 인공지능(AI) 적용,
인간이 아니라 기계의 의사결정을 통한 생산 최적화

자료 참조 : 한국경제신문, 2017.

제4차 산업혁명은 '초연결(hyperconnectivity)과 초지능(superintelligence)'을 특징으로 하기 때문에 기존 산업혁명에 비해 더 넓은 범위(scope)에 더 빠른 속도로 크게 영향을 끼치고 있다. 4차 산업혁명은 인간과 인간, 인간과 사물, 사물과 사물의 연결을 손쉽게 만들었다. 예를 들면, 현재 서울에서 뉴욕까지는 13시간이 소요된다. 그러나 앞으로 초음속 여객기(x-plane)이 등장하면 3시간으로 앞당겨질 것이라 한다. 뿐만 아니라 현실과 사이버의 융합도 이루어지고 있다. 사이버의 수요를 현실 공급자로 연결하는 비즈니스인 O2O(online to offline)이 등장한 것이 대표적인 사례이다. 이는 전 세계적으로 생활의 편의를 제공할 뿐만 아니라 삶의 모습을 바꾸고 인식의 대전환이 다가온 것이다.

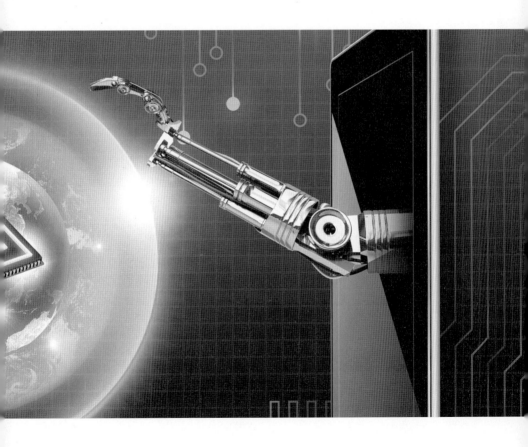

02
4차 산업혁명의
특징

4차 산업혁명은 인공지능, 사물 인터넷, 클라우드 컴퓨팅, 빅데이터, 모바일 등 지능정보기술이 기존 산업과 서비스에 융합되거나 3D프린팅, 로봇공학, 생명공학, 나노기술 등 여러 분야의 신기술과 결합되어 실세계 모든 제품, 서비스를 네트워트로 연결하고 사물을 지능화한다. 금세기 최고의 세계적인 석학이자 미국의 미래학자 존 네이스비츠(John Naisbitt)가 주장한 '메가트랜드(megatrends)'는 현대사회에서 일어나고 있는 거대한 조류를 뜻하는 것으로 탈공업화 사회, 글로벌 경제, 분권화, 네트워크형 조직 등을 그 특징으로 하고 있다. 최근 들어 4차 산업혁명이 화두가 되고 있고 정부와 기업, 사회, 기술, 문화 등 모든 분야에서 뒤처지지 않게 준비해야 한다는 목소리가 커지고 있는 가운데, 이제 4차 산업혁명에 맞는 혁신과 변화는 거역할 수 없는 물결이 되었다. 이에 대한 적극적인 대처가 절실히 요구되고 있다.

4차 산업혁명의 예로서 2016년 3월 '세기의 대결'로 이름 붙여진 이세돌과 알파고(AlphaGo)와의 바둑 대국은 우리에게 큰 충격으로 다가왔다. 왜 하필 한국인 바둑기사가 대국자가 나섰고, 아직은 시기상조라는 예상이 보기 좋게 빗나가 인공지능 알파고의 일방적 승리로 끝났다. 이세돌이 그나마 1승을 거둔 것은 인간으로서 최초이자 마지막 일거라고 말한다. 알파고의 놀라운 기술적 성장에 대한 찬사와 함께 인간이 기계에 뒤처지기 시작했다는 우려와 탄식, 기계에 의한 지배라는 SF영화(science fiction films)적 상상력이 공포심을 자극했다. 알파고의 성능과 우수성은 인공지능의 상업화에 대한 기대감을 키웠고, 미래 일자리에 대한 걱정과 함께 일자리가 줄어들 것이라는 위기의식이 고조되었다.

기계가 과연 인간을 뛰어넘을 수 있을 것인가? 인간은 또한 기계의 도전을 막아낼 수 있을 것인가? 인간과 기계의 역사적 대결이 예고되고 있다. 바둑의 이세돌 9단과 구글 딥마인드(Google DeepMind)의 인공지능 바둑 프로그램 '알파고(AlphaGo)'대국의 경기 결과 앞에 인류의 역사는 두 개의 갈림길과 만났다. 기계가 인간을 뛰어넘어 새로운 '생각하는 존재'로 기록되거나 인간을 뛰어넘는 기계의 등장이 현재가 아닌 머나먼 미래로 잠시 유보되거나 세계인들뿐만 아니라 과학자들의 눈과 귀가 주목하고 있었다. 일반적으로 산업화는 생산성의 증대, 분업화, 시장의 고도화를 바탕으로 제조 위주의 1차 산업에서 2차, 3차 산업의 비중이 높아지는 현상과 변화를 의미하며, 인공지능이 보다 가깝게 다가올 미래 시대의 유일한 대항 산업이라는 측면에서 활성화의 당위도 충분하다. 이처럼 급변하는 산업환경에서 글로벌 선도기업들은 향후 다가올 미래를 대비하기 위하여 혁신적인 기술을 개발하고 내재화하여, 시장을 선점하고 주도해 나가고자 모든 역량을 집중하고 있다.

그러나 "4차 산업혁명은 생산성 향상이나 생활의 편의성, 새로운 일자리 창출이라는 긍정적 전망"도 있지만 "새로운 혁신기술의 지능화와 자동화 등으로 인해 로봇이 일자리를 대신하는 현상이 나타남으로써 단순 노동영역과 저숙련에서 일자리 감소가 나타날 것"이라는 부정적 전망도 함께 존재한다. 그러나 4차 산업혁명의 등장은 세계경제의 저성장 및 생산성 하락과 무관하지 않기 때문에 글로벌 경제의 경쟁력 확보를 위해서는 새로운 성장 동력이 필요하다는 주장은 상당한 설득력을 가진다. 그러므로 4차 산업혁명은 일자리 감소나 대체라는 부정적 전망에도 불구하고 중요하게 논의 되고 있는 것은 물론 세계 주요국들이 4차 산업혁명에 따른 대응전략과 경쟁력 제고를 위한 전략 수립에 고민하고 있는 것은 세계 경제의 생산성 향상을 위한 신성장동력 (new growth power)의 확보에 있는 것이다.

실제로 최근 글로벌경제는 지속적으로 성장률이 정체되거나 감소하고 있으며, 많은 경제학자들이나 관련 전문가, 심지어는 국가정책 입안자들 사이에서도 글로벌 성장 동력의 약화를 우려하고 있다. 즉, 골디락스(Goldilocks)와 금융위기 이후 세계경제는 성장 면에서 3%대가 지속적으로 유지되는

| 4차 산업혁명 |

	강점	약점
과학·기술	• ICT 발전지수 2년(2015~2016년) 연속 세계 1위 • GDP 대비 R&D 투자 비율 세계1위(2015년 4.23%)	• 인공지능 기술력, 미국과 2.2년 격차(2016년) • 민간 R&D 투자 증가율 급감(2011년 16.5%~2015년 2.6%)
산업·경제	• 창업 절차 등 기업환경 평가 순위 190개국 중 5위(2016년) • 제조업 경쟁력 40개국 중 5위(2016년)	• 186개 유니콘 기업 중 국내 기업 3개 불과(2017년) • OECD 국가별 상품시장 규제지수 33개국 중 4위(2013년)
사회·제도	• 학업성취도지수 OECD 국가 중 2위(2015년) • 인간개발지수 188개국 중 17위(2015년)	• 2016년 이후 20년간 SW 전문 인력 약 2만 8000명 부족 전망 • 청년 실업률 증가(2007년 7.2%~2016년 9.8%)

자료 참조 : 대통령직속 4차 산업혁명위원회

저성장 기조에 봉착하고 있다.

　예컨대, 신흥국 경제는 4%대 전후, 선진국 경제는 2%대의 저성장 기조가 유지되고 있으며, 그 주요 원인은 기술수준과 노동, 투자와 근로자 수 등을 종합한 세계적 총요소생산 증가율의 하락에 기인하는 것으로 판단되고 있다. 즉, 총요소생산성(TFP total factor productivity)은 2010년 1.9%를 나타낸 이후 2014년 현재까지 −0.2%로 하락세를 보였으며, 같은 기간 동안 신흥국과 선진국의 총요소생산성 역시 각각 2.1%와 1.5%에서 −0.2%와 −0.7%로 하락하였다. (현대경제연구원, 2016)

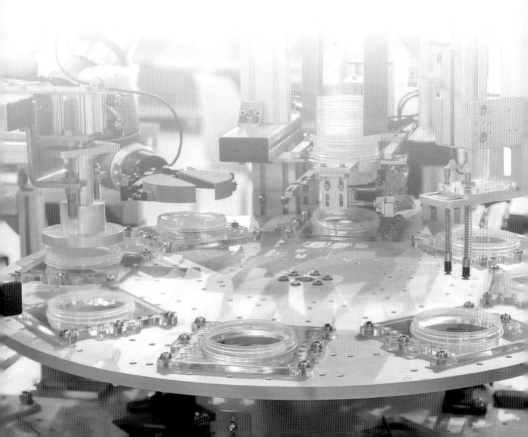

03

4차 산업혁명 융합을 선도하는
핵심기술

4차 산업혁명을 이끌 10개의 선도적 기술을 클라우스 슈밥(Klaus Schwab) 이 제시했는데, 물리학 기술로는 첨단 로봇공학 · 무인운송수단 · 3D 프린 팅 · 신소재 등 4개, 디지털 기술로는 블록체인 · 사물인터넷 · 공유경제 등 3개, 생물학 기술로는 유전공학 · 바이오프린팅 · 합성생물학 등 3개이다. 이러한 기술을 기반으로 빅데이터, 클라우드 컴퓨팅, 스마트 단말, 딥러닝, 자율주행차, 드론 등의 산업이 발전하고 있다는 것이다. 사물인터넷(IoT)은 다양한 플랫폼을 기반으로 사물(제품, 장소, 서비스)과 사람을 연결하는 새로운 패 러다임을 창출하고 있으며, 이러한 환경에서 생성되는 다양한 데이터를 처 리하기 위한 빅데이터, 클라우드 컴퓨팅 산업이 발전한다는 것이다. 또 이 에 인공지능(AI)이 더해져 다양한 서비스 제공이 가능해진다. 이러한 기술이 생산현장에 적용되면 사이버물리시스템(CPS · Cyber-Physical System)으로 운영되고 생산성이 극대화된 '스마트공장'이 만들어진다. CPS는 컴퓨터와 네트워크상의 가상세계와 현실의 다양한 물리, 화학 및 기계공학적 시스템을 치밀하게 결합시킨 시스템이다.

📟 인공지능

인공지능(AI, 人工知能)는 artificial intelligence의 줄임말로, 인간의 사고 과정 또는 지적 활동을 대신하는 전기 장치이며 인간 두뇌의 구조와 기능을 해명하여 인간의 일상용어를 이해하고 물체나 도형을 인식하면서 추리하고 학습하는 능력을 가진 컴퓨터이다. 인간의 학습능력과 지각능력, 추론능력, 자연언어의 이해능력 등을 컴퓨터 프로그램으로 실현한 기술을 말한다. 인간의 지능으로 할 수 있는 학습, 사고, 자기개발 등을 컴퓨터가 할 수 있도록 연구하는 정보기술, 컴퓨터 공학 및 정보기술의 한 분야로서, 컴퓨터가 인간의 지능적인 행동을 모방할 수 있도록 하는 것을 인공지능이라고 말한다. 또한 인공지능은 그 자체로 존재하는 것이 아니라 컴퓨터 과학의 다른 분야와 직간접적으로 많은 관련을 맺고 있다. 특히 현대에는 정보기술의 여러 분야에서 인공지능 요소를 도입하여 그 분야의 문제 풀이에 활용하려는 시도가 매우 활발하게 이루어지고 있다.

인공지능(AI)이란 용어가 처음으로 등장한 것은 1956년 미국 다트머스 대학의 존 매카시(John McCarthy) 교수에 의해서다. 그는 인지 과학자인 마빈 민스키, 카네기 멜론 대학의 하버트 사이먼 교수 등과 함께 인간처럼 지능적으로 사고할 수 있는 컴퓨터 프로그램의 개발 가능성을 검토하는 모임에서 인공 지능이란 용어를 처음으로 사용했다고 전해진다. 과거의 인공지능은 인간이 해법

순서를 프로그램으로서 컴퓨터에 부여하면 컴퓨터가 프로그램에 따라 데이터를 처리하여 해답을 찾아냈다. 그래서 과거의 인공지능은 정해진 환경에서 유한한 해법을 탐색하는 일을 하였다. 하지만 현실은 매우 불확정적이고, 해법도 무한한 경우가 많았다. 이에 비해 최근에 컴퓨터가 계산뿐만 아니라 사고까지도 할 수 있게 된 것이 인공지능 시스템이다. 인공지능 시스템을 구축함에 있어서는 인간이 온갖 지식을 정리하여 사실, 규칙화 하여 지식 베이스에 격납한다. 이용자로부터 문의가 있으면 인공지능 시스템은 뜻을 이해하여 지식 베이스로부터 해당하는 지식을 꺼내어 스스로 추론하고 판단함으로써 이용자에게 답한다. 이러한 인공지능에는 강한 AI[Strong AI]와 약한 AI[Weak AI]의 2종류가 있는데, 현재 실용화가 진행되고 있는 것은 약한 AI 이다. 강한 AI가 인간의 지각력과 자아를 가지고 인간의 뇌를 시뮬레이션 하는 것을 목적으로 한다. 이에 속하는 인공지능은 주어진 과제에 대해 자의적으로 판단을 내릴 수 있어야 하는데 인류를 멸망시키는 터미네이터의 '스카이넷'과 어벤저스의 '울트론'이 그 예다. 약한 AI는 강한 AI 처

자료 참조 : 연합뉴스, 2018.1.31.

럼 인간의 지능이나 자아를 갖추고 있지 않으며 스스로 문제를 인지 및 해결할 수는 없지만, 주어진 조건들 내에서 가장 합리적인 결론을 내린다. 애플의 시리(Siri)가 대표적인 예다. 즉, 데이터를 부여해 프로그램에게 학습시키는 것으로 목적에 특화된 작업을 할 수 있게 하는 것이다.

작업을 수행하기 위해 인공지능들이 데이터를 학습하는 방법에는 크게 딥러닝과 머신러닝이라는 방법이 있다. 많은 이들이 딥러닝(Deep Learning)과 기계학습(Machine Learning)을 분류해서 생각하지만, 실제로 딥러닝은 데이터를 컴퓨터에 넣어 분석하는 머신러닝의 방법의 하나로 사람의 뇌가 어떻게 작동하는지에 대해 단순하게 모델링한 것이다. 또한 딥러닝은 아주 복잡한 모델링까지 가능하여 컴퓨터 관련 케이스를 조합해 자율적으로 학습하는 구조이다. 머신러닝(기계학습)이란 인공지능 개발을 위한 기본 개념으로 인간의 지식이나 정보, 경험 등을 컴퓨터에 넣어 분석하는 것이다. 쉽게 말해 데이터를 이용하기 위해선 모델링이 필요한데, 이것을 사람이 아닌 컴퓨터가 처리하는 것이다. 최근 들어 딥러닝이 미래를 이끌 혁신기술 중 하나로 여겨지고 있는데, 이는 지난 수십 년간 문제 삼았던 느린 학습 속도와 인공신경망 모델의 단점이 극복되었고 빅 데이터의 출현과 눈부신 하드웨어 스펙 발전으로 빠른 학습이 가능해졌으며 방대한 데이터를 통해 딥러닝의 본 의미인 "심화 학습"이 가능해졌기 때문이다.

과거 1950년대에 영국의 수학자 Alan Turing이 기계도 생각할 수 있는지에 대해 의문을 품으며 개발된 최초의 컴퓨터가 인공지능의 시초로 알려져 있으며, 처음에는 인간이 하기 힘든 복잡한 수학적 계산을 돕는 수준에 그쳤다. 그러나 현재의 인공지능은 단지 과학과 수학 분야만이 아닌 언어, 사회, 경제, 교육 분야에도 영향을 미치고 있으며, 인간이 가지고 있는 추론능력, 학습능력, 지각능력 등을 컴퓨터 소프트웨어로 구현해 마치 컴퓨터가 사람과 같이 생각한다고 느낄 수 있는 수준에 이른 것이다. 특히 현재의 인공지능과 과거의 인공지능을 가장 뚜렷하게 구분할 수 있게 해주는 특징은 인공지능의 학습능력인 것이다. 신경망 기계학습(Machine Learning)이란 방식을 통해 무수히 많은 데이터 중에서 유용한 데이터만을 기계가 스스로 인식하고 처리할 수 있도록 하며, 추후 비슷한 처리과정을 거칠 경우 더욱 효율적으로 처리할 수 있도록 데이터 처리 방식을 학습할 수 있다.

빅 데이터

빅 데이터(Big Data)는 '큰 데이터(Big Data)'를 말한다. 디지털 환경에서 생성되는 데이터로 그 규모가 방대하고, 생성 주기도 짧고, 형태도 수치 데이터뿐 아니라 영상 데이터와 문자를 포함하는 대규모 데이터를 말한다. 빅 데이터 환경은 과거에 비해 데이터의 양과 데이터의 종류가 폭증하고 다양해져 사람들의 행동은 물론 위치정보와 SNS를 통해 생각과 의견까지 분석하고 예측할 수 있다. 그야말로 데이터의 크기로 빅 데이터를 정의한 가장 기초적인 개념인 것이다. 그러나 빅 데이터는 단순하게 데이터의 크기에 해당하는 개념은 아니다. 빅 데이터를 데이터 규모의 차원에서 정의하면 일반적인 데이터베이스 SW가 저장·분석·관리할 수 있는 범위를 초과하는 규모의 데이터를 의미한다. 그러나 기술적 차원에서는 다양한 종류의 대규모 데이터로부터 저렴한 비용으로 가치를 추출하고, 데이터의 초고속 발굴·수집·분석을 지원하도록 고안된 차세대 기술 및 아키텍처로 정의되기도 한다. 데이터베이스 통합 및 연동 기술, 데이터의 조합 및 가공 기술 등 빅 데이터 분석 기술의 발달과 더불어 오픈 소스 소프트웨어(Open Source Software)의 비약적인 발전과 빅 데이터 처리 인프라의 공개가 빅 데이터의 등장과 발달에 크게 기여했다. 특히 오픈소스 기반의 분산 컴퓨팅 플랫폼인 하둡(Hadoop)의 등장으로 클라우드 기반 위에서 대용량 데이터의 신속한 분산처리가 가능하게 되었다. 또한 스마트 폰으로 대표되는 모바일 디바이스의 발전 및 보급 확대와 SNS의 이용 확대는 막대한 양의 텍스트와 동영상, 사진 등 다양한 형태의 데이터 확산으로 이어지고 있다. 특히 스마트 폰과 SNS가 접목되면서 개인과 관련된 무수한 정보가 언제, 어디서나 쉽게 생산·공유·확산되는 환경이 조성되게 되었다. 그리고 이는 대량의 다양한 데이터 유통으로 이어져 빅 데이터의 등장과 확산에 기여하고 있다. 빅 데이터의 특징은 일반적으로 3V로 요약하고 있다. 즉 데이터의 양(Volume), 형태의 다양성(Variety), 데이터 생성 속도(Velocity)를 의미한다. 최근에는 가치(Value)나 복잡성(Complexity)을 덧붙이기도 한다. 이처럼 다양하고 방대한 규모의 데이터는 미래 경쟁력의 우위를 좌우하는 중요한 자원으로 활용될 수 있다는 점에서 주목받고 있다. 대규모 데이터를 분석해서 의미있는 정보를 찾아내는 시도는 예전에도 존재했다. 그러나 현재의 빅 데이터 환경은 과거와 비교해 데이터의 양은 물론 질과 다양성 측면에서 패러다임의 전환을 의미한다. 이런 관점에서 빅 데이터는 산업혁명 시기의 석탄처럼 IT와 스마트혁명 시기에 혁신과 생산성 향상, 경쟁력 강화를 위한 중요한 원천으로 간주되고 있다.

빅 데이터란 통상적으로 디지털 환경에서 사용되는 데이터 수집, 관리 및 처리 소프트웨어의 수용 한계를 넘어서는 크기의 데이터뿐만 아니라 문자와 영상 데이터를 포함하는 대규모 데이터를 말한다.

🔒 사물인터넷

IoT 는 Internet of Things 의 줄임말로, 사물 인터넷(IoT, Internet of Things)이라는 정의를 갖고 있다. 사물인터넷이란 사람, 사물, 프로세스 등 모든 것이 인터넷으로 연결되어 정보가 생성, 수집, 공유, 활용되는 미래 네트워크 기술이며 고유 식별이 가능한 사물이 만들어낸 정보를 인터넷을 통해 공유하는 환경을 의미한다. 이는 최근 갑자기 등장한 개념이 아니라 기존의 USN(Ubiquitous Sensor Network), M2M(Machine to Machine)에서 발전된 개념으로, 사물지능통신, 만물인터넷(IoE, Internet of Everything) 으로도 확장되어 인식되고 있다. 사물인터넷이라는 용어는 1999년 MIT공과대학의 오토아이디센터(Auto-ID Center) 소장 케빈 애시턴(Kevin Ashton)이 향후 전자태그와 기타센서를 일상생활에 사용하는 사물에 탑재한 사물인터넷이 구축될 것이라고 전망하면서 처음 사용한 것으로 알려져 있다. 이 사물 인터넷에 관한 본격적 논의는 2005년 ITU(International Telecommunication Union)가 사물인터넷에 대한 보고서를 발간하면서 주목을 받아 시작되었으며, 2008년 2009년 사이에 Cisco, Gartner 등의 조사기관에서 사물 인터넷이 유망키워드로 제시되며 산업적 관심을 받게 되었다.

현재 사물인터넷 기술이 타산업과 융합되면서 새로운 산업기회와 많은 부가가치를 창출하고 있다. 보건, 의료분야에 적용되어 원격진료와 웨어러블 컴퓨터가 만들어졌고, 전력분야에 적용되어 스마트그리드, 교통 분야에 적용되어 커넥티드카 및 지능형 교통 시스템으로 발전하였다. 특히, 제조업의 생산 공정에 도입되면서 스마트팩토리, 즉 첨단 생산관리 시스템을 구축할 수 있게 되었다. 심지어 로우테크 산업으로 인식되어 오던 농수산

식품 산업에도 정보통신 기술이 적용되어, 식물공장이나 스마트 푸드 시스템 등 고부가가치의 새로운 사업 영역을 창출하고 있다.

이러한 사물인터넷의 활용으로 인해 비용절감과 생산효율화를 동시에 달성하고, 제조업에서는 모든 지원과 설비를 실시간 데이터에 기반 하여 최적화해 유휴자원을 줄이고 가용성을 극대화 시켜 체계적인 관리가 수월해질 전망이다. 하지만 여기에도 부작용이 있기 마련인데, 사물인터넷은 사용자의 행동 같은 사용패턴을 데이터로 만들어 저장하게 된다. 만약 이 데이터가 유출되면 사용자의 생활모습이 전부 유출되는 것이다. 게다가 유출된 정보가 사진이라거나 지문 같은 생체정보 일 경우 악용될 우려가 더욱 크다. 따라서 보안이 확보되지 않은 상태에서 서비스를 제공할 경우 금전적 피해를 비롯한 가늠할 수 없는 문제가 발생할 수 있다. 또한 사물 인터넷이 워낙 다양하고 광범위한 영역을 다루다 보니 수없이 많은 기술과 표준이 난립해 있다. 홈 네트워킹만 해도 전통의 WiFi 를 비롯해서 Bluetooth ZigBee / Z-Wave 가 있고 WAN의 LPWAN 영역은 혼돈의 도가니이다. 이런 상황에서는 가전회사나 각종 가정용 개인용 제품을 만드는 기업들 도 어느 표준에 맞추어 제품을 만들어야 할지 알수 없으니 이런 IoT 제품을 개발, 시판하기를 기피하고 또 소비자들도 표준이 확실하지 않은 상태에서 잘못하면 표준에서 밀려날 수도 있는 IoT 기술을 채용한 제품을 비싼 가격을 주고 구입하는 걸 꺼리게 되어 소위 닭과 달걀의 문제 때문에 생산자와 소비자 모두 IoT 제품을 꺼리게 된다. 이렇게 서로 호환되지도 않는 규격이 난립 혼란스런 상황이 어느 정도는 정리되어야 생산자 소비자 모두 확신을 가지고 새로운 기술과 제품에 투자를 하고 뛰어들 수 있게 되어 비로소 대중에게 보급될 가능성이 있을 것이다.

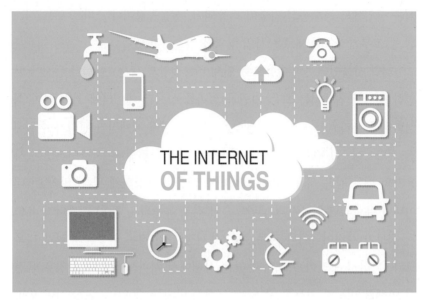

자료 참조 : 국립중앙과학관

　출근 전에 교통사고로 출근길 도로가 심하게 막힌다는 뉴스가 떴다고 상
상해 보자. 소식을 접한 스마트 폰이 스스로 알람을 평소보다 30분 더 일찍
울려준다. 스마트 폰 주인을 깨워주기 위해 집안 전등이 일제히 켜지고, 커
피포트가 때를 맞춰 물을 끓인다. 식사를 마친 스마트 폰 주인이 집을 나서
문을 잠그면, 집 안의 모든 전기기기가 스스로 꺼지고 가스도 안전하게 차
단된다. 공상과학 영화에서나 보던 일이 현실 속에서 곧 이뤄질 전망이다.
앞으로 주변에서 흔히 보고 쓰는 사물 대부분이 인터넷으로 연결돼 서로 정
보를 주고받게 된다. '사물인터넷'시대가 열리는 것이다. 책상, 자동차, 가방,
나무, 애완견 등 세상에 존재하는 모든 사물이 연결되어 구성된 인터넷이라
할 수 있다. 표면적인 정의는 사물, 사람, 장소, 프로세스 등 유·무형의 사물
들이 연결된 것을 의미하지만, 본질에서는 이러한 사물들이 연결되어 진일보
한 새로운 서비스를 제공하는 것을 의미한다. 또한 침대와 실내등이 연결되

었다고 가정해 보자. 즉, 사물인터넷 시대에는 침대가 사람이 자고 있는지를 스스로 인지한 후 자동으로 실내등이 켜지거나 꺼지도록 할 수 있게 된다.

가상현실·증강현실·혼합현실

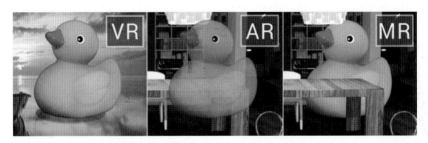

자료 참조 : VR, AR, MR... 그 차이를 아십니까? 권성권, 2017.

VR^(가상현실), AR^(증강현실), MR^(혼합현실)은 광의 VR분야 기술로서 가상세계 또는 실제세계에 가상의 사물이나 정보를 구현하는 기법이다. AR, VR, MR은 근래 들어 급속히 일반에 알려졌지만 1980년대 후반 미국의 컴퓨터 과학자인 재론 러니어에 의해 처음으로 버추얼 리얼리티^(Virtual Reality)라는 단어가 사용되었다.

VR, AR, MR의 개념을 보면 우선 VR은 디스플레이 장치인 HMD^(head mounted display)를 이용해 인공적으로 만들어낸 환경이나 상황을 실제처럼 보여주는 기술이다. 가상현실^(VR)이란 컴퓨터를 통해 만들어진 가공의 상황이나 환경을 시각, 촉각, 후각 등 인간의 감각기관을 통해 느낄 수 있도록 하여, 사용자가 몰입감을 느끼고 상호작용을 할 수 있도록 하는 기술이다.

즉, 가상현실은 사용자로 하여금 실재하지 않는 것을 존재하는 것처럼 느끼게 하고 이를 활용할 수 있도록 하는 것을 의미한다. 현재 가상현실을 뜻하는 용어는 다양하게 사용되는 상황이다. Virtual Reality, Virtual World, 3D Web, Metaverse(Meta + Universe) 등은 모두 가상현실과 동일하거나 유사한 의미로 사용된다. 가상현실은 특수 헤드셋이나 주변 장치들을 이용해 인공으로 만든 가상의 세계를 실제 상황처럼 인식하고 경험하게 해 준다. 삼성전자는 가상현실과 증강현실 기술을 결합한 '혼합현실' 헤드셋 '삼성 HMD 오디세이'를 출시하기도 했다.

증강현실(AR)은 현실 공간 위에 가상의 물체가 실제로 있는 것처럼 보여주는 기술이다. 어그멘티드 리얼리티(Augmented Reality)나 증강현실이라고 부르는 AR은 컴퓨터를 이용해 현실의 풍경(실사)과 비슷한 정보를 겹쳐, 현실 세계를 증강한다는 개념이다. 이른바 헤드마운트 디스플레이는 주로 실내에서 이용하는 것이라면 AR 기술은 네비게이션처럼 현실 세계의 시야에서 다른 세계로 데려가는 기술이다. 증강현실은 사용자가 눈으로 보는 현실세계에 가상 물체를 겹쳐 보여주는 기술로서 현실세계에 실시간으로 부가정보를 갖는 가상세계를 합쳐 하나의 영상으로 보여주므로 혼합현실(Mixed reality, MR)이라고도 한다. 증강현실은 실제 배경을 그대로 두고 그 위에 가상의 이미지를 더해 보여 준다. 가상현실이란 물리공간과 증강 공간, 전자 공간으로서 다양한 정보기술(IT), 생명공학기술(BT) 나노기술(NT) 들을 활용하여 우리가 처해 있는 물리공간을 디지털화, 전자화 하는 것이다. 가상현실을 가상환경(Virtual Environment), 인공현실(Artificial Reality), 합성환경(Synthetic Environment), 사이버스페이스(Cyberspace) 원격실재(Tele-Presence) 등의 호칭으로 부르기도 한다.

	AR	VR	MR
체험 내용	현실세계와 가상 이미지가 결합된 세계	가상의 이미지 전체로 구현된 세계	현실세계와 가상 이미지가 결합된 세계
가상 이미지 구현범위	한정된 디스플레이 영역	기기를 착용한 사용자 시야 모두	기기를 착용한 사용자 시야 모두
장점	현실감, 현실정보 결합가능	높은 몰입도	높은 몰입도 + 현실감, 현실정보 결합 가능

자료 참조 : 디지털콘텐츠 Weekly Report, 정보통신산업진흥회, 2018.

혼합현실(MR)은 현실에 있는 실제 물체를 렌더링하고 공간좌표를 매칭해 가상공간 안에서 보면서 실제 공간의 물건을 만질수 있게 하는 기술이다. 혼합현실(MR)은 현실세계를 차단해 몰입감이 높은 가상현실(VR)과 현실 활용 가능한 증강현실(AR)의 장점을 살린 융합기술이다. 현실의 배경 위에 현실과 가상의 정보를 혼합해 보다 진화된 가상세계를 구현할 수 있어 VR이나 AR이 게임, 영상 등에 치중해 있는 것과 달리 실생활에서 활용 가능한 새로운 시장을 창출할 수 있다. MR은 VR화면에서 실제 공간에서와 같은 움직임과 속도감을 느끼게 해주거나, 현실에 있는 물체를 가상 세계에 매핑 및 렌더링하여 가상현실에서 보고 만질 수 있게 해준다.

즉, 가상현실(VR)이나 증강현실(AR)이 시각에 전적으로 의존하는 것과는 달리 혼합현실(MR)은 시각 외에 청각, 촉각 등 인간의 다양한 오감 관련 정보를 가상으로 접목시킬 수 있어, 더 생생하고 현장감 있는 가상세계를 현실에서 체험할 수 있다는 장점이 있다. 혼합현실(MR)은 사용자가 일방적으로 가상세계 정보를 수용하는 것이 아니라 현실세계로 가상 세계의 정보를 가져오거나 사용자가 참여하며 상호작용할 수 있어 실제 정보의 사용 및 활용도가 높을 것으로 예상된다. 그리고 MR은 테마파트 놀이 기구이므로 사용자가 디바이스를 사야하는 진입장벽은 없다. 가정용 VR 디바이스가 확산에 어려움을 겪고 있는 반면 MR은 테마 파크를 중심으로 시장이 형성되었다. 예를 들어 에버랜드에서 만든 가상현실 체험 놀이 기구인 로봇 VR이 있다. MR은 일반적으로 속도감, 촉감 등 다양한 감각을 동시에 제공하기 때문에 시설비가 추가로 들어 투자비용은 높다. 따라서 B2B 사업에 더 효과적일 것이다.

3D 프린팅

3D 프린팅이란, '3차원 인쇄'라는 뜻으로, 플라스틱 및 금속성 가루 등이나 고분자 물질의 소재를 컴퓨터 모델링을 통한 설계에 따라 적층 제조법으로 3차원 입체물을 제조하는 기술이다. 3D 프린팅 기술은 30여 년 전인 1983년 시작됐다. 지금도 3D 프린팅 시장에서 선도적 위치에 있는 3D 프린팅 기술 전문업체 '3D 시스템스(3D Systems)'의 공동 창업자 찰스 헐(Charles W. Hull)이 기술의 주인공이다. 찰스 헐은 시제품 생산 단계에서 3D 프린팅 기술을 고안했다. 제품을 완성하기 전에 시제품을 제작하는 시간을 단축하기 위함이었다. 3D 프린팅 기술은 실제 제품을 완성하기 전 디자인을 미리 보기 위한 '목업(mock-up, 실물크기모형)' 제작 단계를 혁신한다. 3D 프린팅 기술을 활용하지 않는다면, 목업 제작에 걸리는 시간은 일반적으로 수 주에서 한 달이 넘는다. 3D모델링 소프트웨어로 설계한 제품 디자인을 목업 제작 전문가에게 전달한 후에도, 최종 결과물을 받아 보기까지는 디자인이나 세밀한 부분을 수정하는 데 많은 시간이 필요한 탓이다. 이 길고 지루한 과정을 3D 프린팅 기술은 단 몇 시간 안에 끝낼 수 있게 해준다. 시제품 제작에 드는 비용을 절감할 뿐만 아니라 제품의 완성된 디자인이 외부로 유출되는 사고도 방지할 수 있다.

3D 프린팅 기술로 얻을 수 있는 부가가치인 셈이다. 3D 프린팅은 프린
터로 물체를 뽑아내는 기술을 말한다. 종이에 글자를 인쇄하는 기존 프린
터와 비슷한 방식으로, 다만 입체 모형을 만드는 기술이라고 하여 3D 프린
팅이라고 부른다. 보통 프린터는 잉크를 사용하지만, 3D 프린터는 플라스
틱을 비롯한 경화성 소재를 쓴다. 기존 프린터가 문서나 그림파일 등 2차
원 자료를 인쇄하지만, 3D 프린터는 3차원 모델링 파일을 출력 소스로 활
용한다는 점도 차이점이다. 적게는 한두 시간에서 길게는 10시간이면 3D
프린터에 입력한 모형을 완성할 수 있다. 3D 프린팅 기술은 2009년 이전
까지 '신속조형기술' 또는 '쾌속조형기술(Rapid Prototyping)'이라 통칭되었으나 현
재는 '적층 가공(Additive Manufacturing)'이라는 용어로 불리고 있다.

3D 프린팅 기술은 현재 제조 산업의 한계를 보완하고 지속적인 발전과
변화를 가져올 혁신적 기술로 주목받고 있다. 공산품 제조에 있어서 금형
을 이용한 사출 방식은 대량 생산에는 필수적이나 개인 맞춤형 상품에는
부적합하며, 제조 과정 및 재료의 특수성으로 인하여 디자인하는 모든 형

태의 상품을 제작하는 데에는 어려움이 있었다. 이에 반해 3D 프린팅 기술은 3D 모델링을 통해 설계된 복잡한 형태도 정확하게 입체로 출력해낼 수 있으며, 하나의 모델링 파일로 같은 형태를 반복, 지속적으로 출력할 수 있다. 이러한 3D 프린팅의 특징은 기존의 금형제작과 사출공정에서 소요되는 초기 비용을 회수하기 위한 소품종 대량 생산의 시스템에서 다품종 소량 생산으로의 변화를 가져올 것이다. 더 나아가서는 '맞춤형 소량생산'또는 '맞춤형 정량생산'이라는 효율적이고 낭비가 없는 새로운 생산 시스템이 도래될 것으로 기대된다. 현대의 소비자는 개인성이 강하고 더욱 다양한 취향과 스타일을 추구하고 있다. 또한 소비의 형태는 점점 빠르고 편리한 방식으로 변화하고 있다. 3D 프린팅 기술이 가져올 맞춤형 정량 생산의 시스템은 다양한 소비자의 욕구를 충족시켜주면서 경제성의 효과를 동반하는 새로운 제조 산업으로의 발전을 가져올 것으로 전망된다. 제4차 산업혁명, 제조업의 혁신 혹은 생산의 민주화를 이끌 기술, 3D 프린팅 기술은 지금 산업현장 최첨단에서 가장 주목받는 기술이다. 소프트웨어와 인터넷 발전이 이끈 지난 30여 년의 정보통신기술 역사에서 3D 프린팅 기술은 가장 단단한(하드웨어) 혁명으로 기록될 것이다.

 로봇

로봇(Robot)이라는 말은 체코어로 강제로 일한다, 노예 즉 robota라는 뜻으로 1920년 체코슬로바키아의 소설가 차페크가 희곡 "로섬의 만능로봇(Rossum's Universal Robots)"에서 처음 사용되었다. 기술의 발달과 인간사회와의 관계에 대하여 아주 비관적인 견해를 상징적으로 표현하기도 하며, 정신노동과 육체노동을 인간과 똑같이 할 수 있으나 인간적 정서 내지 영혼의 부재, 로봇은 노동자로서 인간의 지배를 받는 사회를 지칭하기도 한다. 로봇은 기계적 움직임과 행동을 수행할 수 있는 인간과 비슷한 외형과 기능을 갖는 기계적 인공물을 의미한다. 최근에는 특정한 기능을 수행하는 소프트웨어, 명령체제에 따라 작동해 특정한 결과를 산출하는 것도 로봇이라고 부르는 경향이 있다. 예를 들어 구글의 검색 색인어 작성을 위해 전 세계의 웹을 돌아다니며 웹 문서에서 검색어를 모아오는 소프트웨어 명령체제도 로봇이라 부르기도 한다. 산업 현장에는 단조로운 반복 작업이나 따분한 작업, 불쾌한 작업들이 많은데, 반복적이고 위험한 노동은 특히 로봇에게 맡기기에 적합하다. 로봇은 용도에 따라 산업용 로봇, 서비스용 로봇, 특수목적용 로봇으로 구분할 수 있다. 산업용 로봇은 산업 현장에서 인간을 대신하여 제품의 조립이나 검사 등을 담당하는 로봇이다. 최초의 산업용 로봇은 1961년 미국의 엥겔버거(Joseph Engelberger)가 개발한 '유니메이트(Unimate)'라는 로봇이다. 이 로봇은 포드자동차에서 금형주조 기계의 주물부품을 하역하는 데 처음으로 사용되었다. 이렇듯 산업용 로봇의 역할은 조립 공장에서 리벳 박는 일, 용접, 자동차 차체를 칠하는 일 등이 있는데, 이런 종류의 작업은 로봇이 인간보다 더 수월하게 해낼 수 있다.

로봇은 조작방법에 따라, 인간이 직접 조작하는 1세대 로봇인 수동조작형 로봇(manual manipulator)과 미리 설정된 순서에 따라 행동하는 시퀀스 로봇(sequence robot), 인간의 행동을 그대로 따라 하는 2세대 로봇인 플레이백 로봇(playback robot)과 프로그램을 수시로 변경할 수 있는 수치제어 로봇(numerically controlled robot), 학습능력과 판단력을 지니고 있는 3세대 로봇인 지능형 로봇(intelligent robot)으로 분류할 수 있다. 지능형 로봇은 외부환경을 인식하고, 스스로 상황을 판단하여, 자율적으로 동작하는 로봇을 의미한다. 기존의 로봇과 차별화되는 것은 상황판단 기능과 자율동작 기능이 추가 된 것이다. 상황판단 기능은 다시 환경인식 기능과 위치인식 기능으로 나뉘고, 자율동작 기능은 조작제어 기능과 자율이동 기능으로 나눌 수 있다. 따라서 이 4가지 기능을 가능하게 하는 기술을 지능형로봇의 4대 중점 돌파기술이라 한다. 지능형 로봇의 미래에 대해 부정적인 이미지로는 인간의 일자리를 빼앗고 로봇병기가 지배하는 암울함이고, 긍정적인 이미지로는 가까운 미래에 다양한 분야에서의 지능형 로봇 출현으로 인하여 많은 사람들에 새로운 일자리와 복지를 제공할 것으로 예상된다. 각국의 제조업 생산성 경쟁 심화, 안전이슈 부상, 저출산·고령화 심화 등이 로봇산업 부상에 영향을 미치고 있다. 글로벌 경제위기 이후 제조업은 경제성장 뿐만 아니라 경기안정 측면에서도 중요성이 부각되어 제조업 경쟁심화 이에 따라 산업의 고부가가치화, 생산성 향상 등 제조업 경쟁력 제고를 위해 로봇산업 부상하고 2011년 후쿠시마 원전 사태, 2014년 세월호 사건, 2015년 IS 테러 등 재난이 증가하면서 안전 이슈가 부상하면서 이에 따라 사람이 접근하기 어려운 현장 대응 및 복구 등을 위한 로봇 필요성이 증가하고 있다.

04
4차 산업혁명시대
메가트렌드 STEEP

    21세기 미래사회가 어떻게 변화할 것인지 다양한 연구결과들이 발표되고 있다. 미래는 지금 우리가 상상하는 그 이상의 무엇일 수 있다. 정착하지 않고 늘 변화하는 과정 속에서 미래를 엿본다. 이렇게 새롭고 놀랍고 다양한 미래의 모습을 받아들이고 맞이하기 위해 생각해봐야 할 몇 가지에 대해 세계적인 석학 다니엘 핑크(Daniel Pink)는 미래를 패턴과 기회, 예술적 미의 아름다움을 창조해내는 하이컨셉과 인간관계와 감정, 목적과 의미를 발견하는 하이터치의 시대로 바라보고 있다. 곧 새로운 것, 기계가 범접할 수 없는 인간의 감정과 생각, 그리고 창조의 공간이라 정의하고 있는 것이다. 이러한 미래의 시대를 살아가기 위해 우리는 이제 우뇌를 활용할 줄 아는 인간이 되어야 한다. 큰 그림을 바라보며 더 깊고 다양한 감정을 느끼며 생각하게 하는 우뇌의 기능에 귀를 기울이고 있다. 이와 같은 우뇌의 기능에 대한 연구결과를 토대로 많은 매스컴들 역시 관심을 보이고 있다. 풍요로운 물질적 혜택이 그를 뛰어넘는 아름다운 미를 추구하게 만들었고 화이트 칼라, 좌뇌 업무와 같은 현실은 새로운 능력의 시도를 높이 평가하는 계기가 되었으며, 컴퓨터와 인간의 대결에서 기계의 압도적 힘은 인간만이 가지고 있는 고유의 능력을 찾도록 생각하게 만들었다.

개인의 선택을 예측하는 것은 쉽지 않지만 단체, 즉 집단의 선택은 어느 정도 예측이 가능하다. 집단의 구성원 전체에게 공통으로 해당되는 환경의 변화에 대한 대응을 요구하기 때문이다. 누구나 예측가능 할 만한 변화의 발생은 그 사람들의 반응을 불러일으키고 새로운 변화를 만들어낸다. 이처럼 세계적으로 사람들이 특정한 방향으로 반응을 보이게 되는 것이 메가트렌드(Megatrends)라고 한다. 메가트렌드를 통한 예측은 2가지의 효용이 있다.

첫 번째로 하나의 문제에 대해 독단에 빠지거나 일방적인 시각을 갖는 것을 제어할 수 있다. 메가트렌드는 다양하므로 종합적으로 분석할 수 있으므로 미래를 보는 시각을 넓힐 수 있게 된다.

두 번째로 장기적 변화에 대한 방향을 잡을 수 있다. 메가트렌드는 전 세계에서 수십 년에 걸쳐 일어나는 변화이다. 그러므로 중장기적인 시각을 가져야 할 수밖에 없다. 어떤 긴급한 일이 생겼을 때 나중을 생각하지 않고 지금 그 상황만을 해결할 대안에 목매는 상황을 제어 할 수 있다. 그러므로 이 메가트렌드를 중심으로 21세기 미래사회를 예측해 보고자 한다.

🔒 Society : 사회/문화/일상

1) 인구구조의 변화

　미래의 큰 변화 가운데 하나는 서양에서 동양으로 권력의 이동일 것이다. 그 이유로 인구변화를 들 수 있다. 2020년엔 중국 인구가 19억 명, 인도 인구가 17억 명, 아시아 인구는 56억 명, 미국은 4억 명 정도로 예상된다. 미래에는 서로의 정보를 공유하고 오픈소스화된 무료정보를 언제든지 찾아 볼 수 있게 되고, 그 정보를 응용하여 자신이 기획한 제품과 프로젝트를 만들 수 있다. 아시아 인구가 가지고 오는 정보의 양과 미국, 유럽 등이 활용할 수 있는 정보의 양은 차이가 날 수 밖에 없다. 또한, 인구는 소비시장과 밀접한 관계가 있다. 시장의 이동이 권력의 이동을 의미하기도 한다. 인구의 감소는 국가의 경제력 쇠퇴로 진행된다. 인구가 감소함에 따라 시장 감소, 생산력 감소, 일자리 감소, 일자리를 구하기 위해 해외로의 이동 등으로 이어지는 악순환이 반복 될 수 있다.

　미래 사회에는 수명은 늘어나는 반면 출산율은 감소하여 초고령화 사회로 접어들 것으로 예측된다. 이로 인해 노인인구에 대한 사회적 비용이 급격하게 증가하고 생산 가능인구가 감소하기 때문에 국가 경제발전이 정체될 것이다. 이를 예측한 일본에선 1995년 '고령사회대책기본법'을 시행하였다. 분야별로 고령화에 대비한 예산을 편성하고 그에 맞는 대책을 발표하며 주요법률과 시책을 개정하는 등 국가차원에서 철저하게 대비를 했다. 이처럼 국가는 이를 극복할 대비책을 마련해야 한다.

2) 문화예술의 발달

미래의 문화예술은 첨단기술의 진화에 따라 깊이, 방향이 달라진다. 스마트폰의 출현과 디지털문화의 확산을 통해 문화예술에 대한 접근을 쉽게 도와준다. 언제 어디서나 콘텐츠를 접할 수 있고, 사람들의 취향과 요구에 맞게 문화예술도 발전하고 있다. 인스타그램, 트위터, 페이스북 등 소셜미디어를 통해 누구나 영상을 제작, 업로드 할 수 있게 되어 1인 영상제작회사, 1인 디지털회사들이 부상하고 있다. 대형 프로덕션들 위주로 광고와 영상물을 제작하던 시대가 변한 것이다. 정부에선 기술과 결합된 문화예술 프로그램제작을 지원하게 될 것이다. 다른 나라의 문화와 예술을 굳이 찾아가지 않아도 그 나라를 이해할 수 있다. 기술의 발달로 문화와 예술은 세계적으로 통합되지만, 그러면서도 각국은 문화의 정체성을 확립하기 위해 자국 특유의 문화를 국민들에게 심어주고 문화 창조성을 강조해야 한다.

3) 여성인권 확대

수많은 사회에서 여성들의 영향력이 커지고 있다. 경제와 정치 부문에서 점차 지도적인 위치로 올라서고 있고, 한층 더 체계적이고 광범위하게 교육에 참여하고 있다. 교육지표나 소득지표 등 어떤 자료를 보더라도 거기에 드러난 실질적인 사실은 전문성을 갖춘 여성리더라는 메가트렌드가 진행되고 있다는 것을 볼 수 있다.

4) 빅 데이터 사회

빅 데이터란 디지털 환경에서 생성되는 데이터로 그 규모가 방대하고, 생성 주기도 짧고, 형태도 수치 데이터뿐 아니라 문자와 영상 데이터를 포함하는 대규모 데이터를 말한다. 빅 데이터 환경은 과거에 비해 데이터의 양이 폭증했다는 점과 함께 데이터의 종류도 다양해져 사람들의 행동은 물론 위치정보와 SNS를 통해 생각과 의견까지 분석하고 예측할 수 있다. 빅 데이터는 여러 분야에서 활용되고 있다. 기업 입장에선 빅 데이터를 활용하여 기업의 경영효율성을 높여주고 기존에 없던 새로운 시장을 찾게 해주기 때문이다.

예를 들어 빅 데이터 분석에 따르면 겨울철 기온이 1도 떨어지면 호빵 판매량은 6만 개 정도 증가한다. 이런 사실을 알고 있는 기업은 날씨 변화에 따라 제품 수요를 예측하고 생산량을 조절해 경영수지를 개선할 수 있다. 또한 새로운 시장도 찾을 수 있다. 식품업체 켈로그에선 휴가시즌 2주 전 SNS에서 다이어트라는 단어가 가장 많이 언급되는 것을 인지하고 다이어트 관련 슬로건을 내걸어 큰 성공을 거둔 사례를 볼 수 있다. 범죄예방에서도 빅 데이터의 활용이 높아질 것이다. 최근 샌프란시스코에선 빅 데이터를 활용해 범죄 지도를 만들어 냈다. 이것은 과거 범죄가 일어났던 곳을 유형별로 지도에 표시하고 이것을 시민에게 공개했다. 실제 샌프란시스코에선 범죄예보시스템을 운영한 결과 예보의 정확도가 71%에 달했으며, 이는 순찰 경로 조정 등의 방법으로 범죄예방의 효율성을 획기적으로 높일 수 있었다. 2014년 보스턴에서 일어난 폭탄테러는 수만 명의 관중이 모인 마라톤 대회장이었으므로 범인 검거가 쉽지 않은 상황이었다. 그러나 테러가 일어난 지 26시간 만에 테러용의자를 색출해냈다. 그 비결은 빅 데이터와 크라우드소싱(crowd sourcing)의 결합을 들 수 있다. 이렇듯 빅 데이터는 도시행정 곳곳에서 활용될 수 있으며, 이로 인하여 시민들의 안전과 편안한 삶을 누릴 수 있게 할 것이다.

🔒 Technology : 기술/과학

1) 4차 산업혁명

혁명이란 급진적이고 근본적인 변화를 의미한다. 우리 사회는 지금까지 많은 변화를 경험하며 발전해 왔다. 약 1만 년 전, 수렵 및 채집생활에서 농경생활로 변화한 농업혁명, 18세기 중반부터 발생한 산업혁명을 들 수 있다. 산업혁명은 인간의 노동력이 기계의 힘으로 옮겨 가는 엄청난 변화를 일으켰고, 이것이 오늘날 강화된 인지력이 인간의 생산성을 증대시키는 4차 산업혁명으로 진화하고 있다. 1차 산업혁명은 철도 건설과 증기기관의 발명으로 기계에 의한 생산을 이끌어 냈고, 19세기 말 20세기 초까지 이어진 제 2차 산업혁명은 전기와 생산 조립 라인의 출현으로 대량생산을 가능케 했다. 1960년대 시작된 제3차 산업혁명은 반도체와 컴퓨터, 인터넷의 발달을 주도했다.

이 세 가지 산업혁명을 설명하는 다양한 정의와 학문적 논의를 봤을 때, 우리는 지금 제4차 산업혁명의 시작점에 있는 것이다. 제4차 산업혁명의 특징으로는 유비쿼터스 모바일 인터넷, 인공지능, 더 작고 강력해진 센서 등을 들 수 있다. 4차 산업혁명은 앞선 세 번의 산업혁명과 마찬가지로 모든 면에서 강력하고 엄청난 영향력을 행사하며, 역사적으로 큰 의미를 지니게 될 것이다. 4차 산업혁명을 이끌 기술 요인들을 조망하기 위해 물리학 기술, 디지털 기술, 바이오 기술로 분류해 보았다.

(1) 물리학기술

①무인운송수단 : 드론, 항공기, 보트를 포함한 다양한 무인운송수단이 등

장하고 있다. 현재 드론은 주변 환경의 변화를 감지하고 그에 맞추어 반응하는 기술을 갖추었다. 이러한 발전은 일상생활에 많은 도움이 되고 있다. 교전지역이나 급한 응급상황일 때 신속하게 의료물품을 전달할 수도 있게 된다. 또한 농업 분야에서도 드론을 활용하여 데이터를 분석하여 물과 비료 등을 보다 효율적으로 사용 할 수 있을 것이다.

② 3D 프린팅 : 입체적으로 형성된 3D 디지털 설계도나 모델에 원료를 층층이 겹쳐 쌓아 유형의 물체를 만드는 기술이다. 3D 프린팅 기술은 대형 풍력발전기부터 소형 의료 임플란트에 이르기까지 광범위하게 응용되고 있다.

(2) 디지털기술

실물과 디지털의 연계를 가능하게 한 주요 기술 중 하나인 '사물인터넷'은 상호 연결된 기술과 다양한 플랫폼을 기반으로 한 사물과 인간의 관계로 설명할 수 있다. 이것은 세밀하게 우리의 자산과 활동을 모니터하고 활용을 극대화하는 것을 가능케 해 공급망관리 방식을 근본적으로 변화시킬 것이다. 이 과정에서 제조업부터 사회기반시설 및 보건의료까지 모든 산업이 영향을 받게 된다. 사물인터넷이 가장 광범위하게 활용되는 원격 모니터링 기술을 살펴보면 물품에 전자태그를 부착시켜 이동할 때마다 위치나 상태를 확인할 수 있다. 공급망 경로가 길고 복잡한 사업을 운영하는 기업에게는 혁신적인 기술일 것이다. 아마 빠른 시일 내에 이러한 모니터링 시스템은 사람의 이동과 추적에도 활용 될 것이다. 또한 기술발전을 통해 생긴 플랫폼으로 인해 공유경제가 실현되었다. 스마트폰으로 쉽게 접근 가능한 플랫폼은 데이터를 한데 모아 재화와 서비스를 소비하는 방식을 폭넓게 변화시켜 개인과 기업간의 장벽을 낮추어 부의 창출을 촉진시킬 수 있다.

(3) 바이오 기술

과학기술의 발달로 생물학 분야는 급속히 발전하게 되었다. 특히 유전학 분야에선 유전자 염기서열분석의 비용은 줄고 절차는 더 간소해졌으며, 최근 유전자 활성화 및 편집기술까지 가능할 정도로 발전하였다. 진보한 연산력 덕분에 과학자들은 더는 시행착오를 겪지 않으면서 특정 유전변이가 어떻게 유전적 특성과 질병을 일으키는지를 연구할 수 있게 되었다. 심장병, 암과 같은 수많은 난치병에는 유전적 요소가 있다. 따라서 인간의 유전자 구성을 밝히는 데 효과적이고 비용 대비 효과가 큰 방법을 발견함에 따라 개인 맞춤형 헬스케어라는 혁신이 일어날 것이다. 암 발병에 관여하는 유전자 구성을 발견함으로써 의사는 환자에 적합한 암 치료법을 결정할 수 있게 될 것이다.

2) 정보통신기술

정보통신기술(ICT)의 약자를 딴 ICT(Information and Communications Technologies)는 유통과 커뮤니케이션, 영상, 음악, 쇼핑 등 모든 공산품과 콘텐츠를 기존과 다른 방식으로 서비스하도록 한다. 인터넷의 등장으로 모든 게 달라졌다. 과거와 달리 시장거래의 첫 번째 조건인 생산자와 소비자의 만남이 매우 쉬워졌다. 시간과 장소에 구애받지 않는다. 또한 음식에서부터 의류, 가방, 휴대전화, 자동차 심지어 주택까지 온라인 인터넷에서 사고 팔 수 있다. 이런 시장거래는 스마트폰의 등장으로 더욱 보편화 되었고 화폐분야에 까지 영향을 미쳤다. 즉 전통적인 화폐가 점차 사라지고 지역화폐, 암호화폐 등이 생겨고 있다. 스마트폰만 있으면 물건도 사고 금융이체도 하고 공과금도 납부할 수 있다. 화폐가 손으로 만지던 '실존적인 것'에서 전산망에 숫자로 존재하는 '추상적인 것'으로 변화하고 있는 것이다.

Economy : 기업/경제/산업

세계 금융위기와 유로존의 국가부도 위기로 인해 세계경제는 계속적으로 아시아로 이동하고 있다. 중국의 경제규모는 2010년에 일본을 제치고 세계 2위에 올랐고, 인도는 2030년엔 중국을 뛰어넘어 인구가 가장 많은 나라가 될 것이라 예측하고 있다. 이에 따라 세계 인구의 약 40%를 차지하는 중국과 인도는 세계 경제성장을 이끌어갈 원동력으로 성장하고 있다는 것이다.

1) 세계 금융위기

저임금 노동자들이 저임금 시장을 스스로 찾아가는 일이 가능해지면서 일자리 경쟁이 치열해졌다. 글로벌 노동시장의 경쟁은 심화되지만 경제성장도 저하 되면서 사회적 및 경제적 빈부 갈등은 커지고 있다. 북유럽을 비롯한 유럽 국가들은 과다한 복지 예산지출로 인해 빚더미에 앉게 되고 그 결과 유로존 전체를 망가뜨리게 된다. 또한 국가내, 국가간의 빈부격차가 계속적으로 커지고 있다. 선진국의 경우 고령화로 인한 연금은 늘어나는데 개발도상국의 값싼 노동력으로 대체되는 등 일자리 아웃소싱이 전개되면서 연금부족이나 높은 실업률로 사회갈등이 증가하고 있다. 따라서 과거에 비해 경제위기를 회복하는 시간이 길어지고 있다. 그 이유엔 소셜네트워크 서비스 등 미디어를 통한 개인의 영향력 강화에 있다. 개개인의 요구와 이익집단의 시위에 휘둘려 미래예측과 거리가 먼 인기영합주의적 정책을 펴게 되기 때문이다. 글로벌 경제가 살아나려면 중국의 미국 시장을 목표로 하는 수출이 늘어나며 유로존이 살아나야 한다. 미래 세계는 더욱더 긴밀해지는 한편, 더욱 이기적으로 변할 것이다. 이를 위해서는 세계화로 인한 값싼 노동력의 이동으로 노동력 경쟁이 심화되었음을 인지하고 사회적 불안요소를 다함께 지혜롭게 푸어나가야 한다. 또한 경쟁에서 이기기 위해 미래예측에 투자를 아끼면 말아야 한다. 신소재, 신기술에 대한 투자로 우리 스스로 경제 활성화에 관심을 가져야 한다.

2) 단일통화의 가능성

세계가 서로 영향을 주고받음에 따라 금융시장 역시 변화하고 있다. 최근 2024년을 목표로 단일통화가 꾸준히 연구, 준비되고 있다. 얼마 전 미국을 중심으로 한 아메리카 경제권, 독일과 프랑스를 중심으로 한 유럽 경제권, 일본과 중국을 중심으로 한 동아시아 경제권이 균형을 이루며 세계 경제질서를 형성하고 있다. 이에 따라 국제통화도 달러화와 유로화, 아시아 단일통화를 축으로 하는 3극 통화체제가 가시화되었는데 최근 전 세계를 하나의 화폐로 통일하자는 세계 단일통화 도입이 논의되고 있다. 단일통화는 외환달러들의 횡포나 외한보유고 등을 없애는 장점을 지니고 있다.

🔒 Environment : 환경혁명

1) 수자원 전쟁

세계적으로 물 부족 문제는 심화되고 있다. 미래에 물은 석유와 같은 에너지 자원보다 더 귀중한 자원이 될 것이다. 지구상에 존재하는 수자원 중 식수로 이용가능한 양은 불과 3%에 지나지 않는다고 한다. 그중 약 40%는 브라질과 아르헨티나에 있다. 즉, 나머지 약 2% 물을 세계 각국이 서로 확보하려고 쟁탈전을 벌이고 있는 상황이다. 향후 물 부족 상황이 심각해지면 격한 전쟁으로 번질 가능성이 매우 높다는 것이다.

2) 프래킹

프래킹(fracking, hydraulic fracturing)은 셰일 가스를 부정적으로 표현할 때 쓰는 단어이다. 셰일 가스는 미국, 중국, 중동, 러시아 등 세계 31개국에 약 187조 4,000억m³가 매장되어 있는 것으로 추정되는데, 이는 전 세계가 향후 60년 동안 사용할 수 있는 양이라고 한다. 경제적, 기술적 제약으로 채취가 어려웠던 셰일 가스는 2000년대 들어서면서 미국을 중심으로 물과 노래, 화학약품을 섞은 혼합액을 고압으로 분사하는 수압파쇄법과 수평정시추 등이 상용화되면서 신에너지원으로 급부상하고 있다. 하지만 셰일 가스는 주변 환경에 미치는 악영향이 매우 크다고 보고 있다. 실제로 최근 셰일 가스전이 위치한 콜로라도주와 오클라호마주에서는 관측 역사상 최대급의 지진이 발생하고 있다. 이 두 곳은 지진이 거의 일어나지 않는 지역이다. 또한 지하수에 미치는 영향도 심각해 현장 가까이 있는 우물이 마르고 수돗물에 성냥을 가까이 가져가면 불이 붙기도 한다고 한다. 이미 프랑스와 스페인에서는 셰일 가스 채굴을 금지하거나 일시 정지조치를 내린 상태이다. 미국에서도 계속된 지진이나 심각한 환경오염이 발생하면 채굴을 금지하려는 움직임을 보일 것으로 예상된다.

3) 지구 온난화와 한랭화

지구 온난화는 우리가 살면서 계속 관심을 가져야 할 용어이다. 1970년 이후 지구는 지속적인 온난화를 겪고 있다. 시간이 지날수록 평균기온은 최고치를 갱신할 것이다. 기후 변화의 가장 큰 원인은 화석 연료로 인한 이산화탄소 배출이다. 이로 인해 가뭄, 홍수, 폭염, 생태계 파괴 등의 형태로 표출되고 있다. 유엔환경계획(UNEP)에선 '2020년엔 킬리만자로의 빙하가 녹아 없어 질것이다'라고 발표한 적이 있다. 그러나 2010년 NASA의 발표에 따르면 열권이 43년 만에 최대로 수축했다는 사실을 볼 수 있다. 열권이 무너진다는 것은 지구를 덮는 보호층이 사라진다는 것을 뜻한다. 보호층이 붕괴되면 여름은 더 더워지고 겨울은 더 추워지게 되는 것이다. 이렇게 되면 킬리만자로의 정상과 같은 곳은 기온이 더 떨어져 빙하가 줄기는 커녕 오히려 더 늘어질 가능성이 높다고 본다.

Politics : 정치/민주주의/국제관계/통일문제

1) 플랫화와 리퀴드화

2006년 토마스 프리드먼의 '세계는 평평하다'에 보면 미래엔 선진국이 몰락하고, 이와 동시에 신흥국이 성장해 세상은 평준화 될 것이라 서술을 볼 수 있다. 인터넷의 발달로 물리적인 거리를 뛰어넘을 수 있어 유럽이나 미국, 일본 등에서 이루어졌던 일이 인도나 중국에서도 할 수 있게 되었다. 이로 인해 세계는 플랫화가 진행되고 있다. 미래엔 플랫(flat)화에 이어 리퀴드(liquid)화가 될 것으로 예상된다. '리퀴드화'란 물처럼 유동적으로 부드럽게 움직이는 상태를 말하는 것이다. 예를 들어 어떤 지역이 국가로부터 독립하거나, 지역끼리 연합을 형성하는 것이다. 그러나 이것은 고정되는 것이 아니라, 끊임없이 이합집산을 반복할 것이다. 최근 카탈루냐 사례를 들 수 있다. 민족적인 차이보다 자신들의 세금을 빈곤한 남부지방에 사용하고 있으며 다른 지역보다 자신들 자치국에 계속 세금을 인상시켜 독립을 요구하고 있다. 물론 리퀴드화된 세계는 항상 움직이기에 부정적으로 보면 불안정하다. 지속적인 변화로 불안정하기는 하지만 장기적으로 보면 플랫화가 진행된 세계보다는 밝은 미래가 있다고 보는 것이다.

2) 세계 정부의 등장

최근 들어 기업의 조세 회피가 사회 문제로 떠오르고 있다. 영업 실체가 없음에도 본사를 세금이 저렴한 국가에 등기해 조금이라도 세금부담을 피하려는 것이다. 현재, 국제기관에서는 '국경'이라는 틀을 악의적으로 이용한 이러한 행위를 막지 못하고 있다. 이러한 상황이 지속된다면 새로운 세계 공통기관의 등장을 원하는 움직임이 거세질 것이다. 처음에는 지금의 국제연합을 약간 강화시켜 지역 분쟁과 같은 문제까지 해결해주는 형태를 띤 기관이 등장하며 더 심화되어 세계정부가 수립될 수도 있다는 것이다. 물론 이를 반대하는 나라도 있을 것이다. 현재 이런 조세 회피로 가장 큰 권익을 누리고 있는 곳이 영국과 스위스이다. 세계를 새로운 틀로 통합하려는 시도는 최종적으로 영국 금융기관과의 싸움이 될 것이라 예측되고 있다.

3) 테러와의 전쟁

2014년 6월부터 이슬람 수니파 무장 테러단체 이슬람 국가인 IS가 출현했다. IS는 미국, 영국, 일본 등 서방 국가 인질들을 참수하고, 그 장면을 동영상으로 만들어 SNS를 통해 공개하는 등 잔인한 만행을 저지르고 있다. 또한 최근 요르단 조종사를 산채로 화형하거나 프랑스 파리에서는 6곳에서 동시다발적으로 총기를 난사하거나 자폭테러를 감행하였다. 즉, 이제 테러를 특정 국가나 기관에 국한하는 것이 아니라 민간인의 공공장소에서 무차별적으로 저지르기 시작했다. IS는 계속적으로 그 규모가 커지고 있다. 지금 국제사회는 IS 퇴치에 골머리를 앓고 있다. 퇴치를 위한 연합군을 결성할 움직임을 보이고 있으나 진행속도가 더뎌지고 있다. 이렇게 흘러가다간 미래엔 지금보다 더 끔찍한 테러가 일어날 것이다. IS는 이슬람교 지하드를 선포하면서 비이슬람 국가들에서 무차별 테러를 일으키고 있다. 그들이 이슬람이라는 종교를 이용하여 테러를 일으키는 이상, 이슬람 성직자들의 책임도 면제될 수 없다.

4) 남북통일 문제

현재 북미간, 남북간 비핵화를 위해 협상을 이어가고 있지만 살얼음판을 걷고 있다. 남북한은 장기간의 대립상태로 인해 한 민족이면서도 너무나 다른 두 국가로 살고 있다. 남북한 간에 이질화가 심각하게 진전되어 있어 갑작스러운 통일은 남북한 모두에게 큰 혼란을 가져올 수도 있다. 최근 동향을 보면 북한은 계속된 핵실험을 진행하여 큰 불안감을 주고 있다. 미래 북한 정세에 관련해 가장 우려스러운 부분이 북한의 핵능력이다. 만약 핵개발이 가까운 미래에 중단되지 않는다면 북한은 2030년엔 핵강국으로 부상할 가능성이 높다. 북한의 핵무기와 생화학무기 그리고 한국의 첨단무기 보유를 고려할 때 무력형태의 통일 시도는 남북한 모두의 공멸로 연결된 가능성이 높다. 그러므로 한국 정부는 전쟁 발발 가능성에 대해서는 항상 철저히 대비하면서도 평화적인 방식의 통일을 추구해야 할 과제를 안고 있다.

05
4차 산업혁명시대의
핵심인재와 역량

　알파고(AlphaGo)가 프로기사 9단인 이세돌과 중국의 커제를 이겼다. 무한에 가까운 경우의 수가 존재하는 바둑에서 인공지능이 인간을 이길 수 있을 것이라고는 아무도 예측하지 못했다. 알파고(AlphaGo)의 AI를 비롯해서 4차 산업혁명이 화두가 되고 있으며, 현재진행 중으로 인공지능, IoT, 로봇기술 등이 융합된 지능 정보기술이 제조업, 서비스업을 비롯한 사회 전반에 침투하면서 지능화 되는 시기이다. 우리는 4차 산업혁명이 현재진행 중에 있지만 그 속도가 아주 빠르다는 점을 경계해야 한다. 4차 산업혁명을 인공지능, 빅데이터, 사물인터넷(IoT), 클라우드, 3D 프린팅, 자율주행 자동차 등으로 불리는 급격한 소프트웨어와 데이터 기반의 지능디지털 기술변환(intelligent digital technology transformation)에 의한 혁명을 말한다. 한편으론 4차 산업혁명은 '인간을 중심으로 현실과 가상이 융합하는 혁명'이라고 정의하고 있다. 4차 산업혁명에서 인간과 인공지능의 역할은 각각 혁신적인 일과 반복되는 일로 나눠져 상호 협력하게 될 것이다. 소위 딥러닝(deep learning)이라는 최신 인공지능 기술은 최소한 1,000개 이상의 반복되는 데이터가 있어야 어느 정도 학습효과를 거두게 된다. 앞으로 이런 4차 산업혁명으로 인해 일부 직군은 큰 타격을 받을 것으로 예상된다. 가장 큰 타격을 받을 직군은 사무관리직으로 전망하고 있으며, 빅데이터 분석과 인공지능 기술이 바탕이 된 자동화 프로그램과 기계가 사무직 일자리를 대체할 것이란 이유에서다. 로봇과 3D 프린팅의 위협을 받는 제조·광물업 분야 일자리도 감소할 것으로 예상된다. 반면에 전문지식이 필요한 경영·금융 서비스·컴퓨터·수학·건축·공학에서는 일자리가 늘어날 것으로 전망된다.

즉 많은 일자리가 STEM(과학·기술·공학·수학) 분야에서 생겨날 것이다. 산업화 시대의 인재상과 정보화 시대의 인재상이 다르듯이 정보화 시대의 인재상과 4차 산업혁명 시대의 인재상은 다를 수밖에 없다. 핵심인재 상으로 봤을 때, 현재의 스펙(specification, qualification)형 인간은 미래에는 인공지능과의 경쟁에서 도태되는 인재상이 될 것이고, 창조와 협력을 중심으로 창의 융합형 인재상이 늘어 날 것이다. 즉, 4차 산업혁명시대의 인재는 교양(인성), 직업기초능력, 글로벌마인드, 자기계발 능력 등 네 가지를 갖춰야 하지만 이 외에 어떤 핵심인재가 필요할까?

자료 참조: 인천광역시 교육청, 2018.12.

어떤 핵심인재가 필요할까?

첫째, 교양인 · 학습인의 핵심인재

'교양인'은 정서적으로 안정되고 풍부한 감성을 기반으로 미를 추구하며 다양한 디자인을 해낼 수 있는 사람으로 직업인은 어떤 직업을 택하기에 앞서 누구나 공통적으로 갖춰야 할 기초능력을 갖추고 인공지능^(AI)과 경쟁해도 살아남을 수 있는 수준의 전문성을 갖춘 인재이다. '학습인'은 끊임없이 자기계발에 매진하며 일하는 상소에서 배움을 실천하는 평생학습이 생활화된 인재를 말한다. 4차 산업혁명시대의 미래사회에서는 정서적으로 안정되고 풍부한 감성을 갖춘 교양인과 새로운 환경에서 항상 창의적 도전을 하는 학습인인 핵심인재가 필요한 것이다.

둘째, 창의 융합형 핵심인재

'가방끈' 인재보다 '신발끈' 핵심인재가 필요하다. 4차 산업혁명시대에는 직업세계에 입문하는 직장인들에게 요구하는 인재상이 다를 수밖에 없고, 직업능력 역시 양극화가 심화될 것이다. 정부도 고등교육의 환경변화에서 높은 전문성을 갖춘 창의 융합형 인재양성을 요구하고 있다. 창의적이고 융합형 인재가 필요하고, 스페셜리스트(specialist)인 동시에 제너럴리스트(generalist)인 인재가 필요하다. 즉, 소프트웨어도 알지만 하드웨어도 알아야 하고, 미래를 읽는 기술인 트렌드 워칭(trend watching)과 4차 산업혁명시대의 환경과 미래도 이해해야 한다. 단순한 예로 사물인터넷 하나만 볼 경우 센서, 마이크로프로세서 및 저장수단, 클라우드, 통신, 전송, 데이터분석, 자동화 유니트, 디지털기술 등을 이해해야 한다. 또한 그것을 접목할 산업 또는 접목하여 새로운 것을 창출해 낼 수 있어야 하는 인재가 필요하다. 한 분야의 전문가이면서도 직무분야와 관련된 분야를 이해하고 새로운 것을 창출해 낼 수 있는 핵심인재가 필요한 것이다.

셋째, 직관력과 상황에 대한 이해력이 뛰어난 핵심인재

1차 산업혁명이 100년 이상의 긴 시간에 걸친 변화의 과정을 거쳤다면 2차 산업혁명은 60~70년의 과정을 거쳤고, 3차 산업혁명은 불과 30~40년 만에 완성되었다. 4차 산업혁명은 10~20년 만에 급속히 발전하고 수많은 변화를 가져올 것이고, 그 파장이 전 세계와 삶의 전 영역으로 퍼져나가게 될 것이다. 변화의 속도가 빠르면 어떤 현상과 문제를 천천히 살펴보고 종합하고 방향을 추론할 수 있는 시간이 없기도 하다. 따라서 일어나는 현상을 빨리 보고 그 방향과 문제점과 해결방식을 빨리 찾아낼 수 있는 직관력과 그 상황을 빨리 이해할 수 있는 뛰어난 이해력을 지닌 핵심인재가 필요한 것이다. 하나의 대안이 있다면 교육적 측면에서는 가상의 상황을 시나리오별로 만들어놓고 시뮬레이션을 실시함으로써 직관력과 상황에 대한 뛰어난 이해력과 실행력을 높이는 훈련이 필요한 것이다.

넷째, 컴퓨팅적 사고와 코딩능력을 지닌 핵심인재

'컴퓨팅적 사고'란 해결하고자 하는 문제를 명확히 구성하고 사람이나 컴퓨터가 효과적으로 그 문제를 풀어서 답을 내 놓게 하는 프로세스적 사고력이다. 그리고 '코딩'이란 컴퓨터, 스마트 폰 등 IT기기에 사용되는 소프트웨어를 설계하는 과정 중 하나로 우리가 조작하는 대로 컴퓨터가 작동하도록 도와주는 명령문을 작성하는 것이라고 할 수 있다. 4차 산업혁명시대에서는 어떤 문제가 발생했을 때 프로세스에 맞춰 해결하려는 사고가 필요하며, 프로그래머와 같은 IT업계 종사자들의 전유물로 여겨지던 코딩은 스마트 폰이 대중화와 모든 사물이 인터넷으로 연결되는 이른바 '사물인터넷(IoT: Internet of things)'의 시대가 도래하면서 전문가의 영역을 넘어 우리의 일상으로 다가왔기 때문에 앞으로는 기본적인 것을 활용할 줄 아는 핵심인재가 필요한 것이다.

다섯째, 통계적 사고를 지닌 핵심인재

4차 산업혁명이 데이터 기반의 지능적 변환이라고 볼 수 있으므로, 통계적 사고(statistical thinking)를 함양하는 것이 중요하다. 특히 빅데이터에 의한 미래예측, 사물인터넷(IoT), 스마트 팩토리 등의 운영에 유효하다. '통계적 사고'란 일상생활에서 데이터를 바탕으로 한 확률과 통계를 이용하여 당면한 문제를 시스템적으로 생각하고, 해결책을 찾아가는 사고방식을 말한다. 통계적 사고를 함양하기 위해서는 수학, 통계, 과학교육 등이 강화되어야 한다.

4차 산업혁명시대 적응을 위한 필요한 역량

4차 산업혁명시대는 사람과 사람이 연결되는 것을 넘어 사물과 사물, 사물과 사람이 연결되고 있다. 이미 사물인터넷 기술로 완벽하진 않지만 사람과 사물이 서로 연결되어 있는 시대에 우리는 살고 있다. 이렇듯 우리의 사회는 초연결사회로 되어가고 있는데 그 핵심에는 인공지능과 인간과 사물을 연결하는 센서기술, 로봇기술 등이 중심에 자리 잡고 있다. 4차 산업혁명시대에 적응하는 데 필요한 새로운 역량에 대해서 알아야 할 것이다. 앞으로 제시할 역량을 갖춘 사람이 새로운 시대의 인재가 될 것이며, 학교교육이나 산업교육에서는 필연적으로 그러한 인재를 길러야 하기 때문이다.

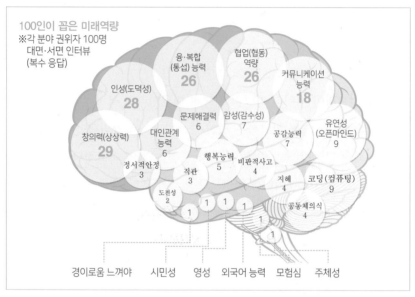

자료 출처 : 중앙일보(2018), 다빈치와 스티브잡스, 창의성 비밀은?

첫째, 인공지능^(AI)과 협력하고 그것을 잘 다룰 줄 아는 역량

미래의 인간은 인공지능과의 경쟁을 피할 수 없다. 학교의 예를 들면 당장 교사는 인공지능 때문에 교사라는 위치를 위협받게 될 것이다. 아직까지는 개발되지 않았지만, 인간에 버금가는 아주 높은 수준의 인공지능 로봇이 교사의 일을 대신하게 된다면 잘못된 지식을 학생들에게 전달해줄 일은 없기 때문이다. 또한 감정에 휘둘리지 않는 합리성을 갖췄기 때문에 법이나 제도가 중요치 않게 될 수도 있다. 그러나 이는 인공지능과 인간의 경쟁만을 예시로 든 것이고 현명한 사람이라면 인공지능과 동맹하고 협력하고 활용할 대상으로 변화시킬 것이다. 이미 인공지능과 협력하고 있는 사람은 우리 주변에서 쉽게 찾아볼 수 있다. 우리가 운전을 할 때 네비게이션에 목적지를 입력하면 우리의 상황에 맞는 최적의 경로를 알려준다. 중국의 한 식당에서는 로봇이 서빙을 하고, 일본의 초밥 식당 '구라스시'는 로봇이 초밥을 만들고 있다. 시간이 지날수록 인간과 기계의 협업 범위는 넓어질 것이다. 미래의 인재들은 인공지능을 활용해서 소설을 쓸 것이고 작곡도 하게 될 것이다. 인간과 인공지능은 상호 보완적인 협업이 가능하다는 것이다. '속담에 아는 만큼 보인다.'라는 말이 있다. 인공지능을 잘 알지 못하는 사람은 인공지능을 활용해 보지도 못하고 그저 자신의 밥그릇을 빼앗는 경계할 대상으로만 볼 것이다. 그러나 현명한 사람이라면 인공지능과 경쟁하기보다는 협력하는 대상으로 이용할 것이다. 따라서 4차 산업시대에 인공지능과 협력하고 그것을 잘 다룰 줄 아는 역량은 미래의 우리에게 필요한 제1의 역량이 될 것이다.

둘째, 시간을 자신에게 맞게 창조하고 지배하는 역량

100세 시대라는 말을 한 번 쯤은 들어봤을 것이다. 이는 21세기 전후에 태어난 세대들은 과학기술의 발전에 힘입어 100세 이상까지 살게 될 것을 의미한다. 이렇듯 인간의 절대적인 평균 수명은 100세를 웃돌게 될 것이지만 우리의 삶은 아주 빠르게 변하기 때문에 우리가 경험하는 것은 과거의 변화속도와 비교해 보면, 상대적으로는 200세 이상의 삶을 살았을 때의 경험을 할 수 있다. 물리적인 시간 역시도 생명공학기술(BT, Bio Technology), 뇌 과학 등의 발전으로 120세를 훌쩍 넘게 될 것이라는 전망도 있다. 인공지능과 협력하는 인간은 잉여시간이라는 값진 선물을 받게 된다. 2020년 이후, 자율주행 자동차가 상용화 되었을 때 직장인 A씨의 출퇴근 모습을 상상해보자.

'A씨는 직장까지의 통근 거리가 자동차로 30분 정도이다. 아침 7시50분 A씨는 샌드위치와 커피를 쥔 채로 자율주행 자동차에 오른다. 자율주행 자동차가 나오기 이전이라면 꼼짝없이 30분 동안 운전을 해서 출근했을 것이다. 그러나 운전을 자율주행 자동차가 대신하기 때문에 A씨는 샌드위치를 차안에서 먹으며 자동차 속의 증강현실에서 그날 하루업무를 계획한다. 또한 자율주행 자동차는 실시간 교통상황을 반영해서 운전하기 때문에 막히는 길을 들어서서 늦게 출근할 일도 없다.'

아주 간단히 자율주행 자동차만 예시로 들었지만 더 많은 인공지능 기술이 우리에게 잉여시간을 선물해 줄 것이다. 이렇게 만들어진 새로운 시간을 창조하고 활용하는 능력이 새로운 경쟁력이 될 것이다. 잉여시간의 가치를 인식하는 것이 새로운 경쟁력이 될 것이다. 잉여시간의 가치를 인식하고 새로 주어진 시간을 소비에서 창조와 활용으로 전환해야 한다. 미래에는 시간을 잃는 것이 자본을 잃는 것만큼 치명적인 일이 될 것이다. 또한 이렇게 얻은 잉여시간을 통해 가치있는 지식을 창출한다면 4차 산업혁명시대에 맞는 인재상이 될 것이다.

셋째, 인류의 문제, 욕구, 갈등을 통찰하는 역량

최근 인문학의 필요성이 다시금 강조되고 있다. 인문적 사고는 사람의 마음을 이해하고 사람의 생각을 해석하는 도구이다. 이 도구를 활용해야 문제, 욕구, 갈등의 원인을 찾을 수 있다. 미래 인류의 문제, 욕구, 갈등을 통찰하는 것은 새로운 도전의 영역을 발견하는 지름길이다. 또한 더불어 감성과 감정, 이성을 바탕으로 한 공감대를 형성하는 능력도 필요하다. 아무리 논리적이고 합리적이고, 과학적이라 할지라도 주변의 환경과 공감대를 이룰 수 없다면 의미가 없다. 완벽한 인공지능이 개발된다면 우리 주변의 무한한 문제들을 인공지능이 모두 해결할 수 있을 것이다. 그러나 아직까지는 인공지능의 작동 알고리즘 역시 인간이 스스로의 필요성에 의해서 작성한 것이다. 즉 완벽한 인공지능이 나오기 전까지 우리 주변의 문제, 욕구, 갈등을 통찰하는 것은 여전히 인간의 몫이라고 할 수 있다. 스티브잡스의 아이폰은 그의 통찰력을 바탕으로 개발된 것이다. 구글의 알파고 또한 구글사의 인공지능에 대한 끝없는 갈망과 통찰력을 통해서 만들어졌다. 이렇듯 인류의 문제, 욕구, 갈등을 통찰하는 역량은 우리가 미래에 갖춰야 할 역량이 될 것이다.

넷째, 상상력을 발휘하는 역량

상상력, 머릿속으로 상상력을 발휘해 끝없이 치밀하게 그림을 그려 가면, 나중에 그 상상했던 대로 자신이 도달했음을 깨닫게 된다. 상상은 계획이나 행동보다 더 삶에 영향을 끼친다. 상상한다는 것은 계획이나 행동보다 더 중요하다. 그것은 계획과 행동이 도달할 지점이며, 살아가며 부딪히는 수많은 상황을 어떻게 하나의 지점으로 모을지 가려내는 기준점이 된다. 생생하게 꿈을 꾸면 꿈은 반드시 이루어진다.

R(Realization, 이루어진다) = V(Vivid, 생생하게) X D(Dream, 꿈). 뜻을 실천한 사람들의 명언 모음이다. 괴테는 "소리내어 외치고, 생생하게 상상하라! 그러면 꿈은 이루어진다." 빌 게이츠는 "나는 10대 시절부터 세계의 모든 가정에 컴퓨터가 한 대씩 설치되는 것을 상상했고, 또 반드시 그렇게 만들고야 말겠다고 외쳤다. 그게 시작이다." 워렌 버핏은 "아주 어렸을 때부터 내 마음속에는 세계 제일의 부자가 된 나의 모습이 선명하게 자리 잡

고 있었습니다. 나는 내가 거부가 되리라는 사실을 의심해본 적이 단 한 순간도 없습니다." 조지 워싱턴은 "나는 아름다운 여자와 결혼할 것이다. 나는 미국에서 가장 큰 부자가 될 것이다. 나는 군대를 이끌 것이다. 나는 미국을 독립시키고 대통령이 될 것이다." 아주 강한 인공지능으로 발전하기 전까지 인공지능은 패턴 안에 들어오는 것에 대해서는 명석하지만 패턴을 벗어나는 영역에 대해서는 한계를 보일 것이다. 바로 이 틈이 우리가 도전해야 할 영역이다. 인간은 오래전부터 상상하는 능력을 가지고 있었다. 상상력이야 말로 인간을 만물의 영장으로 만들어 주었다. 많은 사람들이 인간이 인공지능(AI)에게 지배당하지 않을까 하는 걱정을 하고 있다. 그러나 상상력을 여전히 발휘해서 인공지능이 해결하지 못하는 점을 찾아서 대책을 세운다면 인간은 여전히 로봇위에 군림할 수 있을 것이다. 따라서 상상력은 4차 산업혁명시대에 필요한 필수 역량이다.

다섯째, 적응력을 발휘하는 역량

구글(Google)사가 4차 산업혁명을 주도하고 있다는 것은 자명한 사실이다. 그렇다면 구글(Google)사는 과연 어떤 역량을 갖춘 인재를 원하는지 조사해 보았다. 리더십, 겸손, 오너십 등 많은 역량들을 갖춘 인재를 원하지만 눈에 띄는 것이 바로 '적응력'이었다. 이는 앞서 말한 인공지능과 협력하고 다룰 줄 아는 역량과도 일맥상통한다. 우리 주변의 기술은 빠른 속도로 변화할 것이다. 그 변화에는 우리가 예측한 변화도 존재하지만 분명 예측하지 못한 변수도 발생할 것이다. 변화하는 세상에 적응하지 못한다면 발전하지 못하고 낙오될 것이다. 그러나 변화하는 기술에 적응하고 이를 이용할 줄 아는 인간이 있다면 그는 훌륭한 인재가 될 것이다. 그 적응에는 물리적 적응과 심리적 적응이 있다고 나눠 보겠다. 가령 '물리적 적응'은 로봇을 다룰 줄 아는 능력이라고 정의하겠다. 또한 '심리적 적응'은 변화를 두려워하지 않고 항상 도전하고 배우는 자세를 심리적 적응이라고 하겠다. 물리적 적응은 호모 파베르로서의 인간을 만물의 영장으로 만들 것이고, 심리적 적응은 호모 사피엔스로서의 인간을 만물의 영장으로 만들어 줄 것이다.

여섯째, 기술교육에서 길러야 하는 기술적 역량

4차 산업혁명의 중심에는 바로 최신 기술이 있다. 보통교육으로서의 기술교육은 모든 과목 중에서 4차 산업혁명과 가장 밀접한 관계가 있다. 따라서 기술교육에서 길러야 하는 기술적 역량을 새로 적립하는 것이 중요하다. 먼저 기술적 역량 중 지식을 살펴보자. '고기도 먹어본 사람이 많이 먹는다.'라는 속담이 있다. 한 번이라도 겪어본 사람과 그렇지 못한 사람은 차이가 있다는 뜻이다. 현재 직장에서 기술을 배우는 사람들은 다양한 기술을 접할 것이다. 그 변화는 직장인들이 학교 다닐 때 배웠던 기술의 내용과 실제 삶속에서 겪는 기술의 산물과는 다를 것이다. 변화의 속도가 너무나도 빠르기 때문이다. 그런데 학교 기술시간에 배웠던 지식이 A학생은 톱질을 배웠고 B학생은 3D프린터에 대해서 배웠다고 가정해보자. 정규과정을 마치고 사회에 진출 했을 때 A와 B학생 모두가 3D프린터를 마주했다면 과연 어떤 학생이 더 잘 다룰까? 답은 크게 고민할 것 없이 B학생이 3D프린터를 더 잘 다룰 것이다. 학교에 다닐 때 3D프린터를 접해보았기 때문이다. 반대로 두 사람 모두 군에 입대하여 작업의 일환으로 톱질을 해야 할 경우를 생각해보자. 이럴 때에는 A학생이 톱질에 더 자신이 있을 것이다. 기술교육의 기능은 어떻게 전달해야 할까? 기술은 단순 지식전달에서 그치는 것이 아닌 실습과 경험을 통해서 해결해야 한다. 최신 기술에 대한 실습을 진행하려면 기술교과에 대한 충분한 전문성을 갖춰야 한다. 따라서 지속적인 지식과 기술 교육연수가 필요한 것이다.

4차 산업혁명시대, 최고의 실력은 인성(personality)

인공지능(Artificial Intelligence) 기술은 인간의 지각, 추론, 학습능력 등을 컴퓨터 기술을 이용하여 구현함으로써 문제해결을 할 수 있는 기술로 다양한 분야에서 연구되고 있다. 알파고(AlphaGo) 이전의 대부분의 인공지능은 규칙 기반으로 주어진 작업을 처리하여 결과물을 제시하였으며 추론은 불가능하였다. 그러나 최근에 빅데이터(Big Data) 세상이 되면서 규칙이 아닌 엄청난 양의 정보가 존재하고, 이를 학습 데이터로 제공받아 기계에 학습 기능을 주는 것이 가능하게 되었다. 이로 인해 인간 고유의 영역을 보호받지 못하게 되고, 우리는 이러한 인공지능 시대에 어떻게 대처해야 할 것인지 고민해야 한다. 단순한 문제해결형 인재는 더 이상 경쟁력을 갖출 수 없다. 소프트웨어를 이해하고 컴퓨터와 협업하여 문제해결을 이루어내는 융합형 인재가 필요하다.

마이크로소프트사의 인공지능 채팅봇 '테이(Tay)'는 잘못된 교육으로 극단적인 차별주의 발언을 하면서 서비스를 중단하기도 했다. 불행하게도 인간의 악함이 대화 중에 학습되었고, Tay는 엄청난 나치주의자에 빠지게 되었다. 이러한 현상은 인공지능의 발전 방향이 결국 인간에게 달려있음을 시사한다. 인공지능이 인류의 악이 될지, 미래 발전의 원동력이 될 것인가는 인간에게 달려있다. 그러므로 우리는 인공지능과 협업할 수 있는 능력을 갖추어야 한다. 또 직무역량과 더불어 자동화 또는 인공지능 등 기술 및 기계의 발전으로 노동력이 대체되더라도 창의성은 인간만의 주요 능력과 영역은 자동화되지 않을 것이다. 결국 디지털 환경에 익숙한 디지털 세대인 '디지털 네이티브(Digital Native, 개인용 컴퓨터, 휴대전화, 인터넷, MP3와 같은 디지털 환경을 태어나면서부터 생활처럼 사용하는 세대를 말함)'는 다음과 같은 인성과 자질이 요구된다.

첫째, 창의성. 지금의 디지털시대에서는 누구나 인터넷을 통해 정보를 찾을 수 있다. 때문에 주어진 정보들을 창의적으로 융합하여 새로운 지식을 만들어내는 능력을 필요로 한다.

둘째, 비판적 사고력. 넘쳐나는 정보 중 올바른 정보를 잘 선별하는 것이 중요하며 나아가 자신의 주장을 객관적으로 전개할 수 있어야 한다.

셋째, 협업능력. 다른 분야의 여러 사람들과 효과적으로 상호작용하는 능력, 협업능력이 매우 중요시 된다.

넷째, 의사소통능력. 언어적, 비언어적으로 표현된 생각이나 감정을 적절하게 상호작용하는 능력으로 인성적인 측면도 포함된다.

다섯째, 디지털 리터러시(digital literacy)와, ICT 리터러시(Information & Communication Technology literacy), 컴퓨터를 조작하여 원하는 작업을 실행하고 필요한 정보를 얻을 수 있는 지식과 능력이 중요시 된다.

2016년 다보스포럼도 미래사회의 인재가 갖춰야할 핵심역량 5가지 중 하나로 협업능력을 꼽았다. 아울러 사람들 사이의 조화를 이끌어내고 원활하게 커뮤니케이션하는 사람관리 능력도 핵심역량으로 제시했다. 이를 가장 잘 보여주는 사례가 구글(Google)이다. 구글은 미래에 가장 가깝게 가 있는 기업이도 하다. 이런 구글에는 매년 입사지원서를 내는 사람이 전 세계에서 300만 명이 넘는다고 한다.

이중 0.23%만 채용되는 것이다. 매번 다른 질문과 평가로 심사한다. 라즐로 복(Laszlo Bock) 구글 인사담당 CEO는 그의 책 '일하는 원칙'에서 "구글은 영리하기만 한 게 아니라 겸손하고 성실한 지원자를 원한다"고 말했다. 실제로 구글은 인재를 뽑을 때 바른 품성을 가장 중시한다. 라즐로 복은 뉴욕타임스와의 인터뷰에서 '지적 겸손' 등 구글이 중시하는 5가지 인재상을 제시했다. 단순히 머리가 좋거나 스펙이 뛰어난 사람보다는 책임감 있고, 문제해결을 위해 적극적으로 노력하면서, 다른 사람의 아이디어를 존중할 줄 아는 사람이 구글이 원하는 인재라는 것이다.

Google

구글이 신입사원 채용 시 중시하는 5가지

□ **학습능력** IQ가 아니라 필요한 정보를 한데 모으고 새로운 것을 배우는 능력

□ **새로운 리더십** 팀의 구성원으로서 협업을 이끌어내는 리더십과 팔로어십

□ **지적 겸손** 다른 사람의 아이디어를 포용하고 배우려는 자세

□ **책임감** 공적인 문제를 자신의 것처럼 생각하는 주인의식

□ **전문지식** 해당 분야의 전문성. 그러나 5가지 중 가장 덜 중요

\# 학점·시험점수 등은 큰 영향 안 미침
자료: 라즐로 복 인사담당 수석부사장
(뉴욕타임스 칼럼 '구글에 취업하려면' 중에서 발췌)

그러면서 "5가지 기준 중 전문지식은 가장 덜 중요하다. 머리에 있는 지식보다 필요한 정보를 한데 모으고 새로운 것을 배우는 학습능력이 우선"이라고 강조했다. 특히 '나도 틀릴 수 있다'는 생각, 타인의 의견을 받아들이는 '지적 겸손'이 매우 중요하다고 강조한다. 만일 똑똑한 사람이 '지적 겸손'을 갖추지 못한다면, 실패할 경우 그 책임을 다른 팀원이나 상사 탓으로 돌리는 경우가 많기 때문이다. 자신의 분야에서 전문성을 갖추는 것도 중요하지만 이보다 중요한 건 다른 사람과 협업(collaboration)하고 시너지를 내는 일이다. 그러기 위해선 마음이 열려 있어야 하고 상대를 존중·배려할 줄 알아야 한다. 즉 '바른 인성'을 갖추는 것이 지금의 사회, 나아가 4차 산업혁명시대에는 필수 능력인 것이다.

06
4차 산업혁명과
공유경제

'공유경제(共有經濟, Sharing Economy)'란, 물건을 소유에서 공유의 개념으로 바꾸는 것으로서, 한번 생산된 제품을 여럿이 공유하여 사용하는 협업 소비를 기본으로 하는 경제를 의미한다. 2008년 세계금융위기 이후 로런스 레시그(Lawrence Lessig) 교수가 만들어낸 새로운 경제적 개념이다. 공유경제의 등장과 발전 배경은 20세기 자본주의 경제의 한계가 가져온 환경오염 문제, 글로벌 경제위기, 그리고 ICT 기술의 발달에 따른 사회관계망 서비스의 발전을 들 수 있다.

공유경제로 번역되는 'Sharing Economy'는 최근 수년간 전 세계 경제적 질서를 뒤흔들고 있는 독특한 시스템이다. 공유경제를 쉽게 풀어보면 현재 가지고 있지만 잘 사용하지 않는 것을 공유함으로써 추가적으로 발생하는 경제효과라고 할 수 있다. 오프라인이 아닌 온라인으로 상품 서비스 노동을 주고받는 일의 현상 중에 하나가 스마트폰App 기반의 공유경제이다.

사람들은 이제 기존에 있던 택시회사나 호텔 은행 같은 전통적인 서비스 중계 비지니스 산업을 우회 할 수도 있고 서비스 중계는 공급자와 이용자가 직접 거래하게 할 수도 있다. 우버(Uber)와 같은 서비스로 차량을 공유하고 에어비엔비(AirBnb)로 숙박을 제공받고 피베르로 가사 일자리도 제공받으며 패보나인스타카드로 식료품 배달을 공유하는 시대가 공유경제이다. 택시 한 대 소유하지 않고도 625억 달러(72조 원)의 가치를 인정받고 있는 우버나 전 세계 호텔 빌딩 한 곳 보유하지 않고도 힐튼에 맞먹는 기업 가치를 평가받고 있는 에어비앤비는 기존의 자본주의적 사고와 논리로 설명하기 어려운 측면이 여럿 발견된다. 중국에서의 공유경제의 규모는 370조 원으로, 가치가 대략 2조 위안에 육박한다고 한다.

공유경제와 협력적 소비

협력적 소비는 공유경제의 근간이라 할 수 있다. 발달된 IT 기술을 활용하여 소비자들끼리 제품이나 서비스 등을 공유하거나 교환하는 새로운 소비 형태를 의미한다. 협력적 소비란 많은 소비자들이 공유하기로 약속한 몇 가지 유형에 의해 동일한 제품을 사용할 때 일어나는 것으로 협력적 소비는 좀 더 효율적인 자원의 이용과 비용절감을 할 수 있게 한다고 말했다. 해외의 '협력적 소비 사이트'에서는 협력적 소비가 비즈니스와 소비자 중심주의를 변화시켰으며, 성취와 지속적인 삶의 질을 더 누리기 위한 삶 방식을 변화시켰다고 말했다. 협력소비는 물물교환 방식, 물품 대여 방식, 공간을 공유의 세 가지 형태로 이루어진다. 협력적 소비의 핵심 요소는 소유자

뿐 아니라 타인의 책임도 중요하다는 점이다.

공유경제는 협력적 소비로 정의할 수 있지만, 엄밀히 말하면 공유경제는 그보다 더욱 넓은 개념으로 공유의 의미를 확대하는 경우 유사한 개념으로 이해할 수 있다. 공유경제는 유형·무형자원을 소유하지 않고 사람들과 공유하여 합리적 소비로 이끌고, 이로 인해 사회적·환경적인 부가가치도 창출하는 개념이라고 정의할 수 있다. 또한 이 두 개념은 모두 사회적 가치를 효율적으로 창출한다고 할 수 있다.

| 공유경제와 협력적 소비의 비교 |

	What	Who	Where(for whom)	why
협력적 소비	잉여 자원	소유자가 아닌 제3자의 주체	필요하지만 구매가 어려운 약자를 위해	무상 또는 시장 가격 이하로 제공
공유 경제	잉여 자원	소유자	차별화된 합리적 가치를 추구하는 수요자를 위해	가치 창출하는 경제 패러다임으로 제공

공유경제와 사회적 기업

공유경제는 사회적 기업과 비슷한 개념이지만 '협력의 탐구', '공동의 가치', '평등한 참여', '주요수단' 이라는 네 가지 부분에서 차이 있다(조수영, 2010).

| 공유경제와 사회적 기업 비교 |

구분	공유경제	사회적 기업
협력의 탐구	동등계층생산(P2P) 방식	협력적 행위를 통해 경제 활동
공동의 가치	공동체에서 모든 구성원에게 가치를 부여 하는 합리적 논리에 근거	공동선의 원리에 따라 '어떤 사람'도 인간으로서의 기본권을 누림
평등한 참여	자신들의 이익을 나눔으로써 스스로 공정한 사회를 만드는데 헌신	자본소유에 기반 하지 않은 의사결정권, 이용자나 소비자가 의사결정에 영향을 주고 경영에도 참여
주요 수단	인터넷, SNS 등을 주로 활용	주로 인적 네트워크 활용 인터넷은 보조적으로 활용

렌탈 서비스와 공유경제

전통 렌탈 서비스는 전통 소유경제 모델이다. 소비자들은 구매비용이나 경비를 절약하기 위하여 전문 업체들과 개인 간의 거래 유형이다. 공유경제는 전문뿐만 아니라 개인 소비자도 거래주체로 참여하여 개인과 개인 간의 거래를 포함하며 남는 유휴 자원을 활용함으로써 경제적 효율성 달성해 확대하는 새로운 비즈니스 모델이다. 개인 소요자가 가지고 있는 희소자원이라도 공유경제 모델을 통해 거래 가능하다.

| 렌탈 서비스와 공유경제의 차이점 |

렌탈 서비스	공유경제
B2C	C2C, B2C
거래종료 후 잔존가치가 남아 있음에도 불구하고 재화수명 소멸	잔존가치가 소멸되는 시점까지 거래가능
희소자원 거래 불가	희소자원 거래 가능
자원 유휴시간이 장기 (렌탈 정수기 등은 미사용 시간이 많음)	필요한 기간만큼만 대여하여 자원 유휴시간 최소화

공유경제 비즈니스 모델과 효과

공유경제는 타인에 대한 신뢰와 평판을 기초로 협력적 소비 수단을 편리화 시킴으로써 이용자, 중개자(공유기업), 사회전체의 이익이 돌아가는 윈-윈(win-win)구조이다. 일반적으로 온라인 플랫폼을 기반으로 공유경제 비즈니스 모델은 대여자와 이용자 간의 거래형태로 이루어진다. 자원을 공유하고자 하는 대여자는 공유경제 업체(공유기업)가 구축한 플랫폼에 자신이 보유한 자원과 가격 정보를 등록한다.

| 공유경제의 비즈니스 모델 |

자료 참조 : ICT 발달에 따른 공유경제에 대한 소고, e-비즈니스 연구, 2014.

또한 대여자는 SNS 등을 통해 자신의 신뢰도와 평판을 제공함으로써 거래에 대한 신용을 구축한다. 자원이 필요한 이용자는 공유경제 플랫폼에 등록된 자원을 선택하고, 결제가 이루어지면 대여료의 일정한 부분에 대하여 공유경제 업체(공유기업)는 수수료를 취하게 된다. 이용자는 공유경제플랫폼 사용 후기를 통해 대여자의 신뢰수준에 대한 피드백을 제공한다. 이러한 비즈니스 모델을 통해 대여자는 거래수익 확보 및 자원판매를 위한 홍보, 마케팅 비용 절약이 가능하다. 이용자는 유통마진이 제거된 저렴한 가격으로 필요한 기간만큼 다양한 자원을 활용할 수 있다. 공유경제업체는 적은 투자비용으로 사업을 시작하여 수수료 수익을 확보한다. 한편 거래방식은 재화에 따라 다양한 형태로 구분된다. 유·무형의 공유 재화는 판매, 중고 물품 재판매, 유료대여, 유료회원가입, 공동소유 또는 공동운영, 투자 및 대출, 물물교환, 무료대여, 기부 등의 방식으로 거래 된다.

줄기세포와 더불어 '세상을 변화시킬 10가지 아이디어'로 2011년 미국 TIME지 에서는 공유(sharing)를 선정하였다. 이러한 공유경제의 진정한 장점은 신뢰와 같은 사회적인 것에 있을 뿐만 아니라 지속가능성 역시 매우 큰 것으로 내다봤다. 2013년 클라우드 산업연구소는 공유경제를 기초하는 공

| 공유경제 거래 방식 |

유형	거래방식	예시
개인 대 개인 거래형	유휴 물건에 대한 P2P 중개 플랫폼	판매, 중고물품 재판매, 유료회원가입, 투자 및 대출, 물물교환, 무료대여, 기부 등
쌍방간 사용권 교환형	유휴 물품 및 중고 물품, 재능 및 서비스를 커뮤니티 안에서 교환	유료대여, 유료회원가입, 공동소유 또는 공동 운영, 투자 및 대출, 물물교환, 무료대여 등
소유권 교환형	중고물품 거래장터 플랫폼	판매, 중고물품 재판매, 공동소유, 공동운영, 기부 등
사용권 제공형	렌터카 사업자와 유사	유료회원가입 등

유경제 기업의 효과를 경제적 측면과 사회적 측면으로 구분하였다. 먼저 경제적 측면은 다시 시장의 확대와 수익성 개선에 따른 효과로 구분된다.

첫째, 시장의 확대측면에서는 소유자에게는 더 이상 가치가 없는 제품이 누군가에게는 필요한 제품이 될 수 있으므로 공유경제를 통해 더 이상 판매되지 않는 재화를 거래할 수 있다는 장점이 있다. 소유경제의 주체가 전문기업 또는 전문가 중심이었다면, 공유경제에서는 개인이 중심이 되어 공급함으로써 종전 거래수익을 발생하지 못했던 개인들의 시장 참여가 가능하게 된다.

둘째, 수익 개선 측면에서 이용자와 대여자 사이의 직거래를 통해 거래가 이루어짐으로 인한 거래비용 절감에 따른 수요시장의 수익성이 증대 될 뿐만 아니라 공급자는 방치되어 경제적 가치를 창출할 수 없었던 유휴자원이 추가적인 경제적 수익을 창출하게 된다.

2014년 '프라이스 워터하우스 쿠퍼스(PwC) 컨설팅'사는 글로벌 공유경제 규모가 2025년에는 3,350억 달러로 2014년의 150억 달러에서 20배가 넘게 성장할 것으로 전망하였다. 한편, 사회적 효과는 지역경제의 활성화와 새로운 일자리 창출뿐만 아니라 가치소비문화의 확산을 통한 사회경제적인 문제해결에 기여할 수 있다.

| 공유경제의 효과 |

효과		내용
경제적 효과	시장 Pie 증대	• 수요시장의 확대 : 기존 포기 고객군 거래참여로 신규시장 창출 • 공급시장의 확대 : 개인의 판매거래 참여
	수익성 개선	• 수요시장 수익증대 : 거래비용 절감에 따른 수요자 수익성 개선 • 공급시장 수익증대 : 유휴자원 활용을 통한 수익 창출
사회적 효과	사회적 가치 창출	• 지역경제 활성화, 일자리 창출, 소외감 등 사회문제 개선

공유경제 대표적인 사례

1) 쏘카

쏘카(Socar)는 자동차 공유 서비스를 제공하는 국내 렌터카 서비스 업체로써, 미국의 짚카를 벤치마킹한 서비스업체라고 할 수 있다. 쏘카는 주택가와 대중교통의 환승이 쉬운 곳에서 필요한 시간만큼 빌릴 수 있는 서비스를 제공하고 있다. 쏘카는 회원 누구나 365일, 24시간 상시 이용가능하며, 최소 30분부터 10분 단위로 대여할 수 있어 비용절감이 가능하고 스마트폰으로 예약부터 사용까지 가능한 무인서비스를 제공한다. 또한 업계 최초 연회비 없는 카셰어링 서비스를 도입하는 등 경제적이고 차별화된 서비스를 제공하고 있다.

쏘카는 현대자동차㈜와 카셰어링 관련 MOU 체결을 시작으로 이마트, 이스타 항공 등과 카셰어링 마케팅 MOU를 체결하고 세계자연보전총회의 공식 차량 채택, 서울시 공식 카셰어링 사업자 선정 등 카셰어링 업체로서의 입지를 다지면서 2013년 8월 '콜라보레이티브 펀드(Collaborative Fund)'로부터 투자 유치, 그리고 2013년을 빛낸 스타트업 100개 기업에 이름을 올리는 등 큰 성과를 이뤄내게 된다. 또한 2014년 상반기 530개의 쏘카존을 통하여 누적 회원수 12만 명을 기록하였으며, 2014년 1~4월간 월 평균 이용건수가 2만 5,000건을 돌파하였는데 이는 전년 대비 1000%나 상승한 수치로 쏘카가 3년이라는 짧은 기간 동안 얼마나 크게 성장을 하였는지 단적으로 잘 나타내주고 있다. 회원 수를 2배 이

상 늘리겠다는 포부를 밝힌 쏘카는 홈페이지 외에도 페이스북, 트위터, 블로그 등을 통해 유용한 정보와 다양한 이벤트를 진행하면서 이용자들과 꾸준히 소통을 해나가며 크게 성장해가고 있다.

2) 우버(Uber)

우버서비스는 편리성과 저렴한 가격을 바탕으로 빠른 성장세에 있으며, 대중교통 수요가 충분하지 않아 정식 노선을 마련하기 힘든 농어촌지역의 경우 우버서비스를 대중교통의 새로운 대안으로 검토하고 있을 정도로 혁신성이 뛰어나다.

우버는 현재 58개 국가, 300여개 도시에서 영업 중이며, 도시 뿐만 아니라 버스, 택시 등 대중교통 서비스가 제공되지 않는 지역에도 빠른 속도로 확산되고 있다. 이러한 우버 서비스의 가장 큰 장점은 요금이 싸고 대기시간이 짧다는 것이다. 우버서비스의 요금은 택시의 약 80% 수준이며, 대기시간은 5분 미만으로 매우 짧다. 또한, 우버 서비스는 대중교통망이 부실하여 시민들이 불편을 겪고 있는 지역에서 대안적인 교통수단으로 확대되고 있으며, 실제 우버 서비스의 50% 이상은 버스나 택시가 없는 지역에서 이루어지고 있다.

우버 운전자는 택시면허를 취득하기 위한 요건 및 운행에 대한 안전요건 등을 준수할 법적의무가 없기 때문에 기존의 택시 영업자들에게는 불공정한 경쟁 환경을 조성하고 있으며, 소비자는 각종 안전문제에 노출되고 있다. 이러한 우버 서비스에 대해 경제 활성화 및 일자리 창출을 촉발할 수 있는 신공유경제라는 인식을 바탕으로 정부규제를 완화해야 한다는 주장과 운송서비스 자체에 대해 안전성, 불법성 등의 문제가 존재하므로 정부규제를 강화해야 한다는 주장이 상충되고 있다. 특히, 우버 서비스가 택시

운송서비스인지 모바일 어플리케이션 서비스인지에 대한 명확한 법적정의가 내려지지 않은 채, 각국 정부는 우버 서비스에 대한 규제 또는 탈규제정책을 추진하고 있다. 한국, 미국, EU 등 주요 국가의 우버 서비스에 대한정부대응도 긍정적이다.

우버 택시에 가입한 기사 A씨는 스마트폰을 통해 A씨 주변에 B씨가 서울역까지 태워줄 차를 찾고 있다는 소식을 확인한다. A씨는 재빨리 그 여정을 수락하고 앞 동 주차장에서 B씨를 태워 서울역으로 향한다. B씨는 대로로 나가 택시를 잡느라 기다릴 필요

없이 현관문을 나온 즉시 차를 탈 수 있으니 편리하다. 차도 좋을 뿐 아니라기사님의 프로필이 나와 믿음도 간다. 어느새 서울역에 도착했고 택시비는목적지 도착 즉시 우버에 등록해둔 B씨의 카드번호로 결제가 된다. 한편 우버 회사는 B씨의 택시비에서 수수료를 제하고 운전자인 A씨에게 전해준다.A씨는 택시회사에 소속되거나 개인택시로 등록하지 않고도 자신의 자가용을이용해 원하는 시간대에 돈을 벌 수 있다. 이 서비스에 만족한 B씨는 비싼 돈을 들여 자가용을 사려던 생각을 그만두고, 우버를 이용하기로 한다. 굳이 자가용을 사지 않고도 편하게 이동할 수 있기 때문이다.

이런 시나리오를 가능케 한 것은 바로 빅 데이터 기술이라고 할 수 있다.강력한 실시간 데이터 처리능력을 기반으로 위치정보를 서로 교환하여 수요자와 공급자를 손쉽게 만날 수 있게 도와주어 서로간의 탐색 비용을 급격히 줄일 수 있었다.

3) 페이스북

페이스북(Facebook)은 2011년까지 매출액 증대, 이익 창출 등의 단기적인 재무성과에 집착하기 보다는 플랫폼 사업자로서의 기반을 확고하게 다지기 위한 가입자 확보와 가입자를 통한 고급 정보 생성에 주력해 왔다. 2006년에는 페이스북 플랫폼을 개방하였고, 2008년에는 채팅 기능을 추가 하였으며 2009년에는 '좋아요(Like)' 버튼을 추가하여 페이스북으로 쉽게 접근하는 방법을 추가하는 한편, 이용자의 관심사에 대한 정보도 확보할 수 있게 되었다. 2010년에는 페이스북 이용자의 소셜 그래프(Social Graph)를 개방 하면서 다른 사이트에서도 페이스북 사용자의 정보를 활용한 개인화된 서비스를 제공할 수 있게 되었고, 동시에 페이스북은 다른 사이트를 방문한 페이스북 고객의 취향 및 정보를 수집할 수 있게 되었다.

2015년에는 플랫폼 경쟁력 강화를 위한 다양한 서비스를 탑재하려는 움 직임을 보였다. F8 2015 개발자 회의에서는 페이스북의 단순 메신저에서 '종합 메신저 플랫폼'으로 진화할 계획을 발표하였다. 더 나은 앱과 커뮤니 티, 경험, 스토리, 기회, 세계, 비즈니스를 주제로 페이스북 안에서 모든 것을 해결하려는 전략을 펼쳤으며, 개발자와 퍼블리셔들의 공동 생태계와 이익을 추구하는 것을 목표로 하였다.

2014년 페이스북은 모바일 메신저 기업인 왓츠앱을 약 190억 달러(약20조원)에 인수했으며, 이는 페이스북 사상 최대 규모의 M&A로 업계에 큰 주목을 받았다. 페이스북 CEO인 마크 주크버그는 왓츠앱을 이용하여 글로벌 페이스북 이용자들을 연결시켜줄 수 있는 통로를 만들겠다고 밝혔다. 이밖에도 그간 추진한 인수합병 회사들인 Instagram(사진 공유앱), Oculus Rift(가상현실 헤드셋 제조업체), Thefind(쇼핑몰 검색엔진), LiveRail(동영상 광고 마켓), Wit.AI(음성인식 벤처기업), QuickFire(동영상 스트리밍 기술업체), Parse(IoT) 등 다양한 분야의 기업들을 인수하며 몸집을 불려오던 페이스북이 이들을 아우르는 '거대 종합 플랫폼'으로의 기업 변신을 시도하고 있다. 페이스북은 2015년 3월 메신저 송금서비스 페이스북 페이를 도입하였으며, 메신저를 위한 40여개의 앱을 서비스 플랫폼으로 전환하였다. 메신저 안에서 문자, 사진, 동영상, 스티커 외에 노래의 일부분이나 GIF 및 기타 미디어를 보낼 수 있도록 하였으며, 향후 앱을 지속적으로 추가할 예정이라고 발표하였다. 페이스북의 2015년 3분기 기준 매출액은 2014년 3분기보다 41%증가한 45억 달러였으며, 순이익은 11% 증가한 8억 9600만 달러이다. 광고 매출은 2014년 3분기보다 45.4% 늘어난 43억 달러로, 대부분의 매출이 광고에서 나타나며 이 중 모바일 광고 매출 비중이 78%로 2014년 3분기 66% 보다 80% 가량 늘어났다. 페이스북 2017 매출액은 406억 달러(한화 약44조 원), 영업이익은 약 202억 달러(한화 약22조 원)에 이른다.

4) 에어비앤비

에어비엔비(airbnb)는 소셜 숙박업체로 2008년 8월 미국의 캘리포니아에서 창업하였다. 샌프란시스코에 본사를 두고 있으며 전 세계의 숙박할 곳을 찾는 사람들과 독특한 숙소를 가진 여행객들을 중개해주는 숙박 중개업체로 온라인과 모바일에 기반을 두고 새로운 숙박문화를 선도하는 마켓플레이스이다. 에어비엔비(airbnb)는 숙박이 가능한 시설이나 또는 빈방을 보유하고 있는 집주인이 그 지역으로 여행하는 여행객에게 숙박을 공급하는 것을 중개해주는 중개자로서의 역할을 하고 있으며 사업모델도 매우 단순한 형태이다. 에어비엔비를 이용하는 방법은 간단하다. 집주인 또는 공급자가 사이트에 해당 숙소를 사진과 함께 여행객들이 알기 쉽게 자세한 소개를 해 놓으면 그 지역을 여행하는 여행객들은 숙박 정보와 비용 등을 확인하고 인터넷을 이용하여 모바일이나 PC로 결제를 하게 된다. 이용하는 여행객의 숙박비는 에어비엔비에 결제하면 된다. 에어비엔비는 이용객이 지불한 돈을 24시간 동안 보관한 후에 이용자가 실제로 숙소를 이용한 후에 집주인에게 수수료 3%를 제외하고 전달한다. 에어비엔비는 숙소를 사용한 이용자들에게 후기를 등록할 수 있도록 하고 있다. 물론 공정하고 객관적으로 올릴 수 있도록 해당 숙소를 이용한 고객이 이용후기를 올릴 수 있다. 이용자는 이용후기에 숙박에 대한 정보를 등록하는 데 사전 정보와 일치하는지와 청결상태, 체크인, 집주인과의 소통, 이용가치 등을 종합적으로 평가하고 별점을 줄 수 있도록 하고 있다. 에어비엔비는 2013년 현재 192개국에 34,502개의 도시에서 여행객들에게 숙소정보를 제공하고 있으며 일일 거래량은 35,000 여건 이상이고 현재 회사 가치는 30조원으로 평가되고 있다. 에어비엔비는 2012년 8월 뉴저지와 뉴욕이 허리케인 피해를 입었을 때 뉴욕시와 협력하여 집주인들에게 빈방을 임대 요청했었고 120개의 빈방을 기증하여 지역사회의 이슈가 되기도 하였다. 2019년 1월 기준 에어비앤비 플랫폼에 등록된 국내 숙소는 4만 5000여 곳이다. 연간 이용자 수가 꾸준히 늘고 있다. 2016년 101만9000명에서 2017년 188만8000명으로 배 가까이 많아졌다.

07

기업들의 4차 산업혁명기술
활용 사례

1) 자라(ZARA)

패스트 패션의 선도자인 ZARA는 빅데이터를 활용하고 있다. 현재 유행하는 패션 트렌드를 즉시 반영하고 단기간에 다품종 소량 생산하는 초스피드 전략을 사용한다. 그리고 상품의 수요를 미리 예측, 매장 별 적정 재고를 산출하며 상품별 가격 결정, 운송계획 등 실시간 데이터 분석을 하고 있다. 재고가 없는 회사라고 한다.

2) 아디다스

스포츠 웨어 명가 독일계 스포츠용품 업체 아디다스(ADIDAS) 는 2017년부터 독일의 바이에른에 있는 공장에서 3D 프린터로 운동화를 생산하고 있다. 1990년대 높은 인건비를 이유로 해외 생산기지로 공장을 이전한지 24년 만의 귀환이다. 아디다스가 생산기지를 인건비가 비싼 독일로 회귀한 배경에는 바로 4차 산업혁명시대 제조업인 '스마트 팩토리'가 있다. 지능화된 로봇이 무인 자동화 공정으로 생산을 담당하는 스마트 팩토리를 통해 생산하기 때문에, 아디다스는 인건비 걱정없이 독일로 돌아올 수 있었던 것이다. 아디다스의 발표에 따르면, 이 공장에서는 단 10명의 인원만으로 연간 50만 켤레의 운동화를 생산할 수 있다. 기존 저임금 해외 생산기지에서 동일한 생산량을 얻기 위해서는 600명이 필요했지만, 스마트 팩토리를 통해 무려 80% 이상의 인력을 감축한 것이다.

3) 월마트(Walmart)

대형 로봇 청소기처럼 생긴 아마존 로봇은 2000만 종의 물품이 쌓인 복잡한 재고 더미에서 주문이 들어온 상품을 정확하게 찾아내 컨베이어 벨트 위에 올려놓는다. 창고 안에 이어진 컨베이어 벨트의 길이는 무려 9㎞에 달하고 롤러코스터처럼 복잡한 경로로 움직인다. 이 창고 안의 로봇들은 아마존 서버^(대형 컴퓨터)에 있는 인공지능의 명령에 따라 움직인다. 아마존의 인공지능은 홈페이지와 창고 내의 모든 것을 파악해 로봇을 조종한다. 아마존의 주문 처리량은 초당 50건 하루 300만개 이상에 이른다. 아마존 쇼핑몰에서 상품을 결제하는 순간부터 트럭에 물품이 실려 배송 준비가 끝나기까지 10분이면 충분하다. 아마존 로봇 한 대가 사람 4명분의 일을 할 수 있다. 직원 1000여 명이 하는 일은 포장 직전에 물품을 확인하는 것뿐이다. 아마존은 물품을 싣고 떠다니는 거대한 열기구형 공중 창고 항공수송센터를 개발하고 있다. 고객의 주문이 들어오면 가까운 공중 창고에서 드론^(무인기)이 상품을 집까지 배송한다는 것이다.

4) 이베이

한때 빅데이터 분석시장에서 가장 높은 수준의 기술력을 보유한 업체로 꼽힐 정도로 투자를 많이 했다. 이베이(ebay)가 변화하는 고객 기대치를 충족시키고 경쟁우위를 유지하기 위해 날마다 전달받는 약 100테라바이트의 새로운 데이터를 이해하고자 빅데이터 플랫폼을 사용하기 시작했다. 이베이 분석 플랫폼 담당 이사 알렉스 리앙은 모든 전략은 빅데이터로부터 나온다고 할 정도이다. "미래는 실시간 데이터 로딩과 분석이 실현될 것이다. 향후 전망과 어떤 사건이 일어날 확률을 예측해 이 둘을 결합하면 분석 플랫폼이 제공하는 더 큰 가치를 얻게 될 것이다"라고 덧붙였다. 예를 들어 오픈마켓 옥션과 G마켓을 운영하는 이베이 코리아. 옥션은 지난해부터 빅데이터를 이용한 개인 맞춤형 쇼핑 사용자 인터페이스로 쇼핑의 편의성을 높여 온라인에 이어 모바일에도 두각을 나타내고 있다. 라이프스타일에 따라 관심사를 설정해두면 그에 맞는 인기상품을 추천해주는 '마이스타일'서비스를, 비슷한 구매 성향을 가진 고객을 분석해 상품을 추천하는 '남들은 뭘 살까' 서비스를 통해 고객의 니즈를 만족시키고 있다.

빅데이터를 통한 고객의 니즈를 파악하고 정확한 타겟을 설정할 수 있게 되었다. 고객은 정보탐색 시간에 드는 비용과 수고를 훨씬 절약할 수 있게 되었다. 라이프 스타일이 소비자들의 구매에도 영향을 끼치기 때문에 고객들 하나하나의 라이프 스타일을 파악하는 일 또한 기업의 입장에선 중요할 수밖에 없다. 빅데이터를 통해 구매패턴 및 특징 파악이 가능해지고 심지어 어떤 사회계층에 속하고 어떤 가치를 갖고 있는 사람인지까지 파악이 가능해졌다. 패션과 관련한 것을 예를들어보자. 한 대상이 어떤 스타일의 옷을 즐겨 입는지, 유행에 얼마나 민감한지 등을 파악 한 후 적절한 시기에 마케팅이 들어간다면 그 효과는 배가 될 것이다.

5) 이마트

　이마트(E-MART)는 O2O서비스에 집중, 일찍이 이마트앱(O2O 전용 어플리케이션 개발)을 강화 시켜왔다. 이마트는 전국 모든 점포에서 이마트앱을 기반으로 하는 모바일 상품정보, 스캔배송 서비스를 강화하고 있다. 본점인 이마트 성수점에서는 지오펜스, 비콘 서비스 등의 시범서비스를 지난해 시작했다. 이마트는 온라인과 오프라인을 연동할 만한 기반을 마련하기 위해 수년전부터 이마트 앱의 확산을 꾀해왔다. 실제로 이마트는 지난 2014년 8월, 대형마트 업계 최초로 전자상거래 앱이 아닌 O2O 전용앱인 이마트앱을 선보였다.

　이마트는 지난해 본격적인 O2O 서비스가 가능해졌다고 보고 있다. 지난해 상반기 기준 386만 명의 이마트앱 설치자를 확보하는 등 기반이 마련됐다는 것이다. 이마트는 지난해 말 이마트앱 설치자가 500만 명을 돌파한 것으로 파악했다. 이마트 관계자는 "이마트앱 사용 고객은 대형마트의 주력 고객층인 30~40대가 전체 가입자의 80%인 310만 명을 차지하고 있다"

며 "통계청에서 발표한 전국 30~40대 인구가 1593만4051명이라는 점을 감안하면 이 중 20%가 이마트 앱을 다운받은 셈"이라고 밝혔다. 이마트는 온라인과 오프라인의 접점에서의 즐거운 쇼핑경험을 제공하기 위한 O2O 서비스 확대 니즈에 따라 이에 이마트 매장 방문 소비자들이 상품 무게에 구애 받지 않고 자유롭게 쇼핑할 수 있도록 이마트 마케팅 앱에 '스캔하고 바로배송' 서비스를, 수많은 전시 상품들의 세부 정보가 궁금할 때 한 번에 쉽고 재미있게 확인할 수 있도록 '스캔하고 정보보기' 서비스를 구축하여 온·오프 연계 '스캔쇼핑' 서비스를 런칭(launching)하였다. '스캔하고 정보보기' 서비스는 이마트 앱으로 매장 내 상품 가격표의 QR코드를 스캔하면 해당 상품에 대한 상품 구매후기, 할인쿠폰, 행사안내, 상품 팁 등 각종 정보를 제공하여 소비자가 쇼핑의 재미도 놓치지 않도록 상품을 경험하고 구매할 수 있도록 하였다. 또한 매장에서는 인쇄물로 다양한 상품 정보를 제공하는데 제한적인 단점을 보완하여 소비자들이 오프라인 쇼핑 경험에 보다 더 몰입할 수 있도록 하였다.

미래의 인터넷
블록체인 이해하기

PART
02

미래의 인터넷
블록체인 이해하기

01

블록(Block) + 체인(chain)
쉽게 이해하기

"비트코인 열풍 이후 세간의 중심이 된 블록체인" 하지만 아직도 블록체인이 어떠한 기술인지 생소한 분들을 위해 블록체인의 중요성을 쉽고 코믹하게 정리해 보았다. 2017년부터 대한민국과 전 세계를 휩쓸었던 거대한 태풍을 알고 있는가? 그것은 바로 우리들 모두가 익히 잘 알고 있는 '비트코인'이다. 최근 많은 사람들은 비트코인이라고 하면 대부분 투기, 도박, 사기 등의 부정적인 단어를 먼저 떠올리기도 했다. 그도 그럴 것이 언론에서 비트코인으로 인해 발생했던 사건들을 자주 보도했었기 때문이다. "어, 그런데 왜 블록체인 비트코인 이야기를 하고 있나요?"그것은 바로 "비트코인이란 놈을 위해 블록체인"이 등장한 것이기 때문이다. 비록 일부 사람들에 의해 투기로 변질된 부분도 있지만, 원래 비트코인은 현재의 현금거래 제도에 대항한다는 좋은 취지로 등장한 것이다.

"당신에게 해외여행 중인 홍길동이라는 친구가 있다고 해보자." 홍길동은 여행 3일 만에 가진 돈을 모두 탕진해 버리고 당신에게 연락을 하게 된다. "저기... 100만 원만 보내줄 수 있니?..." 당장 쫓아가서 혼내주고 싶은 마음이 솟구치지만, 마음씨 착한 당신은 그대로 100만 원을 송금해주게 된다. 그런데 이때 당신의 100만 원은 그냥 뚝딱 홍길동에게로 송금한 것이 아니다. 당신이 은행을 통해 100만 원을 보내는 순간 은행에서는 당신의 계좌에 100만 원이 있는지 확인 후 상대방의 계좌로 전달하게 된다. 이렇게 당신의 100만 원은 홍길동에게 넘어갔다. 이 과정에서 은행이라는 제3자는 나와 홍길동이라는 두 사람만의 거래 과정에 중개자로서 자리 잡고, 은행 장부에 이체 내역을 기입함으로써 내가 홍길동에게 돈을 전달했다는 것을 보증한다.

"음... 그럼 된 것 아닌가?"라고 생각하겠지만 이 과정에는 분명한 문제점이 존재하고 있다. 바로 두 사람만의 거래를 제3자에 의존한다는 부분이다. 이렇게 말하면 누군가는 "오랜 기간 믿음을 다져온 정부와 은행이라는 제3자가 왜 문제가 되는 거죠?"라고 물을 수도 있다. 그러나 만약 은행이 해킹을 당해 당신이 100만 원을 이체한 내용을 담은 장부가 삭제된다면 아니 당신이 수십 년간 예금해 온 적금 내용이 담긴 장부가 흔적도 없이 사라져 버린다면, 은행 관리자가 실수로 100만 원이 아닌 200만 원을 송금시킨다면 어떻게 할 것인가? 그렇다면 어쩌란 말인가?

은행 없이 어떻게 돈을 송금할 수 있다는 말인가! 바로 이 질문에 답할 거의 완전한 정답이 "어느 날 갑자기 뿅~!"하고 나타나게 된다.

2008년 9월, 미국을 시작으로 전 세계의 금융 산업이 붕괴되었다. 길거리엔 수많은 실업자들이 쏟아져 나왔고, 시민들은 국가와 은행을 불신하게 되었다. 그리고 마치 기다렸다는 듯 그 혼란의 중심에서 '사토시 나카모토

(Satoshi Nakamoto)'라는 닉네임을 한 익명의 누군가가 '개인 간 전자화폐 시스템'이라는 논문을 발표한다. 그 논문에는 국가가 발행하거나 통제하지 않으며, 제3자의 보증 따위는 개나 줘버리게 만들 완전히 '탈중앙적인 새로운 화폐'에 대한 이론이 담겨 있었다. 바로 '비트코인'이라는 놈이다. 그리고 논문 속엔 비트코인을 작동시킬 '블록체인'이라는 놈도 함께 들어 있었다. 비트코인을 우리가 보는 '시계'라고 한다면, 블록체인은 그 시계를 작동시키는 '톱니'와 같다. 자, 그렇다면 이 블록체인이라는 놈이 도대체 어떤 놈 이길래... 수많은 사람들이 이토록 열광하는 것일까?

"우선 10명의 사람들이 있다고 가정해보자." 이 사람들은 거래에 대해 정부와 은행이 끼어들 필요가 없다고 생각한다. 그들은 서로 얼굴, 이름, 나이에 대해 모른 체 서로의 계좌와 거래 내역에 대한 정보만을 가지고 있다. 이 때, 3번 사람이 7번 사람에게 돈을 갚아야 할 상황이 왔다. 그러자 난데없이 3번 사람이 외치기 시작한다. "제가 지금 7번 사람에게 10만 원을 보내겠습니다! 여러분 모두 이 내용을 노트에 적어 주세요!" 모든 사람들은 우선 3번이 돈도 없으면서 사기 치는 건 아닌지 검사하기 위해 그의 잔고와 거래 내역을 확인한다. 음...다행히 3번의 계좌엔 돈이 충분하고 사기를 친 내역도 없다. 사람들은 노트에 거래 내역을 적어 넣는다. 이렇게 거래가 완료된다. 다른 거래가 있을 때에도 모두 동일하게 노트에 거래 내역을 기록한다. 그렇다면 왜 '블록체인'이라고 하는 것일까? 앞서 설명했듯이 사람들이 들고 있던 노트를 '블록'이라고 해보자. 사람들은 각자 동일한 거래내역이 적힌 블록을 가지고 있다. 그러다 블록이 가득차면 다른 블록을 새로 쌓아 내용을 채운다. 그리고 블록끼리 연결을 지어 보관한다. 이 때, 이 연결을 '체인'이라고 표현한다. 그래서 '블록'+ '체인'인 것이다.

"그렇다면 이 방식이 왜 안전하고 결코 조작될 수 없는 것일까?" 이유는 간단하

다. 기존 은행이 보관하는 방식은 장부를 꽁꽁 숨기며 철통 보안을 유지하는 것이다. 그러나 어떤 보안도 결코 완벽할 수는 없다. 이는 수많은 은행들의 해킹 사례만 봐도 알 수 있다. 그러나 블록체인은 이러한 보안 방식을 완전하게 뒤집어 엎어버렸다. 그건 바로 장부를 제3자가 꽁꽁 숨기는 방식이 아닌, 동일한 장부를 모든 사람이 각자 나눠 가지고 있는 것이다. 그래서 블록체인을 '공공 거래장부'라고 부르기도 한다. 이 장부는 일정 시간마다 새로 고쳐지며 잘못된 부분을 수정한다. 다른 모든 사람이 올바른 장부를 가지고 있기 때문에 어떤 백수가 "어디 돈 좀 벌어볼까?"하며 손에 땀을 쥐면서 자신의 장부에 10억 원을 적어 넣어도 곧바로 잔금 50원으로 돌아온다는 것이다. 네트워크 내의 한 명의 부정직한 사람은 아홉 명의 정직한 사람을 이길 수 없다. 그런데 만약 백수가 10명 중에 6명과 결탁해 장부를 동시에 조작하게 되면 어떻게 될까? 이것을 '51% 어택(블록체인은 분산화된 거래 장부이기 때문에 특정 기관이나 개인)이 51%의 해쉬파워(Hashpower, 암호화폐에서 블록체인을 채굴 할 수 있는 컴퓨팅 파워를 의미하는 그래픽카드, 채굴기 등)를 가지게 된다면 과반수는 조작된 6명이 되므로, 백수가 10억 원을 갖는다는 가짜 장부가 진짜 장부가 되어버리게 된다. "한순간에 인생역전을 하게 된

LOCKCHAIN

*Lorem ipsum dolor sit amet,
no sed autem soluta lucilius.*

것이다." 라고 말하고 싶지만 장부를 공유하는 사람들이 100명, 1000명, 10만 명, 1000만 명으로 늘어난다면 51%는 커녕 0.1%만 조작하는 것도 사실상 불가능 할 것이다.

그렇기 때문에 블록체인이 결코 해킹 당할 수 없는 기술이라고 하는 것이다. 그리고 더 놀라운 것은 이 기술이 금융뿐만 아니라 우리 사회의 모든 영역에서 적용 가능하다는 것이다. 정치, 사회, 경제, 문화 영역에서 공공 거래장부가 사용되며, 지배적인 중앙세력이 사라진다면 어떻게 될까? 그 자리는 재력, 권력과 상관없이 모든 국민들이 공평하게 나눠 가지게 될 것이다. 이 세상의 모든 영역에서 '블록체인'이 적용된다면, 어느 누구도 거짓을 말할 수 없을 것이다. 정부, 대기업은 더 이상 대중들을 속일 수 없을 것이다. '블록체인 혁명'의 저자인 돈 탭스콧은 이렇게 말하고 있다. "기술은 강력한 수단이지만, 기술만으로는 우리가 원하는 변화를 이끌 수 없다. 신뢰가 숨 쉬는 새로운 시대를 위한 정부를 재창조해야 한다." 즉, 앞으로의 미래는 우리가 이 블록체인 기술을 어떻게 활용하느냐에 따라 세상은 새롭게 변화하고 재창조 될 것이다.

02

분산형 디지털 장부,
블록체인(Blockchain)

최근 삼성, IBM, 마이크로소프트, 골드만삭스, JP모건, 모건스탠리 등의 굴지의 기업들은 한 가지 공통점을 가지고 있다. 바로 "블록체인(Blockchain) 기술에 투자하고 있다는 것"이다. 그리고 글로벌 대형 기업들뿐만 아니라 주요국 증권거래소와 정부까지 나서서 블록체인 연구에 박차를 가하고 있다. 아직 발전 초기 단계이지만, 블록체인의 무한한 가능성을 인식한 것이다. IT업계 전문가들은 블록체인을 2010년대 컴퓨팅의 새로운 패러다임이라고 평가한다. 1970년대 메인프레임이 개발되고, 1980년대 PC가 나타나고, 1990년대 인터넷이 보급되고, 2000년대 소셜미디어가 등장했듯 2010년대에는 블록체인 기술이 등장해 인류의 미래를 변화시키고 있는 것이다. 같은 맥락에서 블록체인은 흔히 인터넷에 비유되기도 한다. 1990년대 인터넷이 처음 보급되었을 때, 어느 누구도 인터넷이 지금과 같은 삶의 모습을 만들어 내리라 예상하지 못했던 것처럼, 블록체인도 미래에 다양한 형태로 우리 삶의 모습을 크게 변화시킬 것이라는 것이다. 마이크로소프트 창업자 빌 게이츠는 "블록체인을 기술의 역작"이라고 호평했으며, 나스닥 CEO 밥 그리펠드는 블록체인이 "향후 10여 년 동안 우리가 떠올릴 수 있는 가장 큰 기회"일 것이라고 전망했다. 미국 前 재무장관이었던 하버드대 경제학 교수인 래리 서머스는 "블록체인이 금융 관행과 거래의 상당 부분을 바꿀 것"이라고 했다. 이들은 모두 블록체인이 가져올 변화에 주목하고 있다는 것이다. 실제로 블록체인에 의한 변화는 이미 시작되었으며, 금융산업에서 가장 두드러지게 나타나고 있다. 변화의 흐름에 발맞춰 세계경제포럼은 2017년까지 전 세계 은행의 80%가 블록체인을 도입할 것이라고 예상했고, 세계 최대의 경영컨설팅 펌인 액센추어는 향후 5년을 전후로 블록체인의 성장기가 도래할 것이라고 전망했다. 즉, 향후 약 5년 동안 금융업계에 대변혁이 나타날 것이다.

블록체인(Blockchain)이란 데이터를 거래할 때 네트워크 거래 참가자 모두에게 내용을 공개하는 분산형 디지털 장부를 말한다. 2016년 세계경제 다보스포럼에서는 블록체인기술을 사물인터넷(IoT), 인공지능(AI), 3D 프린팅, 자율주행자동차 등 7대 기반 기술 중 가장 떠오르는 핵심적인 기술로 선정하였으며, 향후 세계금융기관의 80%가 도입할 것으로 전망했다. 또한 세계경제포럼이 참가한 글로벌 전문가 및 경영자 50% 이상이 2025년까지 블록체인 기반의 플랫폼이 전 세계 GDP의 약 10%를 차지 할 것으로 전망했다. 블록체인을 활용하면 별도의 신뢰기관 없이 분산화된 거래장부인 블록체인에 의해 작동되기 때문에 시스템 유지비용이 적어 비용절감(IDC, 글로벌 인터넷데이터센터에 따르면, 블록체인 기술로 금융업계의 비용절감 규모는 2022년 약 200억 달러에 이를 것으로 전망, 기존 시스템 이용시 글로벌 금융기업의 전산비용은 2017년까지 연평균 4.6% 증가하고, '분산원장 기술의 현황 및 주요이슈(한국은행, 2016.12월)'에 따르면, 거래소의 경우 연간 881억 원, 한국예탁결제원은 190억 원 수준의 비용절감 효과가 있다고 예측했다. 그리고 블록체인의 장점 때문에 금융분야뿐만 아니라 보험, 공공부문, 미디어 등 전 산업으로 확산 중에 있다.

우리나라의 경우 아직 법률적인 문제, 인력과 기술투자가 부족하여 블록체인 관련 산업이 금융 산업, 일부 기업 등 초기단계에 머물고 있다. 블록체인은 디지털 가상통화로 잘 알려진 비트코인(Bitcoin)의 거래기록 저장 기술로 최초 개발되었으며, 위변조에 대한 보안성이 뛰어나 이를 선호하는 네트워크 내 거래 참여자들이 금융 거래에 활용되기 시작되었다. 블록(Block)은 거래 건별 정보가 기록되는 단위를 의미하며, 분산된 블록을 다수가 참여하는 인증과정을 통해 합의된 방식으로 연결시켜 P2P(Peer-to-Peer)방식의 거래

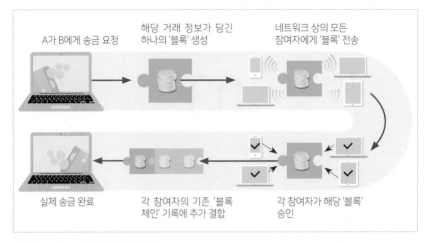

A가 B에게 송금 요청

해당 거래 정보가 담긴 하나의 '블록' 생성

네트워크 상의 모든 참여자에게 '블록' 전송

실제 송금 완료

각 참여자의 기존 '블록 체인' 기록에 추가 결합

각 참여자가 해당 '블록' 승인

자료 참조 : 보안 Talk '파괴적인 혁신'블록체인 Overview, 2016.

를 가능하게 하는 기술이다.

블록체인 기반의 비트코인을 개발한 사토시 나카모토(Satoshi Nakamoto)는 비트코인을 '전적으로 당사자 사이에서만 오가는 전자화폐'로 정의하고, 블록체인은 'P2P 네트워크를 통해 비트코인의 이중지불을 막아주는 기술'이라 정의하였다. 한국은행은 블록체인을 '거래를 기록한 원장을 특정 기관의 중앙서버가 아닌 P2P(Peer-to-Peer) 네트워크에 분산하여 공동기록 및 관리하는 기술'로 정의하였다. 금융감독원은 비트코인의 거래장부 구성을 위해 사용된 기술로 거래 장부를 분산 공개하여 탈중앙화 함으로써 해킹 및 위 · 변조에 강한 것이 특징이라고 하였다.

03
블록체인의
종류

사토시 나카모토(Satoshi Nakamoto)가 제안하고 비트코인을 개발하여 증명한 블록체인 기술에 대하여 여러 컨소시엄 등이 연구하고 발전시키면서, 블록체인은 참여자의 범위, 데이터 접근 권한, 네트워크 성격 등 IT서비스 환경에 따라 다양한 요구사항을 수용하기 위하여 블록체인은 퍼블릭 블록체인(Public Blockchain), 프라이빗 블록체인(Private Blockchain), 컨소시엄 블록체인(Consortium Blockchain)의 3가지 유형으로 세분화 되었으며 각 유형별 특징은 아래 표와 같다.

첫째, 퍼블릭 블록체인(Public Blockchain)은 비트코인, 이더리움과 같이 누구나 블록체인 네트워크에 참가할 수 있는 공개형 블록체인으로 서비스 대상자의 확대가 쉬운 장점이 있는 반면 검증되지 않은 사용자가 참여하므로 거래에 대한 신뢰성 확보가 가장 중요하다. 따라서 비트코인의 작업증명과 같이 느리지만 확실한 거래증명 방법이 사용된다. 그러나 거래 내역 검증에 충분한 시간이 필요하기 때문에 사용자가 요청하는 즉시 거래가 처리되어야

| 블록체인 유형별 특징 |

구분	퍼블릭 블록체인	컨소시엄 블록체인	프라이빗 블록체인
관리 주체	모든 거래 참여자	컨소시엄에 소속된 참여자	한 기관이 모든 권한 보유
거래 주체	알 수 없음	식별 가능	식별 가능
거버 넌스	정해진 정책을 바꾸기 어려움	컨소시엄 참여자들의 합의에 따 라 정책변경	쉽게 정책 변경
데이터 접근	누구나 접근 가능	컨소시엄에 소속 된 참여자 중 권 한 있는 사용자만 접근가능	권한 있는 사용자만 접근가능
거래 증명	PoW, PoS 등	Consensus- by-bet, BFT, PBFT 등	BFT, PBFT 등
거래 속도	매우 느림	빠름	빠름
활용 사례	비트코인	R3CEV	Linq

자료 참조 : 블록체인이 가져올 경영 패러다임의 변화, 금융을 넘어 전 산업으로, ISSUE MONITOR, 제60호, 2016. ; 금융보안원, 국
내외 금융분야 블록체인 활용 동향, 2015.

하는 일반적인 금융서비스에는 적합하지 않다.

둘째, 프라이빗 블록체인(Private Blockchain)은 하나의 기관에서 내부적으로 사용하는 블록체인이다. 정보의 소유자가 정보에 대한 모든 접근 및 관리 권한을 가지는 구조이므로 다수의 소유자가 존재할 경우 모두 동일한 권한을 가지게 되며, 신뢰할 수 있는 소유자에 대하여 권한을 부여하므로 '비잔티움 장애허용(비잔티움 장군 문제는 레슬리 램포트와 쇼스탁, 피스가 공저한 1982년 논문에서 처음 언급됐다. 저자들은 적군의 도시를 공격하려는 비잔티움 제국군의 여러 부대가 지리적으로 떨어진 상태에서 각 부대의 장군들이 중간에 잡힐지도 모르는 전령을 통해 교신하면서 공격 계획을 함께 세우는 상황을 가정하고 있음) 등 속도가 빠른 합의 알고리즘을 사용한다.

셋째, 컨소시엄 블록체인(Consortium Blockchain)은 허가받은 참여자들로만 네트워크가 구성되고 각 참여자들은 부여된 권한만 사용할 수 있기 때문에 퍼블

릭 블록체인과 프라이빗 블록체인의 중간 형태라 할 수 있다. 따라서 퍼블릭 블록체인과 같이 분산된 구조를 유지하면서 참여자들의 권한을 제어할 수 있다는 것이 특징이다. 참여자 간 서로 다른 권한을 각각 부여할 수 있으며, 조회 권한만 부여할 경우 감독기관과 같이 거래에 참가하지 않고 모니터링만 수행하는 기관이 존재할 수 있다. 컨소시엄 블록체인을 구성하는 각 노드는 접근 권한을 허가받은 참여자로 구성되기 때문에 프라이빗 블록체인과 마찬가지로 비잔티움 장애허용(Byzantine Fault Tolerance) 등의 속도가 빠른 합의 알고리즘을 사용한다.

04
블록체인의
장단점 살펴보기

블록체인(Blockchain)은 여러 건의 거래내역이 일정 시간마다 하나의 블록(Block)으로 묶여, 기존 생성된 블록에 체인(Chain)처럼 계속적으로 연결되는 데이터 구조를 의미하는 것으로 블록체인의 장단점을 살펴보면,

| 블록체인의 장단점 |

특징	설명	비고
탈중개성	공인된 제3자가 공증 없이 개인 간 거래 가능	불필요한 수수료 절감
보안성	정보를 다수가 공동으로 수유하여 해킹 불가능	보안 관련 절감
신속성	거래의 승인, 기록은 다수의 참여에 의해 자동 실행	신속성 극대화
확장성	공개된 소스에 의해 쉽게 구축, 연결, 확장 가능	IT 구축비용 절감
투명성	모든 거래기록에 공개적 접근 가능	거래 양성화 및 규제비용 절감
거래취소 불가	한번 거래가 발생 시 취소 및 되돌릴 수 없음	단점
법, 규제	관련 법 및 규제가 없음	단점

첫째, 탈중개성(P2P-based) : 블록체인은 중앙집중형 신뢰 구조가 아닌 P2P(Peer-to-Peer) 분산 네트워크에 기반으로 네트워크에서 신뢰를 증명한다. 이런 특성 때문에 중앙집중형 구조에서의 고도 인프라 및 시스템 구축, 보안, 유지보수 비용을 줄일 수 있다.

둘째, 보안성(Secure) : 블록체인은 P2P 신뢰 네트워크로 분산된 구조이기 때문에 모든 사용자(노드)가 거래내역을 갖고 있어 해킹으로 인한 조작이 이론적으로 불가능하며, 마치 인터넷과 같이 네트워크 일부에 장애가 발생해도 전체 블록체인이 작동하는 데는 지장이 없다.

셋째, 투명성(Transparent) : 블록체인은 거래 내역이 투명하게 공개된다. 모든 거래내역을 P2P Network를 통해 모든 사용자가 기록하고 보관하기 때문이다.

넷째, 거래 취소 불가(Rollback) : 이미 승인된 거래에 대해서는 취소되지 않도록 설계되었기 때문에 착오나 범죄 등에 따른 우발적인 지급에 대해서 취소하거나 피해를 복구하기가 불가능하다.

다섯째, 법 규제(Legal) : 국내에는 아직 디지털통화와 관련한 법과 제도가 미흡하고 기존 중앙시스템의 기반과 관련한 법과 규제만 존재한다. 블록체인의 경우 아직은 정부가 주도적으로 끌고 가는 측면이 있어 정부가 방향을 정해 법과 제도를 정비하고 싱크탱크, R&D 등을 지원하는 것이 절실히 필요하다.

05
블록체인 기반과 기존 전자금융
거래방식 비교

　블록체인 기반 거래방식과 기존 거래방식을 간단히 비교하여 보면 아래와 같다.

　블록체인의 운영방식은 기존 전자금융거래 방식과 다르게 운영된다. 기존의 전자거래운영방식은 거래당사자들의 거래내역이나 정보들을 중앙서버에 보관하고 그 보관된 정보를 중심으로 거래가 이루어졌다. 거래 당사자가 거래를 할 때에는 중앙 서버를 반드시 거쳐서 거래를 해야 했다. 그렇기 때문에 중앙서버의 역할이 매우 컸다. 중앙서버의 역할이 큰 만큼 해킹의 위험도 따랐는데, 기존거래에서는 중앙서버 한곳에 정보가 모였기 때문에 그곳만 해킹한다면 거래내역, 정보를 모두 볼 수 있었다. 블록체인이 생겨난 가장 큰 이유도 기존의 전자거래의 한계인 보안이 취약하다는 점에 있다. 그렇기 때문에 보안 관리에 비용이 드는 것은 물론이고 보안상의 이유로 거래 내용의 투명한 공개 및 교류가 원활하지 않았고, 신뢰성에도 의

| 기존 거래방식과 블록체인 기반 거래방식 비교 |

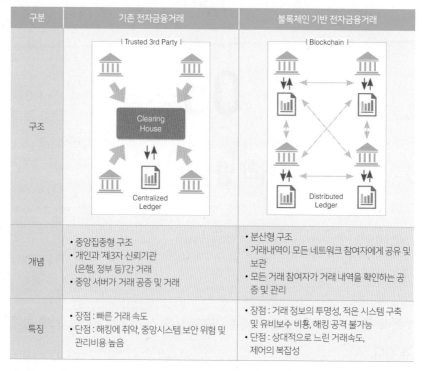

구분	기존 전자금융거래	블록체인 기반 전자금융거래
구조		
개념	• 중앙집중형 구조 • 개인과 '제3자 신뢰기관 　(은행, 정부 등)'간 거래 • 중앙 서버가 거래 공증 및 거래	• 분산형 구조 • 거래내역이 모든 네트워크 참여자에게 공유 및 보관 • 모든 거래 참여자가 거래 내역을 확인하는 공증 및 관리
특징	• 장점 : 빠른 거래 속도 • 단점 : 해킹에 취약, 중앙시스템 보안 위험 및 관리비용 높음	• 장점 : 거래 정보의 투명성, 적은 시스템 구축 및 유비보수 비용, 해킹 공격 불가능 • 단점 : 상대적으로 느린 거래속도, 제어의 복잡성

자료 참조 : 블록체인 기술과 금융의 변화(Kb금융지주경영연구소, 2015.) 및 제4차 산업혁명 제2의 인터넷 블록체인(하이투자증권, 2017.)

문이 있었다. 그러한 문제들을 보완하고자 만들어진 시스템이 바로 블록체인이다. 블록체인을 장점을 한마디로 표현하자면 투명성, 안전성, 신속성이라고 할 수 있다.

06
블록체인 기술의
발전 트렌드

블록체인 기술은 공개 형태에서 확장성과 효율성을 보완한 개인 블록체인으로 발전하였으며 향후 산업간 융합과 사회 기반구조로써 활용될 것이다.

| 블록체인 기술의 단계별 발전 방향 |

세대	Blockchain 1.0	Blockchain 2.0	Blockchain 3.0	Blockchain 4.0
단계	도입기	발전기	확산기	정착기
시기	2009-2013	2013-2016	2017-2022	2022-2030
설명	공개 블록체인 (누구나 열람)	• 개인(기업형) 블록체인 등장 • 스마트 계약	산업과의 융합	국가 인프라
활용 예	(ex) 비트코인	(ex) 나스닥 장외 주식거래, 이더리움	(ex) SCM, 에너지, 물류 등	(ex) 예산 관리, 투표 등 정부·공공 서비스

자료 참조 : 블록체인 TechBiz 컨퍼런스, IITP, 2017.

 Blockchain 1.0 : 도입기

비트코인이 소개된 2009년 이후부터 공개 블록체인 기술을 활용하여 비트코인을 비롯한 수많은 암호화폐가 출현했다. 2017년 8월에는 1,057개의 암호화폐가 존재하고 전체 시가 총액은 1376억 달러^(한화156조 원) 규모에 달했다. 상위 10개 가상화폐^(비트코인, 이더리움, 리플, 비트코인 Cash, NEO 등)의 시가 총액이 전체의 87.4% 정도를 차지했다.

Blockchain 2.0 : 발전기

공개 블록체인의 단점을 개선한 개인 블록체인과 스마트 계약이 추가된 공개 블록체인^(이더리움)이 등장하여 다양한 활용이 가능해졌다.

- 개인 블록체인 : 모든 거래가 추적 가능한 개방성과 실시간, 대용량 처리가 어려운 공개 블록체인의 한계점을 개선하여 기업 내 플랫폼을 구축한다.
- 이더리움 : 블록체인 2.0을 대표하는 공개 블록체인으로 이더라는 암호화된 화폐의 송금을 기록하고 스마트 계약과 분산 어플리케이션^(Decentralized applications, 이하 Dapp)을 구현하기 위한 플랫폼이 개발되었다. 이더리움은 튜링완전^(turing-complete)한 프로그래밍 언어를 사용가능, 코딩된 규칙에 따라 사용자는 '어떤 상태'를 다르게 변환시키는 기능^(arbitrary state transition functions)이 포함된 '계약^(contracts)' 작성이 가능하다. 이더리움은 중앙

의 중개시스템이 아닌 분산화된 P2P 네트워크에서 실행되는 분산 어플리케이션(Dapp)을 구현하기 위한 플랫폼 역할을 한다. 가치의 저장 및 전달 서비스를 제공하는 탈중앙화된 통화 시스템 비트코인과 파일의 저장 및 공유 프로토콜인 비트 토렌트가 Dapp의 대표적인 예다.

❽ DAO 등장 : 블록체인의 분산네트워크 구조와 익명성에 착안하여 만들어진 탈중앙화된 자율 조직(Decentralized Autonomous Organization)이 등장했다. 특정한 중앙집권주체의 개입 없이 개인들이 모여 스마트 계약을 기반으로 자율적으로 제안과 투표 등의 의사표시를 통해 다수결로 의결을 하고 이를 통해 운용되는 조직이다. 더다오(The DAO)가 대표적인 활용 사례로 투자자 벤처캐피털(Venture Capital) 펀드 형태로 개발한 이더리움 플랫폼 기반의 자립분산 투자 펀드이다. 스마트 계약의 코드 취약성이나 각종 암호화폐 해킹 사례는 블록체인의 기술적 오류보다는 허점을 파고드는 인간의 악의에 대한 해결방안이 필요함을 시사한다. 스마트 계약에 대한 완결성 제고나 개인키 유출 방지를 위한 노력을 했다.

🖥️ Blockchain 3.0 : 확산기

금융 산업을 넘어 전 산업의 경쟁력 제고를 위한 고성능, 고효율 블록체인이 확산되고 가속화되는 시기이다.

❽ 하이퍼레저 : 리눅스 재단의 오픈소스 과제로 제조, 공급망(Supply Chain), 사물인터넷(IoT) 등 산업 전반에서 범용 블록체인 기술을 발전시키기 위한 프레임워크로 1.0버전을 출시하였다. 개인 블록체인으로 다양한

기업 및 산업에 활용을 목표로 신뢰할 수 있는 분산 원장을 제공하고자 하며 성능개선이 빠른 속도로 이루어지고 있다. 허가된 사용자 간의 공유 원장으로 참가자의 권한 관리수행기능(Membership) 추가 되었으며 스마트 계약을 연속부호(Chaincode)로 구현하였다. 기존 비트코인 방식의 작업증명에서 효율성을 높이고 산업적 활용을 위한 확장 가능성을 높인다.

* IBM, Intel, Accenture 등 글로벌 기업이 다수 참여하여 금융, IoT, 공급망, 제조업 등 산업간 블록체인 기술을 확산시키기 위한 '범 산업용 분산원장 표준화 과제(cross-industry open standard for distributed ledgers)'로서 발전하고 있다.

* 30개의 회원사로 시작하여 총 149개 회원사 규모로 성장하였다.

ⓑ 산업적 활용 증대 : 글로벌 SW기업들은 하이퍼레저 패브릭(Hyperledger Fabric)과 이더리움 과제에 적극적으로 참여하고 분야별 활용을 활성화하기 위한 협업체제를 구축하고 있다. IBM사는 하이퍼레저 과제에 주도적으로 참여하고 있으며, 범산업적 블록체인 활용을 위해 다양한 분야의 기업과 파일럿 과제를 진행하고 있다. Intel사는 하이퍼레저 과제 중 하나

인 쏘투스 레이크(Sawtooth lake)를 기반으로 해산물 추적 파일럿을 진행하고 있다. SAP사는 네트워크를 통해 전 세계 250만 명의 구매자와 판매자를 연결하는 SAP Ariba는 비즈니스 전반에 블록체인 기술 활용하고 있다.

🔋 Blockchain 4.0 : 정착기

블록체인 기술이 다양한 영역에 적용되고 인터넷과 같은 기반 기술로써 행정관리 및 공공 서비스 등의 신뢰 사회를 구현하기 위한 국가 기반구조로 발전할 것으로 전망된다. 범 산업적 블록체인 활용이 확산되고 정부 지원을 토대로 신뢰 기반의 국가 기반 구조로서 정착하여 투명하고 안전한 사회 구현이 가능하다. DAO를 넘어서 탈중앙화된 사회(Decentralized autonomous society, DAC)를 구현하여 투명하고 신뢰도 높은 사회, 산업구조 변화 및 무인화 · 자동화를 통한 경제 고용의 구조적 변혁에 선제적으로 대응할 수 있을 것이다.

07

블록체인 활용과
국내외 동향

글로벌 전문가들은 블록체인이 상용화되면 사회 및 정치, 경제, 산업 전반에 혁심적인 변화를 가져올 것이라고 주장한다. 블록체인은 가상화폐를 기반으로 하여 금융 산업에서 가장 활발하게 논의되어 왔다. 최근에는 금융 산업 뿐 아니라 비금융 산업분야에서도 블록체인 기술을 기존 산업의 단점을 보완할 혁신적 아이템으로 보면서 가능성에 무게를 두고 있다. 실제로 블록체인은 핀테크(FinTech) 기술과 융합하여 다양한 산업분야에 적용하기 위한 노력이 이뤄지고 있으며, 스타트업(Start-up)의 혁신적인 기술과 아이디어와의 융합 그리고 금융과 정부가 주도하는 다양한 산업과의 협력을 통해 변화를 촉진·확장시켜 나가고 있다. 그리고 스타트업이 블록체인 플랫폼을 가지고 기존 시스템을 대체하여 동일한 서비스를 제공하는 활용사례와 금융과 정부의 주도하에 스타트업과의 협력을 통해 블록체인을 적용하고자 하는 활용사례를 보여주고 있다.

금융 및 비금융분야 스타트업의 블록체인 활용

◉ 금융분야 : 은행, 증권 등 금융분야에서 제공하는 증권 거래, 청산결재, 송금 등의 금융서비스를 블록체인을 활용하여 개발 중이다.

| 금융분야 스타트업의 블록체인 활용 사례 |

구분	사례 소개
증권거래	• 블록체인 플랫폼을 제공하고, Smart Contract 기능을 이용하여 효율성을 높이도록 시스템을 개발 중 • (관련 기업) BitShares, Kraken, DXMarkets, T0.com, TaraExchange Mirror, Symbiont 등
청산결제, 송금	• 정부의 감사, 규제 내에서 거래를 관리할 수 있도록 하며, 다양한 통화와 가상 화폐를 이용할 수 있는 메커니즘, 플랫폼 개발 진행 중 • (관련 기업) BitGo, coins.ph, Uphold, Clearmatics, ABRA, Blade, SETL, Align, Epiphyte, Commerce 등
투자 / 대출	• 투자자(벤처캐피탈, 엔젤투자, 크라우드 펀딩, 개인 등)와 스타트업 기업을 연 결시켜 투자금을 확보하기 위한 플랫폼 제공 • (관련 기업) WeiFund, Funderbeam, Loanbases, MoneyCircles 등
상품 거래소	• 블록체인 플랫폼을 통해 자산과 금융상품 거래가 가능하도록 기능을 제공하며, 이용 가능한 가상화폐(Solar Coin 등)를 지속적으로 추가 • (관련 기업) Counterparty, Lykke 등
무역금융	• 무역거래 시 이용되는 문서(계약서, 신용장 등)의 위·변조 방지, 처리절차 간소화 등에 적용 • (관련 기업) wave, Skuchain 등
관리(규정 등)	• 블록체인을 이용하여 금융 업무(예:송금) 수행 시 규정 준수여부를 모니터링 할 수 있도록 기능 제공 • (관련 기업) Identity Mind 등

자료 참조 : 금융보안원. 블록체인 응용기술 개발현황 및 산업별 도입사례, 2017.

◉ 비금융분야 : 신원관리, 전자투표, 공증/소유권증명, 유통과 같이 산업 전반적으로 이용하기 위한 기술개발에 블록체인을 활용한다.

구분	사례 소개
신원관리	• 디지털로 된 개인정보를 블록체인에 저장하고, 신원확인과 데이터의 유효성검 증, 거래활동 분석 등 디지털화된 신원정보를 관리할 수 있는 기능 제공 • (관련 기업) Chainalysis, BlockScore, Onename, Elliptic, ShoCard, The World Table, UniquID 등
공증/소유권	• 공증, 소유권 등과 같이 법적분쟁의 소지가 있는 데이터에 대해 문서 위·변조와 같은 문제가 발생되지 않도록 블록체인을 통한 검증, 인증과 같은 기술개발 및 사기탐지 등의 기술개발 • (관련 기업) Everledger, Block Notary, Colu, Stampery, Empoweredlaw, Verisart
전자투표	• 전자투표의 신뢰성과 보안성을 블록체인 기반으로 하여 향상시키기 위함 • (관련 기업) Technologies, Blockchain 등
수송	• GPS를 활용하여 차량의 움직임에 대한 작업증명(Proof-of-Movement)을 하고, 다른 이용자에게도 동일한 토큰을 발행하는 플랫폼 제공 • (관련 기업) 이스라엘의 스타트업 라주즈(La'Zooz) 등
유통	• 상품관리 및 재고관리와 같은 유통산업에서의 블록체인 거래 플랫폼 개발 • (관련 기업) Purse, pey, Provenance, Gyft 등 보안 • 상품의 위·변조방지 및 보안, 접근 권한제어, 기기 관리제어 등
보안관리 기능을 개발	• 블록체인을 통한 데이터 분산저장 기술을 개발 • (관련 기업) Filament, Chronicled, Slock.it 등

자료 참조 : 금융보안원. 블록체인 응용기술 개발현황 및 산업별 도입사례, 2017.

금융 및 정부주도 산업별 블록체인 활용

기존의 산업에서는 스타트업과 협력하여 실제 서비스를 개발하며, 상용화 전 검증 테스트를 거친 후 적용범위를 확장시키고 있다.

 금융주도 : 중개기관이 필요하거나 디지털화되지 않은 서비스(SWIFT2), 장외주식 거래 등)에 대해 절차 간소화, 자동화하는데 주로 활용된다.

구분	사례 소개
청산결제	• 자회사간, 국가 간 운영되는 청산결제 시스템을 대체하기 위한 것으로 절차 간 소화, 자동화를 위해 스마트계약 등을 활용 • (관련 기업) Digital Asset Holdings, CommBank, Mizuho RBS 등
해외 송금	• 개인 간 또는 기업 간의 해외 송금에 대한 서비스 활용 • (관련 기업) Fidor Bank, Cross River Bank, Visa Europe, CBW Bank, Westpac
증권 거래	• 주식시장(장외시장 등)에 블록체인, 스마트계약을 적용하여 중개기관의 필요성 을 없애고, 거래 시간 단축 등에 활용 • (관련 기업) LHV , Nasdaq, UBS 등
투자	• 투자 플랫폼을 통해 창업자에 관한 정보를 제공하고, 투자자는 투자자를 선택 하여 디지털 화폐로 직접 투자할 수 있는 기능을 활용 • (관련 기업) KPCB 등
보험	• 고가 상품(다이아몬드 등)에 대한 정보(거래 내역 등)를 등록·관리하며, 상품 의 움직임을 기록함으로서 보험사기 방지와 연계가 가능 • (관련 기업) Aviva 등
위협 관리	• 거래내역을 분석하여 암호화화폐 사용 시 위험 거래 탐지, 의심 거래자 경고 기능을 활용 • (관련 기업) Bank of America 등

자료 참조 : 금융보안원. 블록체인 응용기술 개발현황 및 산업별 도입사례, 2017.

❻ 정부주도 : 주로 금융 산업에 국한되었으나, 거래내역의 투명성, 추적 가능성 등을 이용하여 정보를 안전하고 편리하게 보관할 수 있도록 기능을 제공함에 따라 공공서비스를 위해 블록체인을 활용한다.

| 정부 주도의 블록체인 활용사례 |

구분	사례 소개
전자투표	• 전자투표의 투명성과 보안성을 강화하기 위한 서비스로서, 정당 투표나 상원 선거 등에 활용 • (관련 국가) 덴마크, 호주 등
전자화폐	• 국가별 중앙은행에서 발행·관리하는 공식적인 화폐로 활용(예정) • (관련 국가) 영국, 필리핀 등
전자시민권	• 현재의 신원확인 방식을 블록체인으로 전환하여 디지털화된 신원확인 서비스 • (관련 국가) 에스토니아 등
소유권 기록	• 토지의 소유권을 블록체인에 등록하여 안전하게 저장·관리하는데 활용 • (관련 국가) 온두라스 등

구분	사례 소개
기록물 관리	• 공공기록물 등을 블록체인을 통해 서비스 이용 • 관련 국가) 영국(맨섬), 영국(디지털 서비스청), 미국(버몬트) 등

자료 참조 : 금융보안원. 블록체인 응용기술 개발현황 및 산업별 도입사례, 2017.

⑧ 기타 : 금융 · 정부 주도 이외의 산업에서는 사물인터넷, 클라우드 등 기존의 플랫폼 서비스에 블록체인을 적용하여 활용된다.

| 기타 블록체인 활용 사례 |

구분	사례 소개
전력거래	• 전력회사와 독립적으로 생산된 친환경 에너지를 개인 간 거래할 수 있는 플랫 폼을 블록체인, 스마트계약을 활용해 개발하여 테스트 진행 • (관련 기업) RWE 등
사물인터넷	• 사물인터넷 플랫폼에 블록체인, 스마트계약 등을 적용하여 기기간의 신뢰된 연 결, 결제 등과 연계한 서비스 연구 진행 중 • (관련 기업) IBM 등
클라우드	• 클라우드 서비스에 블록체인 서비스 개발, 운영이 가능하도록 기능을 제공 • -(관련 기업) Microsoft 등

자료 참조 : 금융보안원. 블록체인 응용기술 개발현황 및 산업별 도입사례, 2017.

블록체인 기술은 스타트업에게는 기술개발을 통한 시장 참여의 기회를 제공하여 서비스 이용자에게 편의성, 수수료 절감, 그리고 관리주체에게는 관리비용 절감과 같은 효과를 제공하여 금융을 비롯한 전 산업분야에서 이용할 있는 사례가 발생할 수 있을 것이다. 반면에 블록체인 기술의 잠재적 위협으로 볼 수 있는 분산화에 따른 책임 소재의 불명확성, 작업증명에서의 잘못된 합의 방식에 따른 정보의 불일치 등과 같은 문제, 조작의 어려움 등과 같은 보안성 등의 문제들을 포함한 신뢰성 등에 관한 문제는 지속적으로 해결해 나가야 할 것이다.

세상을 바꾸는
블록체인 기술과
미래전망

PART
03

세상을 바꾸는
블록체인 기술과 미래전망

01

인공지능(AI)을 뛰어넘는
거대한 블록체인 기술

4차 산업혁명시대를 살아가면서 정말 중요한 것 중 하나는 앞으로의 미래를 어떻게 준비하느냐이다. 향후엔 지금과는 차원이 다르고 복잡한 기술들이 쏟아져 나올 것이다. 그 중 대표적인 기술이 바로 블록체인(BlockChain)이다. 블록체인은 요즘 IT업계에서 가장 뜨거운 단어 중 하나이다. IT기술에 조금 관심이 있다면 블록체인에 대한 개념도 알 수 있고, 어떠한 장점들이 있는지 책을 통해 알 수도 있다. 하지만 그 분야의 전문가가 아닌 이상 인터넷이나 시중에 떠도는 자료 등에서 보고 접한 정보로만 모든 것을 알 수 없는 게 현실이다. 또한 블록체인과 관련된 정보를 접하다 보면 시대가 참 빠르게 변화하고 있다는 것을 느낀다. 10년이면 강산이 바뀐다는 것은 그저 지나가는 말에 불과하다는 생각이 들기까지 한다. 그만큼 우리가 살아가는 시대는 한치 앞을 내다 볼 수 없을 만큼 변화하고 있다. 그래서 20세기 말 인터넷이라는 단어가 가졌던 의미만큼의 비중을 가질 것으로 보이는 블록체인 기술을 이해하고 알아야 한다.

블록체인은 2014년부터 제2세대 인터넷이라 불리고 있다. 누구나 구조적으로 기록된 인터넷 정보에 관하여 알 수 있는 것은 오픈 소스에 근간을 두고 있다. 누구나 공짜로 내려 받아 실행하거나 거래하는 과정에서 새로운 툴이 개발되고 퍼지는 순환을 거친다. 보통 온라인상에서는 신원 확인이 정확하지 않아 신뢰 있는 거래가 어렵다. 하지만 블록체인 등장으로 달라지고 있다. 거대 은행들과 정

자료 참조 : ICT공약 "블록체인으로 시정 혁신", 지디넷코리아, 2018.

부들은 정보 저장과 거래 수단으로서 블록체인을 분산 원장으로 이용하고 있다. 스피드, 저비용, 보안 강화, 오류 감소, 공격 지점과 실패 지점의 제거 등을 목표로 거래 혁신을 이끌고 있다. 만약 그 혁신이 성공하면 블록체인은 분산된 원장으로서 그동안 온라인상에서 발생한 모든 거래를 집대성하고, 결국 월드 와이드 원장이 된다. 출생증명서, 사망증명서, 혼인증명서, 등기부 등본, 졸업 증서, 금융계좌, 의료 절차, 보험 청구, 투표, 식품 원산지 표시 등 코드화가 가능한 것들은 모두 블록체인에 기록된다. 디지털 기록들이 실시간으로 업데이트되며 융합된다. 그동안 기업들은 개방된 P2P 기술을 공유경제로 포장했지만 이것 역시 폐쇄적이며 독점적이었다. 대표적인 공유경제 기업인 에어비엔비(Airbnb)는 빈방을 매개체로 각종 수단과 인력을 종합시킨 후 임대하는 사업을 한다. 이는 분산형이 아닌 중앙집중적인 애플리케이션의 변형이다. 블록체인이 분산형 애플리케이션 세계로 이끌 수 있다. 블록체인도 우려되는 점이 있다. 강력한 특정 기관이 부를 집중시키기 위해 악용할 수 있고, 정부기관이 개입하면 새로운 감시 사

회가 도래할 수도 있다. 개인정보와 성향까지 통제하게 되면 빅브라더의 결정판이 될 것이다. 비트코인은 블록체인 중 하나의 사례이다. 비트코인 네트워크는 합의단계에 가기 위해 작업 증명이라는 메커니즘을 활용한다. 존재 증명은 원본 문서를 보관하지 않기 때문에 존재 증명 사이트에서 계산되지 않고 사용자의 개인 장비에서 계산된다. 중앙기관이 존재 증명을 폐쇄하더라도 블록체인 상에 존재 증명이 남아서 블록체인은 소유권을 증명하거나 검열이 없는 기록을 유지할 수 있을 것이다. 블록체인은 그 외에도 지분 증명 메커니즘, 행위 증명, 용량 증명, 저장 증명 메커니즘 등이 필요하다.

블록체인이란 여러 건의 거래내역이 일정 시간마다 하나의 블록(Block)으로 묶여, 기존 생성된 블록에 체인(Chain)처럼 계속적으로 연결되는 데이터 구조를 의미한다. 즉, 과거 체결되었던 모든 거래내역이 담긴 블록들이 가장 최초의 블록부터 유기적으로 연결되어 저장되는 것이다. 이러한 데이터 구조가 주목 받고 있는 이유는 바로 이것이 분산원장 기술의 사용을 가능하게 하기 때문이다. '분산원장'이란, 거래가 발생했을 때 데이터를 중앙집중형 장부에 기록을 보관하는 기존의 방식과 달리, 거래 참가자 모두에게(프라이빗 블록체인의 경우 권한이 부여된 참가자들에게) 내용을 공개하는 분산형 디지털 장부를 뜻한다. 블록체인은 P2P(Peer-to-Peer) 기반이기 때문에 중개기관 없이 참여자 간 직접거래가 가능하다. 따라서 인프라 구축에 필요한 비용과 중개기관에 지불해야 하는 수수료를 절감할 수 있다. 또한, 다수의 참여자가 분산원장을 통해 거래 정보를 공유하기 때문에 해킹이 어렵다. 즉, IT 보안비용을 절감할 수 있는 것이다. 그뿐 아니라 오픈소스를 이용해 어플리케이션을 구축할 수 있어 IT 구축비용도 절감할 수 있다. 그리고 모든 거래가 투명하게 이루어지기 때문에 관리감독 및 규제 비용절감 효과도 있다. 또한 거래가 코딩

요소	특징
분산성	• 신뢰된 제3자 없이 분산형 네트워크(P2P) 환경에서 거래 가능 • 중앙집중형 시스템 운영, 유지보수 등 필요했던 비용을 절감
확장성	• 공개된 소스에 의해 네트워크 참여자 누구나 구축 · 연결 · 확장 가능
투명성	• 모든 거래기록에 공개적 접근 가능 • 거래 양성화 및 규제 비용 절감
보안성	• 거래내역의 장부를 네트워크 참여자 모두에게 공동으로 소유함으로써 거래 • 데이터 조작 방지 및 무결성 보장
안정성	• 분산형 네트워크 구조로서 단일 실패점이 존재하지 않음 • 일부 참가 시스템에 오류 또는 성능저하 발생 시 전체 네트워크에 영향 미미

자료 참조 : 블록체인(Blockchain) 개요 및 활용사례(금융보안원, 2015.)

을 통해 프로그램 되어 자동 실행되기 때문에 거래의 신속성도 향상시킬 수 있다. 그러나 블록체인 기술은 한계점도 가지고 있다. 일단 거래기록을 검증할 때 모든 장부를 대조해야 하기 때문에 거래 처리속도가 상대적으로 느리다는 단점이 있다. 예를 들어, 현재 비트코인 네트워크상에서 처리 될 수 있는 거래는 초당 7건에 불과하다. 따라서 1초에도 수천 건의 거래가 일어나는 주식시장에서와 같은 대량거래를 현재 기술로는 구현하기 어려운 점이 있다. 또한, 모든 거래기록을 저장해야 하기 때문에 블록체인의 용량도 문제의 소지가 될 수 있다. 또한 한 번 집행된 거래는 다시 되돌릴 수 없기 때문에 실수나 오류가 있었다고 하더라도 강제로 반환될 수 없다는 한계점이 있다.

02
블록체인 기술의
활용 현황

외국계 금융회사들은 2년여 전부터 디지털화폐 사업을 추진해 왔고, 국내에서는 지방자치단체 등 공공기관도 2018년 들어와 디지털화폐에 관심을 보이고 있다. 스위스 UBS은행이 독일 도이체뱅크, 미국 뱅크오브뉴욕(BNY) 멜론, 스페인 산탄데르 은행에 먼저 제안해 2015년부터 디지털화폐를 고안했다. 디지털화폐 '유틸리티 세틀먼트 코인(USC)'을 실제 금융거래에 사용하기로 하고 연구와 개발을 진행하고 있다. 유틸리티 세틀먼트 코인은 블록체인 플랫폼 안에서 채권, 주식 등 증권거래와 청산결제, 해외송금 등을 할 수 있는 수단이다. 은행 사이에 이뤄지는 청산결제나 어음·수표의 상계·교환에 디지털화폐가 사용되면 중앙은행, 어음교환소 등을 거치지 않아도 돼 결산이 간편해질 것으로 전망되었다. 청산결제는 6개월, 1년 등 기간 동안 무역 수출입 내역을 모은 뒤 한꺼번에 은행들끼리 대차잔액을 청산하는 것을 말한다. 비슷한 시기에 미국 씨티그룹은 '씨티코인', 골드만삭스는 'SETL코인', 일본 미쓰비스도쿄UFJ은행은 'MUFG코인' 개발에 뛰어들어 특허 신청 또는 테스트 단계를 밟고 있다. BNF 멜론은 금융중개업체인 ICAP와 공동으로 블록체인 기반 디지털 화폐인 'USC(Utility Settlement Coin)'를 개발했으며, JP모건도 유사한 프로젝트 추진 중에 있다. 미국 나스닥(NASDAQ)은 블록체인 기술을 전문투자자용 장외시장인 NASDAQ Private Market 거래에 활용하여 주문-결산-승인-펀드 이체 및 디지털 서명-체결-정산 과정을 3일에서 10분으로 단축시키는 데 성공하였다.

국내에서도 노원구의 지역화폐 '노원(NW)', 서울시의 'S코인', 한국조폐공사의 모바일 상품권 등 공공기관이 블록체인 기술로 디지털화폐를 지역경제에 활용하려는 시도를 하고 있다. 신한금융그룹이 블록체인 기반의 서울시 지역화폐 사업에 KT와 함께 나선다. 박원순 시장의 공약이었던 서울형 지역화폐 사업에 도전장을 내미는 것이다. 신한금융과 KT는 금융과 정보통신기술(ICT)의 융합 모델을 선보일 계획이다. 이르면 올 하반기부터 시민들은 지역화폐로 결제할 수 있게 된다. 현재 서울시는 시 정책에 참여한 시민들에게 각종 마일리지(에코·승용차·건강 등)를 지급한다. 시민들은 마일리지로 지방세 납부, 교통카드 충전, 현금 전환 등을 할 수 있다. 서울시가 올해 마일리지 지급으로 잡아둔 예산은 76억 원이다. 시의 구상은 기존의 마일리지에 블록체인 기술을 접목하고, 'S-코인'이라는 이름으로 충전·활용할 수 있는 네트워크를 구축하는 것이다. 신한금융 관계자는 "블록체인을 활용하면 앞단에선 가상의 토큰을 쓰고 뒷단에선 은행이 실제 가맹점과 정산 작업을 하는 식이 된다"며 "토큰을 활용하면 사용처를 특정 지역이나 상점으로 미리 정할 수 있고 별다른 수수료도 없다는 게 장점"이라고 설명했다. 신한금융이 단순히 블록체인 계좌를 관리하는 회사 수준을 넘어서서, 시의 블록체인 노드(node, 블록체인 네트워크에 연결된 서버)로 참여할 가능성도 있다. 이미 여러 지자체들이 지역화폐를 지역의 주요사업으로 내세우고 있다. 서울 노원구와 경기도 김포시는 이미 블록체인 기반의 지역화폐를 내놨거나 론칭(launching)할 계획이다. 신한금융 관계자는 "서울시의 지역화폐는 그 자체로 하나의 모델이 될 것"이라고 말했다.

비용절감이 곧 이익으로 이어지는 금융권에 있어 블록체인은 활용 가능성이 무궁무진한 기술이다. 제3자의 중개를 거치지 않는 탈중앙화 시스템, 분산 원장 저장을 통한 보안성 향상, 인증 절차 간소화 등 블록체인 기술의 장점은 그동안 금융권이 고민해온 문제를 풀어줄 기능들이다. 시장조사업체 주니퍼리서치(Juniper Research)에 따르면, "금융사업에서 블록체인을 활용하면 은행 운영비의 11% 이상을 절감할 수 있다"고 발표하기도 했다. 특히, "규제 분야에 있어 블록체인 기술은 자금세탁 검토 절차를 자동화해 최대 50%의 비용 절감을 가져올 것"이라고 분석했다. KB금융은 가장 선도적으로 블록체인 기술을 도입한 금융 그룹이다. KB국민카드는 블록체인이 대대적으로 주목받기 전인 2016년부터 국내 금융사 중 최초로 블록체인 기술을 활용한 개인인증 시스템을 도입했다. 그동안 금융 고객의 불편 사항 중 하나였던 공인인증서가 사라지게 할 기술로 더욱 주목받았다. 더불어 KB국민은행은 국내 금융그룹 최초로 블록체인 기반으로 해외송금 거래를 증명해냈다. 중개은행을 거치는 스위프트(SWIFT)망 대신 블록체인 네트워크를 송금정보망으로 활용했다.

하나금융은 그룹 차원에서 블록체인 기술을 도입한다. 하나금융은 블록체인 기술 기반의 디지털 자산 금융시스템 GLN(Global Loyalty Network)을 오픈할 예정이다. 'GLN'은 블록체인을 바탕으로 온·오프라인에서 글로벌 지급결제가 가능한 금융 시스템으로, GLN 서비스가 오픈되면 하나금융그룹은 자체적인 글로벌 송금 네트워크를 확보할 수 있다. GLN과 연계된 각국의 금융사로열티 서비스와 하나금융 계열사들의 쿠폰 등 디지털 자산을 사실상 현금화해 현지에서 물건 구매가 가능하다. 우리은행과 NH농협은행 역시 다각도로 블록체인 기술을 도입하고 있다. 우리은행은 지난 3월 리플(ripple) 블록체인 기술을 이용한 해외송금 서비스 역시 테스트를 완료했으며, LG CNS와 함께 개발한 블록체인 기반 디지털화폐 '위비코인'를 개발하기도 했다. 다만, 현재 '위비코인' 상용화 사업은 재검토 중이다. NH투자증권은 블록체인 디지털 자산관리 서비스 개발을 위해 블록체인 회사 쿼크체인 파운데이션(Quarkchain Foundation)와 MOU을 체결했으며, NH농협은행은 더루프와 함께 블록체인과 핀테크를 접목한 금융 서비스를 개발 중이다.

⑥ 공공 거래장부로 보안 패러다임 바꿈

비트코인은 블록체인 안에 가상화폐 발행과 거래내역을 기록하며, 비트코인 블록체인을 다른 말로 '공공 거래장부(public ledger)'라고 부르기도 한다. 거래장부는 금융거래를 성사시키는 중요한 요소다. 은행을 비롯한 금융회사는 거래장부를 안전하게 보관하려고 다양한 대책을 세운다. 거래 장부를 보관하는 서버는 아무나 접근할 수 없는 건물 깊숙한 곳에 두고 각종 보안 프로그램과 장비를 구비한다. 24시간 경비를 서고 서버를 관리해야 하는 것은 기본이다. 금융 서비스를 제공하는데 적지 않은 비용이 들어가는 것이다. 사토시 나카모토는 중요한 정보를 꽁꽁 싸매고 숨겨야 한다는 보안의 상식을 뒤집었다. 오히려 모든 사람이 정보를 공유함으로써 데이터를 조작하지 못하게 막는 방법을 고안해낸 것이다. 데이터를 공유하는 사람이 많아질수록 안정성이 더 커진다. 이게 바로 비트코인 블록체인인 것이다. 모든 비트코인 사용자는 인터넷을 통해 서로 연결된 P2P 네트워크를 만든다. 여기서 똑같은 거래장부를 복사해 각자 갖고 간다. 새로 생긴 거래내역도 사용자가 직접 장부에 적어 넣는다. 만일 숫자가 잘못 적히거나 거래내역이 누락된 장부가 있으면, 다른 사람이 가진 '정확한 장부'를 복제해 오류가 있는 부분을 대체한다. '정확한 장부'란 전체 비트코인 사용자 가운데 과반수가 갖고 있는 데이터와 일치하는 장부를 가리킨다. 전체 사용자 중 절반 이상이 인정하면 그 장부를 진짜라고 여긴다는 뜻이다. 과반수의 동의가 거래장부를 공인하는 구조이다. 최근 10분 동안 거래내역을 확인했으면 이것을 한 블록으로 만든다. 새로 만든 블록은 기존 거래장부, 즉 블록체인 끝에 덧붙인다. 새로 만든 블록체인은 다시 모든 비트코인 사용자가 복제해 간다. 이런 작업을 10분마다 반복한다. 2009년 사토시 나카모토가 첫 블록을 만든 이후 지금까지 모든 비트코인 거래내역은 블록체인 안에 기록되어 있다. 누구든 블록체인을 들여다보면 누가 언제 얼마를 누구에게 건넸는지 확인할 수 있다. 물론 이런 작업을 사용자가 직접 행하지는 않는다. 인터넷에 연결된 사용자 컴퓨터가 처리한다. 사용자는 자기 컴퓨터를 비트코인 네트워크 유지에 품앗이하는 셈이다. 자기 컴퓨터를 내준 대가로 사용자는 소정의 비트코인을 얻을 기회를 얻는다.

블록체인, P2P 네트워크의 한계를 뛰어넘어

언뜻 보기엔 별 것 아닌 것 같지만, P2P 네트워크상에서 블록체인을 만들어 거래장부의 무결성을 입증하는 구조는 엄청난 미래의 가능성을 열어주었다. 'P2P(Peer to Peer)'란 인터넷에서 사용자끼리 직접 연결돼 데이터를 주고받는다는 것이다. P2P 네트워크는 일대일 또는 서버-클라이언트로 연결된 것이 아니라 수많은 사용자가 거미줄처럼 서로 얽히고 설킨 네트워크를 일컫는다. 토렌트나 소리바다가 P2P로 데이터를 주고받는 대표적인 서비스다. P2P 네트워크의 근본적인 문제는 사용자가 서로를 신뢰할 수 없다는 점이다. 토렌트나 소리바다를 써 본 사람이라면 한번쯤은 가짜 파일을 내려받은 적 있을 것이다. 이런 문제를 해결하려고 사토시 나카모토는 작업증명(Proof-of-Work)이라는 방식을 도입했다. '작업증명'이란 문제를 해결하는데 일정 시간이 걸리는 작업을 연속해서 수행하도록 함으로써 공동작업에 참여한 사람이 선의를 가졌다는 것을 확인하는 절차를 뜻한다. 모든 사용자가 머리를 맞대고 풀면 10분이 걸리는 수학 문제를 주고 답이 맞는지 확인한다. 정답을 찾아냈다면 이를 기록하고 새로운 문제를 나눠 준다. 또 10분 동안 문제를 푼다. 정답을 맞히면 전에 나온 정답 뒤에 새로 풀어낸 답을 이어붙이고 다음 문제를 푼다. 눈치 빠른 독자라면 알아챘을 지도 모르겠다. 10분이 걸리는 수학문제란 블록체인 생성 과정을 달리 말한 것이다. 이런 식으로 12번째 문제에 해답을 찾으면, 다시 말해 12번째 블록을 블록체인에 이어붙이면 한 가지 사실을 확인할 수 있다. 모든 사용자의 절반 이상이 이와 비슷한 길로 정답 묶음을 만들 수 없다는 점이다. 달리 말해 12개 블록을 이어붙인 블록체인을 만들었다는 것은 사용자 과반수가 그 블록체인을 만드는 작업에 참여했다는 방증이다. 이렇게 사용자 과반수가 뭉쳐야 해결할 수 있는 과제를 수행하도록 해 과반 수 이상의 참여를 확인하는 방식이 작업증명 체계이다.

비트코인 블록체인은 과반수의 '선의'에 기대 작동한다. 여기서 '선의'란 남을 돕는 착한 마음이 아니다. 비트코인 네트워크를 유지하는데 동의한다는 뜻이다. 만일 비트코인 사용자 절반 이상이 똑같은 방식으로 네트워크를 조작한다면, 블록체인은 이를 선의로 받아들이고 조작된 거래 장부를 진짜로 인정한다. 하지만 이미 세계 100대 화폐 안에 들어간 비트코인 네트워크를 멋대로 조작하려는 사람은 그렇게 많지 않을 것이다. 혹여 비트코인 네트워크의 신뢰성에 흠집이 생기면 그동안 자기가 블록체인을 이어 붙이는데 기여하고 대가로 받은 비트코인의 가치도 사라지기 때문이다. 이를 다르게 해석하면 비트코인 사용자의 과반수보다 많은 컴퓨터 계산 능력을 동원하면 비트코인 네트워크를 붕괴시킬 수도 있다는 뜻이다. 그러나 이런 일도 실현될 가능성이 거의 없다. 2013년 말 비트코인 네트워크에 사용자가 기여한 계산 능력은 이미 세계 1위에서 500위까지 슈퍼컴퓨터를 모두 더한 것을 넘어섰다고 한다. 사실상 조작이 불가능하다.

P2P 난제 해결하면 무궁무진한 가능성 열려

사토시 나카모토가 비트코인을 만들어 블록체인 기술이 작동함을 증명하자 개발자들이 가장 먼저 환호했다. 블록체인의 가능성을 알아보았기 때문이다. 블록체인은 중앙집중적인 신용관리 시스템 없이도 신용이 필요한 서비스를 구상할 길을 열었던 것이다. 비트코인은 블록체인을 이용한 첫 번째 응용 사례로서 블록체인을 활용해 금융회사처럼 가치를 전달할 수 있음을 보여준 예시이기도 하다. 웨스트유니언 같은 국제 송금 서비스를 쓰면 해외로 돈을 보낼 때 수수료로 송금액의 10% 정도를 가져가지만, 비트코인은 전세계 어디에 돈을 보내도 수십 원 정도만 내면 된다. 또 실시간에 가깝게 해외 송금을 할 수 있다. 메이드세이프라는 스타트업은 블록체인으로 데이터를 검증할 수 있다는 점에 착안해 분산된 클라우드 저장소 서비스를 만들었다. 사용자가 조금씩 내놓은 저장 공간을 P2P 저장소로 사용한다.

여기 올린 데이터는 사용자 컴퓨터 자원을 활용해 암호화하고, 조각내여러 곳에 흩어 보관한다. 오로지 데이터를 올린 본인만 암호를 해독해 데이터를 읽거나 다른 사용자에게 공유할 수 있다. 구글 드라이브나 드롭박스와 달리 중앙 서버가 아예 존재하지 않기 때문에 해커가 공격할 구심점이 없다. 구조적으로 더 안전하다는 뜻이다. 네임코인(NameCoin)은 중앙집중적인 현행 인터넷 주소(도메인) 관리 체계에 반해서 관리 주체가 없는 도메인시스템(DNS)를 만들었다. 네임코인 사용자는 자기 컴퓨터를 네임코인 DNS를 관리하는데 품앗이하고 네임코인이라는 가상화폐를 받는다. 네임코인은 '.bit'으로 끝나는 도메인을 등록할 때 쓴다. 인터넷 주소를 등록해 사용하는 사람이 직접 인터넷 주소를 관리하는 구조를 만든 것이다. 위키리크스가 2011년 6월 네임코인을 공식적으로 지지하기도 했다.

🔒 코인 발행하는 글로벌 은행…뒷짐 진 한국 정부

일본은 도쿄 올림픽 상용화 목표로 디지털 경제시대 선점 경쟁에 나서고 있다. "돈의 본질이 변하고 있다. 중앙은행들이 디지털 경제에 돈을 공급하는 역할을 맡아야 한다." 크리스틴 라가르드 국제통화기금(IMF) 총재가 2018년 싱가포르 핀테크 페스티벌에서 주장한 말이다. 그는 각국 중앙은행이 암호화폐를 발행할 것을 제안하고 있다. 은행이 암호화폐를 발행하면 가격 변동성, 보안 등의 리스크를 줄이고 송금 · 결제 거래비용 절감의 효과를 볼 수 있다고 보기 때문이다. 이에 앞서 글로벌 은행들은 2016년부터 자체 코인 발행을 위한 움직임을 서둘렀다. 미국·유럽 은행은 스테이블코인 형태로 자체 코인 발행에 대거 참여하고 있다. 가장 활발하게 움직이고 있는 곳은 일본으로 2020년 도쿄 올림픽에 맞춰 자체 코인발행 계획을 발표했다. 일본은 세계 암호화폐 시장을 이끄는 주요 국가 중 하나로 전 세계 비트코인 거래량의 약 3분의 1이 엔화로 거래된다. 일본 정부는 2020년 도쿄 올림픽 개최를 앞두고 블록체인 기술을 접목한 전자결제 사용을 늘리는 다양한 정책을 추진하고 있다.

미즈호 금융그룹과 미쓰비씨 UFI 금융그룹이 여러 은행과 공동으로 코인 발행에 나서는 가운데 최근 지방은행인 도야마제일은행이 블록체인 기술을 이용한 코인 결제 앱을 공개했다. 미즈호 금융그룹은 우편저금은행과 리소나은행, 요코하마은행 등 70여개의 지방은행과 제휴해 디지털통화 'J코인'을 개발 중이다. 미쓰비시UFJ 금융그룹(MUFG)은 블록체인 기술을 활용한 디지털통화 MUFG 코인 발행을 준비하고 있다. 도야마제일은행은 자체 코인인 퍼스트뱅크코인(FBC)을 발행하고 상품 결제와 코인 송금이 가능한 앱을 공개했다. 일본 은행 연합체인 일본 전국은행연합회도 IT기업 후지쯔와 손잡고 블록체인 기반 은행간 결제시스템을 시범 운영한다고 발표했다. 블록체인 기반 개인간(P2P) 송금, 즉시 총액결제(RTGS) 시스템 등을 활용해 결제 처리비용을 줄인다는 계획이다. 현재 일본 정부는 암호화폐 시장을 선점해 미래 디지털 금융 산업을 주도하겠다는 전략이다. 이미 자금결제법을 개정해 비트코인이 법정통화 역할을 할 수 있게 했다. 또 일본 국세청은 암호화폐 이익을 종합과세 대상 기타소득으로 규정하고 20만 엔을 초과하면 자진 신고하도록 했다.

영국 중앙은행인 영란은행(BoE)은 '중앙은행 디지털화폐(CBDC)' 발행을 검토 중이다. 외신 보도에 따르면 마크 카니 영란은행 총재는 "CBDC 발행이 경제의 안정으로 이어질 것을 기대하고 있다"며 "CBDC 발행을 긍정적으로 검토하고 있다"고 말한 바 있다.

네덜란드 중앙은행은 2015년 디지털화폐 'DNB코인'을 선보이고 중앙은행 내부에서 코인을 사용하며 디지털화폐에 대한 연구를 진행 중이다. 스웨덴 중앙은행인 릭스방크는 2016년 디지털화폐 'e크로나' 발행 프로젝트 추진을 시작, 2019년 발행 여부를 두고 검토하고 있다.

유럽 리히텐슈타인의 유니언뱅크는 자체 암호화폐인 유니언뱅크 페이먼트코인(UBPC)를 발행한다고 알렸다. UBPC는 기존 통화(스위스)와 연동되는 '스테이블코인'이다. 스테이블코인은 가치가 안정적인 암호화폐로 중앙은행이 디지털 통화를 발행할 경우 스테이블코인이 기축통화로 상용화될 가능성이 높아진다. 스위스 최대은행 UBS는 독일 도이치뱅크, 스페인 산탄데르은행, 미국 뱅크오브뉴욕멜론 등과 함께 '유틸리티 세틀먼트 코인(USC)'개발을 진행하고 있으며, 씨티그룹은 자체 가상화폐인 '씨티코인'을 개발하고 있다.

이외에도 세계 주요 금융기관은 R3CEV(Reduce Risk in Reference-Crypto, Exchanges and Venture practice) 등과 같은 블록체인 컨소시엄을 통해 블록체인을 금융 시스템에 활용할 수 있는 방안을 추진하고 있다. R3CEV 설립은 2014년이지만 공식적으로 컨소시엄을 2016년 3월에 선포한 것이다. R3CEV는 메트라이프, 골드만삭스, JP모건, 크레딧 스위스 등 전 세계 영향력 있는 40여개의 금융기관들과 협력관계를 맺은 후 컨소시엄을 발표했다. R3CEV가 무엇이길래 금융산업에 혁명적인 사건인 것일까? 자세히 말해서 R3CEV는 블록체인을 적용하려는 금융기관들에게 연간 25만 달러 회비를 받고 기입 기업들에게 블록체인 인프라 제공뿐만 아니라 컨퍼런스를 개최해 금융 산업의 블록체인을 활성화를 주도하는 스타트업이다. R3CEV는 IBM, 마이크로소프트에서 블록체인 기반으로 개발한 기술인 코르다(CORDA)를 제공해 가입한 금융기관들에게 블록체인 서비스를 제공하고 있다. R3CEV가 코르다를 활용해 전 세계의 거의 모든 금융기관들의 인프라를 하나로 묶는다면 그 위력은 1990년대에 대중화된 인터넷 이상일 수 있다. 인터넷이 정보공유의 장벽을 없앴다면, 코르다는 금융거래의 장벽을 없앨 수 있다. 전 세계 금융자본의 유동성에 큰 영향을 미칠 것으로 예상된다.

글로벌 은행의 흐름과 달리 여전히 우리나라의 움직임은 걸음마 수준이다. 연초 한국은행이 '디지털화폐(CBDC · Central Bank Digital Currency, 중앙은행이 발행하는 암호화폐) 공동연구 TF'를 구성하고 별도의 전담조직인 '가상통화 연구반'을 신설했다. 하지만 시장을 주시하고 관련 보고서만 제시할 뿐, 구체적인 실행 계획에 대한 언급은 아직 없다. 국내 은행업계에서는 우리은행이 가장 발빠르게 디지털화폐에서 가시적 성과를 낼 수도 있다. 아직 가맹점에서 물건을 사는 등 간단한 교환수단으로만 개발하고 있지만 증권, 어음거래 등 주요 은행 업무에도 도입하면 금융 업무의 효율성과 안정성을 모두 확보하게 된다. 금융권에 따르면 우리은행은 국내은행 가운데 최초로 자체 디지털화폐를 개발하고 상용화를 시도하고 있다.

03
블록체인 기술은
새로운 비즈니스 기회

미래 혁명적인 신기술로 각광받고 있는 '블록체인(Blockchain)'은 금융권을 중심으로 기존의 비즈니스 프로세스를 바꿀 새로운 패러다임으로 부상하고 있다. 전 세계적으로 블록체인에 대한 관심이 높아지는 가운데 기술 상용화를 위한 다양한 시도들이 이루어지고 있고, 생태계 구축과 서비스 표준화 등을 위한 국제적 협업사례도 증가하는 추세이다. 탈중앙화를 기치로하는 블록체인은 4차 산업혁명의 대세이자 주류로 편입되기에 이르렀다. 블록체인 기술의 도입에 따라 가상화폐가 부상하였으며, 4차 산업혁명시대 핵심기술로 선정되어 각국 나라들도 관련 법안을 도입하고 기술을 지원하기 위해 노력하고 있다. 블록체인에 가장 직접적으로 영향을 받는 분야는 바로 금융서비스라 할 수 있다. 대표적으로 비자나 마스터, 시티 등의 금융그룹은 블록체인에 대한 투자를 아끼지 않고 있으며, 대표적인 투자 회사 모건스탠리도 블록체인의 검증을 마치고 적용 로드맵을 그린 바 있다. 블록체인 기술을 통해 만들어진 가상화폐들은 ICO(가상화폐공개, Initial Coin Offering)를 통해 일종의 기업공개를 진행하기도 한다. 최근 ICO의 대안으로 IEO(Initial Exchange Offering)가 떠올랐다. IEO는 신규거래소공개 즉, 암호화폐 거래소를 통해 직상장하는 개념이다.

ICO는 해당 토큰의 상장 여부가 불명확하지만, IEO는 거래소를 통해 판매가 보장된다. 이 때문에 한 번 검증을 거친다는 점에서 투자자가 보다 신뢰할 수 있다는 장점이 있다.

블록체인 이해와 교도소 노동시장 모형

블록체인의 보다 쉽게 이해하기 위해서 '교도소 모형'을 예시로 들어 볼 수 있다. 미국의 교도소는 공식적으로 교도소에서 운영하는 노동시장과 수감자들이 자체적으로 운영하는 비공식적 2차 노동시장으로 구성된다. 수감자 노동시장은 공식 화폐가 아닌 우표나 고등어 캔, 에너지 바 등을 대체 화폐로서 활용한다. 그러나 고등어 캔 등은 일일이 보관하고 휴대하기 어려워 장부에 모든 거래를 기록할 필요성이 발생한다. 물론 특정인만이 장부를 기록하고 관리한다면 이 또한 거짓의 위험성을 갖게 되므로 자신과 관계없는 거래까지도 모든 사람이 기록하고 내용이 다를 경우 이들을 모두 모아 가장 많이 기록 된 내용을 일종의 사실로서 인정할 수 있다. 따라서 원칙적으로 모든 장부를 조작하지 않는 한 거짓이 거의 불가능한 이 원리가 블록체인의 원리와 매우 유사하다고 할 수 있다.

따라서 블록체인은 은행 등 신뢰성을 담보로 하는 중앙에 집중화된 형태가 아니라 각 개인에게 권한이 분산된 형태를 띠게 된다. 분산 데이터베이스를 활용하여 블록체인에 수반되는 모든 사람은 DB에 접속 가능해지며, 각자가 자신의 거래 기록을 직접 증명할 수 있기 때문에 중앙의 중개자는 더 이상 필요하지 않게 된다. 정보는 모두와 공유되고 참가자들은 서로 직접 연결되어 개인 간의 거래가 가능해진다. 발생하는 모든 거래가 참여자 사이에 공개되고 주소는 30자리 이상의 문자와 숫자를 조합하여 생성되기에 투명성이 확보되는 것은 물론 한 번 거래가 등록되면 거래들이 모여 블록을 형성하고, 이전 블록과 연결되면서 더 이상 수정하거나 삭제할 수 없게 된다. 컴퓨터 알고리즘에 따라 거래는 자동적으로 발생, 구현되는 것이 가능해진다. 지금은 당연하게 사용하고 있는 휴대폰이나 스마트 폰, 인터넷 통신 기술처럼 블록체인 또한 하나의 혁명적 사건으로 우리의 생활 속에 자리 잡게 될 것이다. 그 중에서도 과거의 인터넷 기술이 도입되고 대중화 된 과정과 특히 유사하다. 블록체인은 그 기록을 통해 누가 무엇을 소유하였는지를 곧바로 확인할 수 있도록 하며, 중개인 없이 당사자들 사이의 직접 거래를 가능하게 하여 소유권을 보장하고 효율적으로 교환할 수 있도록 하였다. 기존의 은행이나 증권거래소, 정부기관이나 회계사나 감사 등은 더 이상 필요하지 않을 것이며 변호사를 필요로 하는 경우도 더 줄어들 것이다.

거스를 수 없는 블록체인 혁명

1994년 한국통신의 인터넷 상용서비스망인 코넷(KORNET)이 구축되면서 본격적으로 인터넷의 대중화가 일어났다. 그때까지만 해도 많은 사람들이 인터넷이 앞으로 어떤 변화를 가져올지 짐작조차 하지 못했었다. 20년이 넘게 흐른 오늘날을 살아가는 현대인들에게 있어서 인터넷이 없는 세상은 상상조차 힘든 것이 사실이다. 인터넷 환경에서 우리는 먹고, 보고, 쓰는 등의 대부분의 일상적인 행위를 실행하고 있다. 그런데 이 20여 년 동안 일어났던 변화보다 더 엄청난 상황들을 만들어낼 가능성이 높은 또 하나의 놀라운 혁명이 우리 눈앞에 다가왔다. 그 혁명은 바로 최근 TV나 인터넷 뉴스 기사 등과 같은 여러 미디어를 통해서 자주 듣게 되는 '블록체인'이다. 하지만 여전히 많은 사람들이 블록체인이라는 이름 이외에 개념이나 영향력에 대해서는 잘 알지 못하는 것이 사실이다.

2008년, 전 세계의 금융 산업이 붕괴될 만한 사건이 발생했다. 나가모토 사토시라는 익명을 쓴 누군가가 P2P식 전자 결제 시스템을 위한 새로운 프로토콜을 구상했다. 이 전자 결제 시스템은 '비트코인'이라 불리는 암호화폐이다. 이 화폐는 기존의 법정 화폐와는 달리 제 삼자의 검증이 필요 없고 수십억 개의 디바이스를 통해 교환되는 데이터의 진실성을 보장할 수 있었다. 이러한 신뢰할 수 있는 프로토콜을 가리켜 신뢰 프로토콜이라 부른다. 프로토콜을 근간으로 한 블록체인은 일종의 분산 원장이다. 블록체인을 통하여 은행, 신용카드사 등을 거치지 않고 송금을 할 수 있다.

2017년 5월, 컴퓨터 속 중요 자료들을 암호화해서 돈을 요구하는 '랜섬웨어'가 전 세계적으로 극성을 부린 적이 있다. 지금까지도 문제를 일으키고 있는 이 랜섬웨어가 피해자들에게 요구한 것이 바로 비트코인이었다. 은행이나 정부와 같이 중개자 없이 개인 간의 일대일 거래가 가능하고, 추적이 불가능하기 때문에 현금이 아닌 비트코인을 요구했던 것이다. 엄밀히 말해서 비트코인은 앞서 소개한 블록체인 기술을 기반으로 하는 온라인 가상화폐이다. 즉, 블록체인이라는 개념 내에서 가장 큰 규모를 자랑하는 것이 이 비트코인 블록체인 인 것이다. 글로벌 금융 위기로 들썩이던 시기에, 지금은 호주의 컴퓨터 프로그래머라고 밝혀진 나카모토 사토시라는 가명을 쓴 개발자가 이 비트코인을 만들어냈다. 가상화폐라는 그 자체의 위치보다 이것을 만들어낸 새로운 프로토콜에 컴퓨터 프로그래머들을 포함한 관련 전문가들이 열광했다고 한다. 각각의 컴퓨터들이 정보를 교환할 때 이용되는 규칙이라고 할 수 있는 이 프로토콜로 인해서 기존의 거래 개념과 방식 자체가 새로운 길로 들어섰기 때문이다. 그 새로운 길이 바로 '블록체인 기술'이고, 이 기술은 과거부터 최근까지 크게 변하지 않았던 금융 시스템의 근간을 흔드는 것은 물론이고, 더 나아가 인간의 삶에 크고 작은 영향을 미칠 것이라고 생각한다. 물론 앞서 언급한 랜섬웨어 해킹 사례에서는 이런 블록체인 기술이 가진 장점들이 악용되었다고 할 수 있지만, 훨씬 더 많은 분야와 영역에서 긍정적으로 활용될 것이다.

블록체인 기술로 인해 무결성의 네트워크화, 분산된 권력, 인센티브로서의 가치, 보안, 프라이버시, 보전된 권리, 편입으로 이루어진 이 원칙들로 인해서 새로운 디지털 경제와 신뢰의 시대가 구축될 것이다. 개별적으로 보면 다소 어렵게 생각될 수도 있겠지만, 결국 하나의 원칙이 또 다른 원칙과 연계되는 것이라고 이해한다면 될 것이다. 예컨대 중앙은행, 신용카드 기업 혹은 온라인 결제 플랫폼과 같은 제3자를 중간에 두고 거래했던 기존의 방식이 가진 문제점을 해결하며 무결성의 네트워크를 만들어냈고, 이것이 곧 감독 기관과 같은 특정 집단에게 주어졌던 권력을 분산시키는 효과를 가져왔다. 비트코인 블록체인은 공개키 기반 구조를 참여자들에게 사용하게 함으로써 보안성을 극대화했고, 이로 인해 개인의 익명성이 보장될 수 있었다. 이런 원칙들은 단지 비트코인과 같은 화폐 거래 시스템에서만 적용되는 것이 아니라는 점이 중요하다. 블록체인 기술이 새로운 시대를 열 것이라고 전망하는 것도 경제 구조와 사회 제도를 재설계할 수 있는 원동력 그 자체가 될 수 있기 때문일 것이다. '블록체인 기술'이 경제구조와 사회제도를 많이 바꾸어 놓을 것이다.

1997년 우리나라 IMF 사태와 2008년 글로벌 금융위기를 언급하지 않더라도 세계 경제에서 금융 산업이 가지는 영향력이 엄청나다는 것을 모르는 사람은 없다. 전 세계 수많은 사람들이 다양한 국내외 금융 서비스를 이용하며 엄청난 돈을 거래하고 있다. 이런 금융 서비스 산업이 가진 기존의 강력한 8개의 핵심 기능이 블록체인 기술로 인해서 바뀌게 될 것이라고 한다. '가치 확인과 검증, 이전, 저장, 대여, 교환, 투자, 보장 및 리스크 관리, 평가'와 같은 주요 기능들이 블록체인 기술로 인해서 더욱 안전하고 빠르게 이루어질 것이다. 이뿐만 아니라 블록체인 기술은 기업의 경계를 바꾸고 새로운 비즈니스를 창출하는 역할도 할 것이다. 이런 블록체인 기술을 기반으로 한 다양한 시스템이 금융 산업을 비롯한 경제 구조의 근간을 흔들고 바꿀 것이라는 예측은 굳이 말하지 안 해도 지금 직·간접적으로 보고 느끼는 현장들을 통해서도 충분히 알 수 있는 부분이다. 하지만 그것을 넘어서 각종 사회 문제와 제도 그리고 정치 체제에도 영향을 미치게 될 것이라는 것은 매우 놀라운 사실이다.

먼저 엄청난 사회 변화를 일으킬 수 있는 원동력은 블록체인 기술과 사물 인터넷의 결합이다. 인터넷을 통해서 모든 사물이 연결되는 세상이 현실로 이루어지기 위해서 사물 원장이 필요하다. 참여자 모두에게 분산된 신뢰할 수 있는 정보들이 네트워크 안에서 공유되고 자동화되면서 각종 기관이나 플랫폼이 없이도 스마트 디바이스를 사용할 수 있다. 이렇게 된다면 공공기관이나 사기업들이 직접적으로 혹은 단시간 내에 영향력을 발휘하기 어려운 오지나 도서 지역 주민들 역시 도시 거주민들과 똑같은 생활을 향유하게 될 것이라 기대한다. 정치적인 영역에서도 많은 변화를 일으킬 것이라는 점은 블록체인의 기본 설계 원리와 원칙을 생각해보면 답을 찾을 수 있다. 작게는 공문서와 시민의 개인 정보 보안 문제 해결부터 시작해서 크게는 기존 전자 투표의 문제점을 보완하여 블록체인 기술이 적용된 투표 시스템을 만들어낼 수 있다. 실제로 올해 초, 국내 지자체에서는 처음으로 경기도가 이 블록체인 기술을 행정 업무에 도입하겠다고 발표했다. 시민들의 적극적인 참여가 가능하고 투명성과 비용 절감이라는 장점이 있기 때문에 앞으로 더 많은 지역이 참여할 것이라는 기대감이 생기고 있다.

　이러한 혁명적인 '블록체인 비즈니스'가 도입되면 정보를 확인하는 작업이 간소화되고 금융거래 비용이 감소하며 보증인이 없이도 지급결제 보증이 가능하게 될 것이다. 실제로 블록체인 거래소는 비용이 낮고 정산이 빠르며 기록을 정확하게 관리할 수 있다는 점이 장점이라 할 수 있다. 경영진이나 주주 등의 행동도 투명하게 관리할 수 있으며 부채나 파생상품 또한 스마트 계약의 형태로 관리된다. 스마트 계약은 서명이나 날짜, 자산 등의 조건을 만족시킬 경우 프로그램 형식으로 자동으로 실행되며 보험이나 지불 연체, 배송 확인과 실시간 지불 결제, 지적재산권의 정산 등에 도입되어 거래비용이나 신뢰기관을 적게 수반하면서도 분쟁 해결의 실효성을 높일 수 있게 될 것이다. 블록체인 비즈니스는 실시간 재무제표의 작성 및 확인을 가능케 할 것이므로 분기별 보고서는 더 이상 의미를 가지지 못할 것이다. 이에 따라 회계법인은 실시간 감사라는 새로운 역할을 부여받게 될 것이다. 투표에 있어서도 주주에게 Token을 발송하고 대리인 없이 명확한 투표를 진행할 수 있게 될 것이며, 의도적인 투표 결과의 조작도 어려워질 것이다. 블록체인을 활용하여 디지털 트윈을 생성함으로써 제트기나 자동차 등 복잡한 구조물의 모든 부품, 제품 사항을 등록해 두고 센서를 통해 모니터링이나 수리, 대체 물품의 조달을 용이하게 할 수도 있다. 그렇기 때문에 실제로 JP모건이나 월마트, 도요타 등은 비즈니스에 블록체인을 도입하기도 한다. 블록체인 비즈니스는 이뿐만 아니라 다이아몬드 등의 트래킹, 헤지 펀드의 운용, 의료 기록의 관리나 약 처방 등에 활용되기 시작했다. 블록체인을 통해 처방 오류나 강력한 의료정보 보호, 통합된 의료서비스를 제공할 수 있을 것이다.

자료 참조 : 퓨처피아 공식블로그

블록체인 기술은 단지 가상화폐에만 한정되는 개념이 아니라는 점을 알 수 있듯이 어느 날 갑자기 우리의 삶에 다방면에 도입되고 스며들어 있을 것이다. 물류와 유통 과정을 추적하는 기술, 공정 부품을 자동으로 관리하는 기술, 계약관리, 의약품의 생산과 추적 등에 도입되고 있다면 이는 최종 소비자인 우리가 인지하지 못하는 사이에 이미 우리의 생활을 편리하게 바꾸고 있는 것이다. 예컨대 은행 입출금 업무 보안을 위해 많은 불편과 번거로움을 감수하고 공인인증서를 사용하고 있지만, 블록체인이 도입되면 공인인증서 없이 간단하게 인증 업무를 진행할 수 있게 될 것이다. 세계 최초로 이미 이를 도입한 증권사의 사례도 존재한다. 거래에 참여하는 각 개인이 주체가 되어 분산된 장부를 나누어 받고 거래의 주체이자 그 자체로서 거래의 증거가 된다는 점도 인상적이다. 각 개인의 의미와 권한을 극대화시킨 현대의 휴머니즘이라고도 생각된다. 더 이상 하나의 중앙화된 권력이 관리하는 것이 아니라 개인에게 권한을 이양하게 되면 통제력과 권한은 자연히 줄어들게 될 것이다. 지금까지 문제가 되어 왔던 정보의 조작도 사라지게 될 것이다. 이러한 중개자에게 맡겼던 내 개인정보가 유출되는 일을 실제로도 우리는 각종 은행이나 카드사 홈페이지 등 다양한 곳을 통해 경험해 왔다. 사고가 발생한 후에 법적인 처벌을 하는 것만으로는 부족하며 적절한 보상이나 처벌 또한 제대로 이루어지지 않기도 한다.

4차 산업혁명시대에 '블록체인은 이미 거스를 수 없는 기술혁명'이 되었지만 또 한편으로는 기존의 관리자나 통제권자들이 이를 용인할 것인가의 문제도 흥미롭다. 역사적으로 정보의 격차와 독점, 관리와 통제의 주도권을 차지하기 위한 다툼은 치열하게 벌어져 왔다. 기축통화를 차지하기 위한 전쟁 또한 그 일종으로서 상당히 치열하게 벌어졌다. 때문에 블록체인으로 인해 도입될 투명성과 모든 정보의 공개가 기득권 세력에게 반드시 달갑지만은 않을 수도 있을 것이다. 가상화폐 또한 기축통화를 대체하게 될 것이라는 소문이 돌기도 하였으나 각종 규제와 제도의 도입, 통화 정책의 변화나 금융상품의 제어 등을 통해 현재는 그 열풍이 많이 수그러든 상태이다. 따라서 블록체인 기술이 어디까지, 어떤 형태로 도입될 수 있을지는 매우 흥미롭게 지켜보면 흥미로운 일들이 많이 벌어질 것이다. 블록체인은 하나의 혁명적인 기술인 동시에 철학에 가깝다는 것이다. 2015년 7월30일 이더리움이라는 유명 암호화폐를 창시한 비탈릭 부테린(Vitalik Buterin)은 "블록체인의 가치가 비용절감 등의 효율성이 있는 것이 아니라 탈중앙화와 검열에 대한 저항, 사기와 투기를 방지하는 상호 참여와 투명성에 있는 것"이라고 말했다. 이는 곧 개방형, 폐쇄형 두 종류로 구별되는 블록체인의 형태와도 연관되는 것이다. 이렇듯 블록체인의 도입은 기술의 변화와 혁신이며, 새로운 비즈니스의 기회이다. 대개 변화의 시대에 빠르게 적응하지 못하는 기업은 도태된다. "디지털 카메라의 변화에 적응하지 못하고 사멸한 기업 코닥, 스마트 폰의 시장 도입에 적응하지 못하고 결국 몰락하게 된 기업 노키아 등 세계적인 기업들 중에서도 그 사례들을 찾아볼 수 있다."

블록체인이 가져올 불안 요인과 미래

블록체인 기술의 실행을 방해할 가능성이 있는 요소들에 대해서 많은 책들과 매스컴에서 이야기하고 있다. 사실 불안 요인들은 대부분 현재 가장 널리 알려져 있고 비중이 큰 '비트코인 블록체인'에 대한 우려들이다. 첫 번째 불안요인으로 아직 기술이 무르익지 않았다는 의문은 아마도 가장 많은 사람들이 품고 있을 것이다. 다양한 비트코인 사용을 위한 인프라나 접근성 부족과 같은 난점은 이 시스템에 얼마나 많은 이들이 적극적으로 뛰어들 것인가에 달려있다고도 생각한다.

두 번째 불만요인으로 지속 가능한 측면에 대한 우려로 이어진다. 블록체인 기술 관련 사업에 뛰어드는 개발자나 사업가 입장에서는 정부의 규제가 가장 큰 걸림돌로 작용할 수 있다. 실제로 자본 유출에 대한 우려로 인해 중국이 비트코인 거래소를 조사하고 경고한 사례가 있다. 이밖에도 비트코인이 범죄로 악용될 것이라는 점 등이 눈에 띄는 불안 요인으로 여겨졌다. 앞으로 더 다양한 블록체인 기술이 접목된 시스템이 나오더라도 이런 문제는 여기저기에서 계속 나올 수 있다. 아무리 훌륭한 기술이라고 하더라도 시행 초기 단계는 물론이고 안정적으로 자리 잡은 시점에서도 여러 가지 대내외적인 문제점이나 뜻하지 않는 난관이 생겨날 수 있다.

하지만 불안 요인이라는 표현을 썼다고 해서 심각하게 우려하거나 좌절할 필요는 없다고 생각한다. 방해나 불안 요인은 이미 알고 있다는 것은 그것을 해결할 수 있는 여지가 있다는 의미로 생각할 수도 있기 때문이다. 인터넷을 비롯한 최첨단 기술들이 그랬던 것처럼 그런 기술 자체를 무조건 막으려고 하기 보다는 수정과 보완을 통한 해결을 지향하는 것이 옳은 방향인 것이다. 블록체인이라는 혁신적인 신기술의 탄생부터 시작해서 앞으로 어떤 미래를 만들어갈 것인지에 대한 전망까지 해 볼 수 있다. 그러나 블록체인 기술의 모든 것을 바로 이해하기는 시간이 많이 필요할 것이다. 블록체인이라는 것이 컴퓨터 기술 관련 실무자들에게도 아직은 낯선 개념이기 때문이다. 어쩌면 그런 낯선 개념에 대해서 처음 눈을 뜨게 해줄 안내자 역할을 본 책을 통해서 해주고 싶다. 블록체인 기술을 기반으로 한 비트코인을 비롯한 여러 시스템들이 아직까지는 초기 단계에 머무르고 있다. 하지만 이 말은 곧 앞으로 엄청나게 성장할 가능성이 높다는 의미로 해석할 수도 있을 것이다. 4차 산업혁명시대에서 인공지능이나 사물인터넷에 비해서 블록체인 기술에 대한 관심이나 접근이 국내에서 아직 미미한 것이 사실이다. 글로벌 시장조사 기업인 가트너는 2022년 블록체인 기술을 기반으로 한 사업 가치가 무려 100억 달러에 이를 것으로 내다봤다. 최근 몇 년간, 후발주자의 추격 등으로 인해 침체되어 있던 국내 IT 기업들에게 희소식이라고 할 수 있다. 특히 엄청난 파괴력을 가진 이 새로운 블록체인 기술은 금융과 물류 등과 같은 다양한 산업과 연계해서 새로운 시장을 만들어낼 수 있을 것이다. 물론 이렇게 되기 위해서는 관련 기업들과 정부가 협의를 통해 블록체인 기술 관련 법 제도를 안착시켜야 할 것이다. 단순히 전면규제나 전면허용이라는 극단적인 방법이 아닌 참여자 모두가 이 기술의 수혜자가 될 수 있는 완충장치를 만드는 것이 현명한 길이라고 본다. 인터넷의 탄생이 인류의 삶에 지대한 영향을 미친 것처럼, 블록체인 기술이 어떤 변화를 가져올 것인지 무척 기대가 된다. 블록체인에 대해서 막연한 호기심만을 가지고 있는 사람들과 미래사회에서 훌륭한 인재로 성장할 준비가 되어 있는 개인 역시 블록체인 기술에 지속적인 관심을 갖는 자세가 필요하다.

디지털 자산의 거래와 정보의 저장

현대에는 소비자의 권익이 점차 중시되기도 하는 만큼 정보보안은 기업의 이미지와 생존을 좌우하는 문제가 될 수 있다. 실제로 페이스 북의 개인 정보 유출은 미국 청문회에서 심각한 이슈가 되기도 하였으며, 이로 인한 과징금은 조 단위에 이를 것으로 추정되기도 했다. 또한 EU에서도 개인정보보호법을 도입하기로 하는 등 점차 개인 정보보안의 중요성이 대두되고 있어 비즈니스에 관여하는 관계자라면 모두 이러한 변화에 어떻게 적응하고 정보 보안을 강화할 것인지 고민해야 한다. 이 과정에서 블록체인 기술은 지금은 잡히지 않는 모든 거래의 과정들을 투명화 하여 공개하고 해킹을 막고 데이터 무결성을 이루는 등의 결정적인 역할을 할 수 있을 것이다. 따라서 각 기업과 기관들은 블록체인 기술을 시급히 도입할 필요가 있다.

'개인 차원'에서 블록체인에 대한 이해는 사생활의 침해를 방지하고 경쟁력을 강화하는데 도움이 될 수 있을 것이다. 페이스 북 뿐만 아니라 카카오 톡, 은행이나 증권사 등 다양한 채널에서 채팅이나 소셜 미디어를 통해 교환되는 개인 정보 등이 감시되고 유출되기도 한다. 그러나 개인 정보를 기존의 암호화가 아닌 블록체인을 통해 보호하면 해커 등도 분산된 데이터를 모두 침해해 수집할 수 없다. 사용자인 개인은 이메일이나 다른 인증 방법을 활용해 일일이 복잡한 과정을 거치지 않고도 자유롭게 모든 기능을 사용할 수 있게 되어 오히려 번거로움이 감소된다. 개인 정보가 가득 찬 공인인증서 등을 분실하였을 경우 해킹당할 우려도 오히려 줄어든다. 이는 당연히 생활의 질과 편의성을 높이는데 도움을 줄 것이다.

나와 관련한 정보들이 분산, 공유되는 만큼 예컨대 의료기관을 방문하였을 때도 기존의 진료 및 투약, 치료 기록을 바탕으로 더 연속적이고 효과 높은 의료 서비스를 받을 수 있을 것이다. 부동산 거래나 자동차 거래 등을 할 때에도 마찬가지다. 제3자가 개입하지 않더라도 진위 여부를 확인할 수 있으며, 거래 속도가 빠르기 때문에 지금과 같은 허위 양도나 사기 등에 노출될 위험이 대폭 낮아 질 것이며, 중개 수수료를 지불할 필요가 없을 것이다. 그러나 아직 블록체인 기술 관련 법령이 정비되지 않은 상태이다. 새로운 기술의 도입은 반드시 그에 관한 지식과 전문기술을 가진 인력을 필요로 하게 마련이나 아직은 블록체인 관련 전문가들이 많지 않은 실정이기도 하다. 따라서 블록체인과 그 활용에 대한 기술과 지식을 갖춤으로써 해당 영역에서의 경쟁력을 갖추게 될 것이다.

〈블록체인 유형별 특징과 적용 사례〉

유형 구분	개념 및 특징	활용 사례
퍼블릭 블록체인 (Public Blockchain)	• 최초의 블록체인 활용 사례 • 인터넷을 통해 모두에게 공개 및 운용 • 컴퓨팅 파워를 통해 누구든 공증에 참여 가능 • 네트워크 확장이 어렵고 거래속도 느림	Bitcoin, Ripple, Litecoin, Open Bazaar, DASH, Ethereum 등
프라이빗 블록체인 (Private Blockchain)	• 개인형 블록체인 • 하나의 주체가 내부전산망을 블록체인으로 관리함 • 해당 체인개발을 위한 플랫폼 서비스 등장	NASDAQ, Overstock, Chain 등
컨소시엄 블록체인 (Consortium Blockchain)	• 반(半) 중앙형 블록체인 • 미리 선정된 소수(N개)의 주체들만 참여 가능 • 주체들간 합의된 규칙을 통해 공증 참여 • 네트워크 확장이 용이하고 거래속도 빠름	R3 CEV, HSBC, Citi, Barclays, Goldman Sachs, BoA 등

자료 참조 : 블록체인(Blockchain) 특징 및 적용 사례(금융보안원, 2015.)

'기업 차원'의 비즈니스에서도 마찬가지이다. 결국 블록체인 기술은 금융에서 시작해 물류나 유통, 최종적으로 공공 행정서비스에까지 적용될 것이다. 이 때 어떠한 기술로 시장을 선도하는 위치를 가지게 되는가가 중요하다. 구체적으로는 디지털 정보를 보관하거나 개인 인증을 진행하는 것, 디지털 자산을 통해 결제하거나 소유권 거래, 해외 송금을 하는 것 등 현재 등장한 기술들을 자신의 비즈니스 영역과 결합시켜 볼 수 있을 것이다. 블록체인은 의료나 토지, 은행 등 자금, 건강 기록, 학적 등 거의 모든 정보를 다루고 관리하는 시스템에 적용될 수 있는 만큼 창의성을 발휘하는 대로 비즈니스 기회를 창출할 수 있을 것이다. 각기 다른 경영환경이나 인프라에 통합적으로 적용할 수 있는 솔루션을 개발하기 위하여 노력해야 한다.

📱 인터넷 혁명을 뛰어넘는 블록체인 보안기술

블록체인 기술은 본래 보안기술이라는 것이 가장 큰 범주에 들어간다는 것은 사실이지만 단순한 보안기술을 넘어 그 외의 장점들도 많이 있다. 블록체인은 비트코인을 기반으로 한 기술이지만 비트코인과는 엄연히 다르고 훨씬 더 우수하다. 블록체인 기술의 초기라고 할 수 있는 비트코인의 단점들이 있는데 일부 여론에선 이를 블록체인 자체의 단점으로 생각하는 사람도 있다. 그러나 블록체인은 속도나 성능, 보안, 투명성에서 비트코인보다 훨씬 더 우수하고 진화된 기술임을 알 수 있다.

"현재까지의 보안 방식은 크고 작은 사건 사고들이 끊이지 않고 있지만 블록체인은 그 모든 것을 해결할 수 있다는 것"이다. 블록체인의 특성상 유출과 조작이 어렵게 설계되어 있기 때문에 더 이상 문제가 되지 아니하고 모두에게 기록을 투명하게 공개하기 때문에 신뢰성도 보장된다. 그렇기에 검증문제도 더 간편하게 신뢰가 가능하며 게다가 중앙관리자가 필요 없다는 것이 가장 눈여겨볼 부분이다. 지금껏 신용정보나 국가 간 거래 시 '중간자'를 통해 이를테면 금융기관, 은행 등을 통해 거래를 했다면 "블록체인은 다수간의 개인정보를 활용해 서로간의 신용을 공증하고 거래가 이루어질 수 있다"는 것이다. "블록체인은 네트워크상의 공적거래 장부로써 인간에게 가치 있는 거의 모든 정보를 안전하고 완벽하게 기록할 수 있다는 점이 가장 중요하고 핵심적인 것"이다.

사실 지금 우리가 살고 있는 디지털시대는 정보 홍수의 시대라고 하는데, 정보와 관련된 범죄는 날로 늘어가고 수법도 점점 지능적으로 변하고 있어 보안에 대한 강력하고 혁신적인 기술 없이는 미래의 사람들은 더욱 불편함을 겪게 될 것이다. 블록체인에 대해 관심을 가졌던 것은 어느 순간부터 대규모의 포털사이트나 SNS를 통해 이루어지는 거래들에 관심을 갖기 시작한 시점이다. 나의 정보가 나도 모르는 사이에 누군가에게 전달되고, 원하든 원하지 않던 정보들마저 인터넷 어딘가에서 돌아다닐 수 있다는 생각이 들었다. 그런데 블록체인이 도입된다면 일종의 블랙박스와 같은 모형에 담아 안전하게 관리하고 보호할 수 있다는 생각이 들었다. 처음 세상에 인터넷이 등장했을 때 사람들은 무척 놀라고 신기한 호기심을 가졌으며, 이와 같은 혁명은 다시없을 것이라 생각 했을 수도 있다. 하지만 인터넷 혁명을 이은 새로운 혁명이 블록체인으로 가능하고, 몇 년 뒤엔 지금의 인터넷만큼이나 사람들에게 엄청난 영향을 미치게 될 것이라는 것이다. 사실 인터넷의 그 근본 출발은 블록체인의 그것과 크게 다르지는 않지만, 현재는 보이지 않는 힘과 경제논리에 의해 특정 대형 인터넷 기업들이 알게 모르게 네트워크에 참여하는 사람들의 이익을 독점하고 강탈해간 상황으로 변질되었다. 이제 블록체인이 그 왜곡을 바로잡을 희망이 될 것이다. 대한민국에서도 금융기관 은행은 거대해지고, 사실상 개인의 금융자산을 증대시켜주기보다 수수료와 대출로 수익을 불려가는 시스템을 디지털 인터넷 시대에도 이어져오고 있다는 사실이다. 투자은행으로서의 면모는 없고 개인들에게 주식투자, 펀드투자 등 투자를 조장한다는 불편한 감정적인 진실을 볼 수밖에 없는 것이다. 만약 블록체인 기술이 완벽하게 도입되어 성공하게 된다면, 아마도 지금까지의 금융시스템은 폐기될지도 모른다. 과거의 금융시스템을 사용하지 않게 된다면 따라올 단점도 있겠지만 그것을 뛰어넘을 장점이 더 많아 보이는 것이 바로 블록체인 기술인 것이다. 비용이면 비용, 속도면 속도, 그 밖에 여러 면에서 효율적이고 효과적이고 다른 영역에 도입되었을 때도 더 큰 장점으로 작용할 것은 분명하다.

🖥️ 블록체인이 가져올 익명성과 보안성

블록체인 기술은 비트코인으로 대변되는 가상화폐를 통해 향후 미래 경제에 막대한 영향력을 끼칠 것으로 보인다. 하지만 블록체인은 비단 경제뿐만 아니라 정치, 사회적으로도 큰 변화를 이끌 원천 기술로 여겨지고 있다. 특히 정치, 경제, 사회, 정책분야에서 블록체인은 오늘날과는 전혀 다른 좀 더 직접적이고 참여적이며 투명한 환경을 만들어 낼 것으로 보인다. 블록체인의 익명성과 투명성은 정치후원금을 모집하는 데에도 유용하다. 랜드 폴은 2016년 대통령 선거에 출마하면서 처음으로 비트코인 형태의 후원금을 모금하기도 했다. 한국의 모 정당에서도 다음 국회의원과 대통령 선거에 정치후원금 가상화폐를 발행하겠다고 했다. 한 가지 분명한 사실은 블록체인이 향후 어떤 형태로든 정치 분야에 큰 영향을 미칠 것이라는 점이다. 그런 면에서 블록체인은 단순히 비트코인으로 대변되는 '금융(finance)'과 '기술(technology)'이 결합한 서비스 '핀테크(FinTech)'의 기술 가운데 하나가 아니라 사회 전반에 막대한 영향력을 미치는 원천 기술 가운데 하나로 볼 수 있는 것이다.

그러나 블록체인이 여러 사회 분야에 도입되면 좋은 점들도 있으나 소외감을 느끼는 사람들도 있을 수 있다. 왜냐하면 새로운 방식으로 바뀌면서 그간의 경력들이나 사용했던 경험들이 무산될 수도 있기에 이득과 손실이 공존할 수도 있다. 그런 문제점들은 차차 해결해 나가야 할 과제이지만, 그 모든 문제점을 뛰어넘을만한 큰 장점이 분명 존재하고, 사람들은 이러한 변화에 빠르게 적응해 가기 위해 노력할 것이다. 블록체인이 전자상거래에서 가상화폐로 거래할 때 해킹을 막기 위한 기술이라고 막연하게 알고 있던 블록체인에 대해 블록체인의 탄생 배경과 더불어 이 기술이 몰고 올 사회의 변화까지 이해하게 될 것이다.

또한 블록체인은 네트워크상의 공적거래 장부로써 인간에게 가치 있는 거의 모든 정보를 안전하고 완벽하게 기록할 수 있다. 각 금융기관들이 블록체인 서비스를 본격적으로 도입해 가고 있으며, 블록체인 실무 그룹을 발족하고 향후 블록체인 기술을 도입하는 방안을 모색하고 있다. 그 밖에 다른 은행과 증권사들 역시 블록체인 기술을 도입하기 위해 공동 컨소시엄을 구성하는 등 활발한 논의가 진행되고 있다. 블록체인은 유례없이 단순하고 혁명적인 프로토콜로 변경 불가능한 '공적 원장'에 가치를 기록해 익명성과 보안성이 보장된 거래를 구현한다. 비트코인은 이러한 블록체인의 기술을 잘 보여주는 대표적인 사례이다.

처음 비트코인이 세상에 나와 그 이름을 본격적으로 알리기 시작한 것은 비트코인의 가치가 수백 달러로 치솟았을 때였다. 하지만 진정한 비트코인의 그 숨겨진 가치는 암호화폐에 대한 거래 메커니즘의 중심을 이루고 있는 블록체인이다. 이러한 블록체인 기술이 가지는 획기적 기술혁명으로 우리의 생활에서 차지하게 될 비중을 보안성과 분산성을 근간으로 디지털 원장에 거의 모든 것을 기록할 수 있음을 제시한다. 우리들이 살면서 가지고 있는 모든 형태의 원장이 블록체인으로 대체된다면 이제까지의 세상이 또한 번 큰 변혁을 이루게 될 것임은 충분히 예견하게 해준다.

이렇게 지금 존재하고 있는 체계의 보안을 강화해주고 성능 역시 더 업그레이드를 시켜줄 수 있는 기술인 블록체인에 대한 중요성을 이해하는 계기가 될 것이다.

04

5G 기술과 블록체인이 주도하는
미래사회

한국이 세계 최초 5세대(5G) 통신 상용화를 2019년4월3일 성공했다. 5G 시대에 대한 기대가 커지고 있다. 4차 산업혁명시대를 리드하는 핵심기술이 유비쿼터스 모바일 인터넷으로 대변되는 '5G 이동통신 기술'이다. 5G 이동통신은 지금 우리가 사용하고 있는 4G 이동통신 기술과는 확연히 다르다. 빠른 전송 속도를 말하는 '초고속', 많은 기기를 동시에 연결하는 '초연결', 통신기기 사이에 빠른 응답시간을 보장하는 '실시간'을 가능하게 한다. 뿐만 아니라 5G 기술은 단순 기술에 그치지 않는다. 다른 산업들의 융복합화를 촉진하는 하나의 플랫폼이자 새로운 개념의 비즈니스 시장을 창출할 수 있는 성장 동력인 것이다. 즉, 4G 기술은 개인 휴대용 단말 서비스 위주라면, 5G에서는 통신서비스 범위가 초저지연(ultra-low latency)과 고신뢰성 통신 등으로 확장된다. 특히 많은 사람들의 관심을 끌고 있는 인공지능, 사물인터넷, 자율주행자동차 등과 같은 기술은 그 기반에 해당하는 통신 네트워크 기술이 함께 발전하지 않는 한 4차 산업혁명시대를 제대로 이끌어 갈 수 없다. 이러한 점에서 4차 산업혁명의 핵심기반 기술에 해당하는 5G에 대한 이해는 필수적이다. '5G는 최대 전송 속도는 4G에 비해 20배, 이용자가 체감하는 전송 속도는 10배에서 100배, 전송 지연은 10분 1, 최대 기기 연결 수는 10배에 이른다.'

5G 기술의 중요성은 자율주행 자동차 사례를 보면 이해할 수 있다. 눈에서 포착한 이미지 신호가 뇌까지 전달되는 데는 100분 1초가 걸린다. 인간 근육 반응 시간은 1초, 청각 반응 시간은 10분 1초, 눈의 반응 시간은 100분의 1초, 촉각 반응 시간은 1000분의 1초다. 따라서 인간의 감각에 의해 조종되는 장치는 이보다 훨씬 빠른 반응 시간을 가져야 한다. 즉, 시속 100㎞로 마주 오는 차량의 상대 속도는 200㎞를 넘어서기 때문에 1초만 반응이 지체되어도 50m를 진행한 뒤에 정보를 수신하게 된다. 초저지연성 문제가 해결되지 않는다면 사물인터넷, 자율주행자동차, 원격 로봇수술, 공장자동화, 드론 제어 등이 사실상 불가능해진다. 5G는 기존의 기술과 달리 초저지연성을 가능하도록 만들기 위해서는 촉각 수준인 1000분의 1의 전송 지연이 필요하다. 이를 가능하게 해 주는 통신기술이 5G 기술이다. 또한 5G 기술이 단순한 통신기술이 아니기 때문에 경제, 사회문화, 생활환경에 미치는 변화와 파급효과는 매우 클 것이다.

자료 참조 : 중앙일보, 세계 최초 5G 타이틀 거머쥐다, 2019.4.4.

은행 강도가 사라지고 개인계정 해킹 우려

블록체인 기술은 공공거래장부 관리로 시작되었지만, 그 활용도는 무궁무진하고 혁명적이다. 금융, 경제, 문화, 산업기술 등 다양한 곳에 적용될 수 있으며, 적용된 분야에는 놀라운 변화와 혁명적인 일들이 생겨날 것이다. 하지만 블록체인 기술은 단독으로 활용되었을 때도 위력을 발휘하지만, 5G 이동통신 기술과 융합한다면 그 변화는 상상을 뛰어넘을 것이다. 4차 산업혁명의 주요 키워드는 인공지능, 사물인터넷, 빅데이터, 클라우드 컴퓨팅, 모바일, 3D 프린팅, 로봇공학, 생명공학, 나노기술 등이 있지만, 이 키워드들은 단순히 각기 다른 역할을 수행하기보다 서로 융합되어 사회 및 경제 전반에 혁명적인 영향을 끼친다는 점에서 의의가 있다.

블록체인 기술을 말하기 전에 4차 산업혁명을 거론한 이유는 '블록체인 기술'이야말로 위 키워드들을 모두 연결할 수 있는 '초연결' 수단이기 때문이다. 단순히 생각하면 블록체인 기술과 5G 기술 '그게 무슨 큰 변화야'라고 생각할 수도 있지만, 블록체인을 자세히 들여다보면 놀라울 만큼 커다란 기술과 철학을 만날 수 있다. 블록체인 기술은 빅데이터 및 특정 사물과 연계되어 전 세계, 전국을 연결하는 초연결, 초지능 기술이기 때문에 엄청난 트래픽(Traffic)을 생산한다. 따라서 고도화된 네트워크통신 기술을 필요로 한다. 따라서 5G 이동통신 기술의 중요성이 부각되고 있는 상황이다. 국내 SK텔레콤은 에릭슨 및 국내 벤처기업들과 손잡고 증강현실(AR)과 가상현실(VR)을 활용한 5G 서비스를 테스트하며 기술을 발전시키고 있다. 이 기술의 발전은 블록체인과 빅데이터 그리고 4차 산업혁명의 다양한 신기술을 구동하기 위한 수단이 될 것이 분명하다.

세계적으로 금융시장이 블록체인을 도입하고 전자화폐를 사용하게 되었다고 가정해보자. 최근 대중들에게 사랑 받는 앱(APP) 서비스 중 하나인 '토스', 토스는 모바일로 입출금, 계좌조회관리, 대출, 신용평가, 카드 신청, 주식투자 등을 할 수 있는 서비스다. 놀라운 것은 입출금 수수료가 없고, 원 클릭에 카드 신청이나 대출 신청이 가능하다는 것이다. 전통적인 방식으로 대출을 받으려면 이용자와 은행창구 직원은 서로 많은 공력과 시간을 소모해야 했다. 하지만 모바일 환경에서 비대면 방식으로 대출을 하게 되자 업무 프로세스가 80% 이상 합리화 되었다는 것이다. 모바일 앱(APP) 하나로 금융시장은 크게 변하고 있다. 그렇다면 블록체인과 전자화폐 사용이 활발해진다면 어떤 변화가 일어날지 궁금해진다. 블록체인은 은행이라는 중앙 서버(SERVER)에 저장되던 개인 거래 기록을 분산하는 기술이다. 데이터를 분산하는 이유는 장부 거래내역을 투명화하고, 중앙에서 통제함에 있어 발생하는 위험을 없애기 위함이기도 하다. 블록체인이 상용화되면 중앙에서 장부를 통제하는 역할을 수행하던 은행의 존재가 무의미해진다. 지금껏 은행은 개인 정보를 통제하고 거래 기록을 보존하거나 조회하고 사용자의 요구를 대리 수행하는 역할을 해 왔는데, 블록체인 기술로 모든 장부와 기록이 분산되면 모든 개인이 작은 은행 역할을 수행하게 되므로 은행이 필요 없는 상황이 될 수 있다. 더욱이 전자화폐가 활성화되면 종이화폐의 수요나 가치가 적어질 것이므로 은행 창구에 현금을 들고 왕래하는 상황도 적어질 것이다. 몇 십 년 후에는 은행 털이범(강도)이 멸종할 수도 있다. 은행에는 종이돈이 없을 것이며, 돈을 인출하거나 전송할 직원조차 없을지도 모른다. 하지만 다른 형태의 온라인 강도가 나타날 가능성이 있다. 예를 들어 코인을 중계하는 거래소를 습격하거나 비트코인 부자들을 타깃으로 한 개인계정 해킹 등의 범죄가 발생할 우려가 있다.

무인자동차와 드론(Drone)이 그린 전국지도 서비스

블록체인과 5G가 결합해 완벽한 자율주행자동차가 출시되었다고 가정하자. 국내 A사는 신개념 지도 서비스를 기획했다. 2018년도 출시한 A사 지도 서비스는 구축하는데 오랜 시간과 많은 인력이 투입되었다. 전국 모든 곳을 속속들이 지도에 표시하기 위해 100여명의 구축 인원이 100여대의 자동차를 타고 혹은 직접 걸어서 사방팔방 돌아다녔다. 이 모든 행위는 사람이 하는 일이기 때문에 실수를 해서 누락되거나 좌표 상 오차가 나는 부분들이 많았다. 10년이 지난 지금은 자율주행이 가능한 무인자동차와 드론이 그 일을 대신한다. 자율주행자동차와 드론에는 전국 지도가 탑재되어 있고, 현 지도에 표시되지 않는 부분을 찾아 추가하는 인공지능 기술도 장착되어 있다. 자동차는 지면^(길)에 기반한 MAP과 경로를 만들어내고, 드론은 하늘에서 바라본 모습과 항공 경로, 등고선, 고도 등을 정확하게 만들어낸다. 이 서비스를 통해 좀 더 세세한 지역까지 자율주행이 가능하게 되었고, 곧 무인 항공기 경로까지 완성될 것이라 기대하고 있다. 자율주행자동차와 드론이 안정적으로 운행될 수 있었던 까닭은 블록체인 기술과 5G 기술 덕분이다. 얼마 전까지는 A사의 지도를 통해 자동차 단독으로 운행을 하는 것은 이슈가 없었지만, 자동차와 자동차 간, 자동차와 사람 간, 자동차와 자연현상 간 발생하는 돌발 상황을 예측하거나 대응할 수 없어 상용화가 어려웠다. 하지만 '고도화된 블록체인 기술과 1초에 2GB를 전송할 수 있는 5G 기술', 그리고 상황을 분석하는 빅데이터, 인공지능 기술 덕분에 99.9%의 돌발 상황을 제어할 수 있게 되었고, 인간이 운전하던 때보다 교통사고율이 10배 이상 줄었다.

자율주행자동차와 블록체인의 결합으로 얻어진 '교통 데이터'가 빅데이터화되어 사고율을 더 줄여가고 있으며, 자동차들이 전송한 모든 실시간 데이터들이 블록체인 기반으로 주변 자동차와 보행자에게 전송되면서 자동차와 보행자 간 교통사고가 대폭 감소하였다. 또한 교통사고 및 인명사고 발생 시, 경찰이 출동하지 않아도 되는 세상이 되었다. 자동차가 블록체인으로 실시간 전송한 데이터들이 주변 자동차들에게 전송되어 사고의 진위를 누구나 알 수 있게 되었기 때문이다. 블록체인에 전송된 데이터는 투명하게 보관되고, 서로의 합의가 없으면 삭제할 수 없는 구조로 만들어져 경찰의 역할을 수행하게 된다. 게다가 사고 현장에 출동하던 견인차들도 자동화되어 가장 가까운 위치, 가장 효과적인 교통상황에 있는 견인차를 인공지능이 자동으로 선정해 사고현장으로 보내주는 기능이 상용화되면서 신속한 사고 대처가 가능하게 된다. 이러한 교통 환경의 변화는 다양한 편리함을 우리에게 가져다주었지만, 반대 측면에서는 많은 일자리를 앗아가기도 했다. 택시 기사, 버스 기사, 택배 기사, 견인차, 항해사 등 운수업종 대부분이 자동화되면서 '기사'라는 직종이 사라질 위기에 놓였다. 중앙에서 모니터링하는 기사 마스터 몇 명만 있으면 수백 대, 수천 대 운송수단의 통제가 가능한 시대가 온 것이다.

데이터의 과용, 스토리지 공간의 부족

5G 기술로 차량 2부제가 아니라 데이터 2부제가 시행될 수도 있다. 대한민국은 5G를 넘어 6G를 바라보고 있다. Full HD 영화 한 편을 5초안에 다

운로드 받는 시대가 도래하면서 TEXT 기반이었던 데이터는 영상 기반으로 점차 변화하게 된다. 세상의 모든 사진을 꾹 누르면 영상이 재생되고, 모든 광고판에는 미리 저장해 둔 영상이 아닌, 실시간으로 전송된 Live 영상이 계속 Reflash되어 플레이된다. 웹툰마저도 액션툰으로 바뀌게 되고, CCTV 영상은 고해상도로 녹화되어 Cloud로 실시간 전송된다. CCTV 영상을 인공지능 빅데이터로 분석되어 각종 범죄 및 사고 해결에 활용되는데, 개인정보 침해 이슈로 국가와 시민 간 분쟁이 잦아지고 있다. 모든 정보가 영상으로 변하면서 이 영상들을 저장하는 저장소(Storage)의 과부하가 지속되고 있다. 저장소 크기를 줄이는 기술력보다 데이터가 늘어나는 속도가 더 빨라서 각 지역의 Server 저장시설은 점점 커지고 있으며, Google과 Youtube 서버 건물은 가로 면적 10km, 높이가 200층에 달하는데도 더 증축해야 하는 실정이다. 더불어 고용량 트래픽 시대가 되면서 사람들이 몰리는 도심에서는 데이터 혼선, 통신 두절 등 문제가 생겨나기도 한다. 병원이나 경찰, 소방서 등의 통신 장애가 빈번해지면서 데이터 사용 제한을 요구하는 사회운동이 벌어지기도 할 것이다. 그로 인해 주민등록번호 첫 자리에 따라 실시하는 데이터 2부제가 실시될 수도 있다.

본격적으로 국경이 없는 국제화, 세계화 시대에 살고 있다. 2018년 실시간 중계된 해외 특파원 영상을 보면 질문과 답변 지연 시간이 1초 정도 발생하는 것을 볼 수 있다. 국내와 해외를 연결하는 광케이블, 혹은 위성을 통해 데이터가 전송되기 때문에 1~2초 정도의 지연이 발생할 수밖에 없었다. 하지만 최근 5G 기술을 통해 중계되는 실시간 해외 영상에서 지연은 찾아볼 수 없다. 외국에 있는 친구와 화상통화를 해봐도 바로 옆에 있는 사람의 움직임처럼 빠르고 자연스럽다. 외국에 있는 친구에게 10GB 짜리 영상을 전송하는데 걸리는 시간은 단 10초밖에 걸리지 않는다. 유튜브와 같은 영상 업체가 전 세계 국가에 건설했던 Server 통제실, Storage 건물이 점점 사라지고 있다. 속도를 만회하기 위해 각 거점에서 중계하지 않아도 되는 환경이 마련된 것이다. 이런 변화는 국가 간 소통과 화합을 가속화하고 있다. 통신 속도 향상으로 인해 거의 실시간으로 서로의 데이터를 주고받을 수 있기 때문에 국가 간 거리감은 점점 줄어들 것이다. 세상은 빠르게 변하고 있다. 특히 블록체인으로 파생되는 다양한 산업들이 생겨날 것이다. 블록체인과 5G가 결합된 새로운 서비스의 모습은 아직 정확히 상상할 수 없지만, 그 모습은 분명 빠르고 정확하고 투명할 것이다.

05

블록체인 시스템 활성화와
암호화폐

세계경제포럼(WEF) 보고서에서도 10년 후 미래사회를 변화시키는 터닝 포인트로 로봇 서비스, 사물인터넷, 인공지능 의사결정, 공유경제 등 21개 분야를 선정하였다. 이 중 블록체인 분야가 2개나 포함되어 있다. 이에 각국 정부들은 2023년에 블록체인으로 세금을 받기 시작하고, 뿐만 아니라 각국 중소기업들이 블록체인을 활용하기 시작하였다. 더불어 금융 중심의 현재 블록체인 생태계에 사물인터넷, O2O, 디바이스, 저작권, 소유증명 관련 분야들이 추가적으로 일한 사회적 분위기를 틈타 폭발적으로 진입하고 있다. 한편 블록체인은 새로운 기술 덕분에 각국의 정부와 기업들은 블록체인에 대한 많은 과제에 직면해 있다. 한편 일부 사람들은 블록체인 기술을 사용하고 활용하여 진보시키는 길을 걷기도 하였다. 현재 서서히 직면하고 있는 4차 산업혁명시대에는 블록체인 분야에서 기술혁신을 요구하고 있다. 따라서 블록체인의 중요성은 더 많은 정부 통합정책, 세금 체계 및 정부역할을 필요로 하며, 기업은 상호 기술협력과 확장이 필요하며, 지속적인 학습과 첨단 기술의 융합을 통해 블록체인 생태계를 구축해 나가야 할 것이다. 블록체인 활성화 시스템 구축을 위한 방안 중,

첫 번째 방안으로, 국가 블록체인 플랫폼 인프라를 활용하여 블록체인 시범사업을 확대 추진하고, 국내 스타트업과 기술 전문 기업의 구축 레퍼런스(reference) 확대 지원 등 산업 활성화 지원 체계를 구축할 필요성이 있다.

두 번째 방안으로, 글로벌 선진국들과의 지속적인 연구협력, 기술교류, 공동 컨퍼런스 개최 등 연계 강화 방안 마련이 필요하다.

세 번째 방안으로, 블록체인은 금융 산업뿐만 아니라 블록체인 생태계를 만들기 위해서 기술적 · 제도적 대응방안 마련이 필요하다.

네 번째 방안으로, 국내외 블록체인 관련 기관들은 핀테크 기업 및 IT기업들과의 협력체계 구축, 투자 등의 다양한 방식으로 플랫폼 개발 중에 있지만, 블록체인 확산 및 상용화를 위한 준비단계에 그치고 있다.

마지막으로, 정부는 블록체인 기술 개발 활성화 및 안정적인 확산이 이루어질 수 있도록 전문인력 양성체계 구축이 시급하다. 또한 블록체인 지원센터 설립 등 국가 지원 체계 구축에 대한 관심과 검토가 필요하다.

대기업과 정부의 스타트업 지원 및 기술제휴

금융 선진국과 국내 금융기관들의 격차를 줄일 수 있는 방법은 독자적인 연구 및 시스템 개발이 아니라 금융당국의 적극적인 투자지원과 각 산업을 주도하고 있는 대기업들과의 제휴이다. 2016년 1월 미국 라스베가스에서

개최된 CES 2016에서 삼성전자는 C랩 과제로 개발된 제품 3가지를 선보였다. 링크(Rink) : 모바일 VR용 컨트롤러, 웰트(WELT) : 스마트벨트, 팁톡(Tip Talk) : 인체 음성 전송기술. 특히 팁톡은 CES에서 전세계 참가자들에게 주목을 받았다. 팁톡을 개발한 '이놈들 연구소'는 창업자 전원이 삼성 출신으로 사내벤처로 시작하고 삼성전자가 육성한 스타트업이다. 팁톡은 2018년 클라우드 펀딩 투자를 받았고, 스마트폰에서 스마트워치로의 패러다임 변화에 삼성전자는 본 기술을 적용함으로써 타 스마트워치와의 경쟁력에서 한발 앞설 수 있을 것으로 기대하고 있다. 스타트업 육성에 대한 관심과 투자가 없었다면 이러한 혁신적인 기술의 개발은 불가능 했을 것이다. 이러한 좋은 사례로 대기업들의 관심과 투자, 스타트업 지원이 절실한 것이다. 블록체인 시스템을 적용할 수 있는 산업은 다양하다. 삼성전자와 LG전자 SK하이닉스의 스마트폰, 가전, 반도체, 자동차전장과 현대기아차그룹의 스마트카, SK텔레콤의 통신 및 스마트홈 등 사물인터넷 시대에서 만물인터넷(IOE)로 확산되는 스마트 시대에 시스템 보안을 강화하고 편리성을 제고할 뿐만 아니라 보다 적은 비용으로 시스템을 효율적으로 유지할 수 있을 것으로 기대되고 있다.

　사물인터넷에도 지불 결제가 필요하고 향후 사물이 스스로 결제하는 시대가 올 것이다. 인간의 생활패턴을 빅데이터로 분석하고 점점 스마트화되는 사물이 인간의 노동을 줄여 보다 편리하고 윤택한 삶을 보낼 수 있도록 도와줄 것이다. 사물이 스스로 결제하기 위해서는 전 세계적으로 통용되는 가상화폐의 유용성에 주목할 필요가 있다. 최근 인도에서는 '스타트업 천국' 열풍으로 천재들이 돌아오고 있다고 한다. 인도의 역동성은 한국의 과거를 떠올리게 한다. 농업에서 공업 국가로 변신하는 관문에서 나렌드라 모디 인도 총리는 "Start up India, Stand up India(스타트업으로 인도를 세운다)"를 구호로 내세웠다. 한국식으로 '창업입국(創業立國)'이다. 창업만이 인도를 바꿀 수 있다는 것이다. 이 호소에 가장 적극적으로 답하는 곳이 인도공과대(IIT)다. 1951년 개교 후 세계에서 가장 어려운 입시를 통해 걸러낸 인재를 천재 엔지니어로 키워온 산실로 유명하다. 하지만 인도가 키운 이 인재들에게 후진 농업국 인도는 일자리를 주지 못했다. 졸업생은 글로벌 기업을 찾아 인도를 떠났다. 그러던 IT 인재들이 국내에 남아 창업에 집중하면서 인도의 변화를 이끌고 있다. 지난 3년 동안 인도에서 스타트업은 1만4000여 곳이 새로 탄생할 정도로 급속히 증가하고 있다. 이러한 인도의 비약적인 스타트업 확산에는 '당일에 창업 등록절차를 완료해주고 신생업체에게는 3년간의 소득세 납부와 세무조사 면제혜택 등' 규제를 파격적으로 완화한 모디 총리의 전폭적인 지원이 있었다.

'인도의 실리콘밸리'로 불리는 벵갈루루는 남부 카르나타카주(州)의 주도로 2000곳이 넘는 IT 기업이 거점으로 삼고 있는 도시다. 도시 인구 1200만명 중 400만명이 IT 산업에 종사하고 있다. 벵갈루루는 해발 900m 높이의 데칸고원 위에 있어 연중 날씨가 20~30도로 서늘하고 공기도 맑다. 미국 실리콘밸리가 조성된 이유와 비슷한 것이다. 또한 인도 우주산업을 총괄하는 우주연구원(ISRO), 인도과학원 등 정부연구기관이 들어서 있어 IT 인재가 모이기에 제격이었다. 여기에 인도 내에서 최초로 IT 산업 유치 정책을 펼친 주 정부의 노력이 더해졌다. IT 붐 초창기에는 주로 글로벌 기업의 콜센터가 들어섰다. 영어가 가능한 저렴한 인력, 북미 대륙과 정반대인 시차(12시간)라는 장점 때문에 밤에도 운영 가능한 콜센터로 제격이었던 것이다. 그러다 차츰 IT 출신 고급 엔지니어를 활용하려는 대기업 연구소가 들어서기 시작했고, 지금은 인도 스타트업의 28%(1만1000곳)가 벵갈루루에 본사를 두고 있다. 투자도 활발해졌다. 2016년 32억달러(약3조6000억원), 2017년 37억4000

만달러(약4조2000억원) 수준이던 벤처캐피털 투자가 지난해 65억5000만달러(약7조3000억원) 규모로 배 가까이 뛰었다.

한국 스타트업도 벵갈루루를 거점으로 인도 시장 진출에 나섰다. 인도에서만 월 100만명이 이용하는 동영상 학습 앱(애플리케이션) 스키피를 서비스하는 한국 스타트업 플레인베이글도 최근 벵갈루루에 자리를 잡았다. 플레인베이글 등 12곳의 한국 기업은 정보통신산업진흥원이 운영하는 공유 오피스에 입주해 인도 시장 공략에 박차를 가하고 있다. KOTRA(한국무역투자진흥공사) 벵갈루루 무역관장은 "벵갈루루에서는 영어와 코딩 실력이 우수한 개발자 인건비가 한국의 4분의 1 수준"이라며 "글로벌 시장 공략을 목표로 하는 스타트업에 벵갈루루는 최적의 입지"라고 말했다. 인도 스타트업 발전에는 정부의 지원과 더불어 스마트폰 사용자가 중국·미국에 이어 약 1억 3천만 명으로 전 세계 3위의 규모라는 점도 큰 기여를 하고 있다. 그러나 인도의 낮은 인터넷 보급률과 광

인도판 실리콘밸리 벵갈루루	
인구	1200만명
IT 산업 종사자	400만명(추정)
IT 기업 수	-IBM·인텔·인포시스·오라클·삼성전자 등 글로벌 IT 기업 20000여곳 -인도 스타트업의 28% (1만1000여곳) 소재
왜 모이나?	-연평균 섭씨 25도로 온화한 기후 -IT붐 이전부터 인도 우주항공 산업의 중심지 -기업 설립 간소화, 세금 면제 등 인도 최초로 주정부 차원 인센티브 제공

자료 참조 : 벵갈루루 삼성전자 체험관에서 갤럭시 피트니스 기능을 체험하고 있는 인도인들의 모습. '스타트업 천국'인도, 천재들이 돌아온다, 2019

대역 사용률이 전자상거래 사업에는 큰 장벽이 되고 있다. 반면에 우리나라는 스마트폰 사용률과 세계적인 IT인프라를 이미 구축하고 있어 정부와 글로벌 대기업들의 전격적인 지원과 기술 제휴가 뒷받침 된다면 모바일·전자상거래·온라인결제와 함께 가상화폐 스타트업이 타국 스타트업과의 경쟁에서 우위를 점할 수 있는 환경을 갖추고 있다. 스타트업의 육성을 위한

방안으로,

첫째, 스타트업의 부족한 연구 환경을 위해 단순한 MOU체결 차원이 아닌 대기업들의 다양한 네트워크와 연구실, 인적자원을 동원하고 기술제휴 및 투자금을 지원하여 연구 및 개발에 전념할 수 있도록 노력해야 한다.

둘째, 정부는 스타트업 열풍이 거품으로 그치지 않게 스타트업을 지원하는 대기업에게 각종 세제혜택과 금융지원을 하여 일방적인 지원이 아닌 협력과 상생의 관계를 형성해야 한다.

셋째, 대기업과 스타트업의 1:1 또는 1:多의 매칭을 통해 형식적인 지원이 아닌 공식적인 관계의 틀을 갖추고 스타트업이 글로벌을 대표하는 유니콘 기업으로 성장할 수 있도록 지원 제도의 발판을 마련하여야 한다.

넷째, 지원을 받은 스타트업이 성장하여 기업 존재의 안정적인 궤도에 진입하였을 때엔 또 다른 스타트업을 지원하는 유기적 협업 구조의 스타트업 지원 문화와 제도를 모색하여야 한다.

블록체인으로 新공유플랫폼 구현

경영전략 대가인 피터 드러커(Peter Drucker)는 3단계를 거쳐서 기술 사업화가 이뤄진다고 말했다. 맨 처음에는 '발견(Discovery)'이 일어난다. 그리고 발견된 것을 응용한 '발명(Innovation)'이 일어난다. 이 단계에서는 기술 발명만 있을 뿐, 시장에서 받아들이고 있지 못하는 단계이다. 시장에서 이를 받아들일 만한 가치화시키는 최종 단계를 거치면, 기술 사업화가 일어난다. 이 단계가 바로 '혁신(Innovation)'인 셈이다. 정리하면, 기존 P2P 기술은 10년 전부터 이미 발명돼 있었다. 다만 이를 가치화 시켜서 블록체인이라는 혁신기술을 탄생시킨 것이다. 블록체인의 가장 큰 가치는 '공유(sharing)'라고 할 수 있다. 블록체인은 모든 정보를 모든 참여자와 실시간으로 공유하기 때문이다. 이는 공유를 위한 중앙통제기관을 필요 없게 만든다. 다시 말해 분산형으로 모든 정보를 공유하고 있기 때문에 공유비용을 감소시키는 효과가 있다.

국제결제은행(BIS)에 따르면 분산원장 시스템은 지급결제 제도 및 금융시스템 전반적으로 활용 가능성이 큰 것으로 분석되고 있다. 최근 '핀테크와 인터넷은행' 등 금융권의 패러다임이 급속도로 변화하고 있고, 이러한 패러다임에 유연한 대처를 하지 못하는 전통적인 금융기관들은 노키아, 코닥, 모토로라가 글로벌 순위에서 역사 속으로 사라질 운명에 처하게 된 것처럼 위기를 맞게 될 것이다. 글로벌 금융기관들이 블록체인 시스템의 연구 및 개발에 많은 시간과 천문학적인 투자를 하며 앞서 달려가고 있지만 우리나라 금융기관은 첫 걸음마 단계이다. 가상화폐와 블록체인 시스템 사용률이 높아지게 되면 은행뿐만 아니라 증권, 보험, 카드 등의 금융권 전반과 비금융권 산업에서도 적용될 가능성이 크다.

블록체인 가치를 가장 먼저 인정받은 분야는 '금융'이다. 물론 블록체인이 처음 탄생한 곳도 금융이다. 비트코인이라는 가상화폐에서 블록체인이 처음으로 구현됐다. 금융에서는 거래가 빈번하게 발생한다. 중개기관을 거래 정보를 이용해서 중개하는데, 이는 비용을 발생케 한다. 중개기관에서 관련 정보를 거래 당사자에게 모아야 하기 때문이다. 국제은행 간 통신협정인 '스위프트(SWIFT)'는 외환거래를 주로 중개한다. 스위프트는 외환거래를 위해서 관련 당사자로부터 정보를 수집하고 처리하는데, 하루에서 이틀정도의 시간이 소요된다. 그리고 약 8%의 수수료를 부담해야 한다. 블록체인을 적용하면, 이러한 정보를 큰 비용 들이지 않고 실시간으로 공유할 수 있다.

그러므로 중개로 인한 공유비용을 줄일 수 있다. 금융 분야에서는 대부분 '컨소시엄 블록체인' 형태를 이루고 있는 경우가 많다. 다시 말해 금융기관끼리 협의한 블록체인 형태를 이루고 있다. 이러한 대표적인 예가 바로 금융산업의 혁명적인 사건이라 할 수 있는 'R3CEV(Reduce Risk in Reference-Crypto, Exchanges and Venture practice)'이다. R3CEV는 금융기관 대상으로 컨소시엄 블록체인을 관리하는 기관이다. 현재 시티그룹(Citigroup), 바클레이(Barclay) 등 80여 개의 금융기관이 참여해 있다. 국내의 경우, 우리은행, 신한은행, 국민은행 등이 참여해 있다. R3CEV와 유사한 기관으로 EEA(Enterprise Ethereum Alliance)가 있다. 지난 2월에 EEA를 설립했는데, 첫 목표는 중개기관 없이 외환거래를 하는 것이다. 크레디스위스, JP모건, ING 등의 금융기관이 참여해 있다.

일상생활에도 블록체인 기반 공유플랫폼 확산 블록체인은 금융 분야를 넘어서 다양한 분야에 공유플랫폼을 확산하고 있다. 작년 9월 네덜란드 자동차 등록청은 전자 자전거 도난 범죄에 대응하기 위해서 '컨소시엄 블록체인'을 적용했다. 전자 자전거는 고가의 자전거로, 네덜란드에서 도난 범죄가 빈번히 발생하고 있다. 네덜란드 자동차 등록청은 전자 자전거 이력을 판매자, 경찰, 제조사 등 관련 기관들이 블록체인 형태로 공유하게 했다. 전자 자전거 분실이 발생한다면, 피해자는 경찰에 신고만 하면 관련 모든 기관에 자전거 도난 정보가 공유된다. 만일 범죄자가 자전거를 팔거나 전자 자전거를 사용하면, 정보가 블록체인으로 신속히 공유된다. 이는 범죄자를 신속히 검거할 수 있게 한다. 아랍에미리트의 두바이 정부는 전자문서에 블록체인을 도입할 계획이다. 2016년 5월 두바이는 블록체인 선두기업 IBM과 손을 잡고, 두바이 내 공공기관 간에 전자문서 공유를 블록체인으로 신속하게 공유할 수 있게 하는 사업을 진행하고 있다. 블록체인으로 문서를 실시간으로 공유하기 때문에, 공공기관 간에 문서 공유 시에 발생하는 비용을 줄일 수 있다. 두바이는 2천 5백만 시간을 절감시킬 수 있을 것으로 기대하고 있다.

또한 암호화폐 결제서비스를 제공하는 온라인 쇼핑몰을 중심으로 수요가 증가할 것으로 예상되고, 소액 결제뿐만 아니라 거액결제와 해외송금 서비스, 주식 및 채권 발행 및 거래 등에서 기존 금융 인프라를 보완 발전시키고 공공부문, 헬스케어, 부동산, 미디어 등 비금융권 산업에서도 혁신적인 플랫폼이 개발될 것으로 기대하고 있다. 만약 블록체인 시스템이 금융산업과 더불어 비금융권 및 공공부문까지 확산된다면 개발 초기 컨소시엄에 참여하지 못한 국가와 기관들은 향후 높은 로열티를 지불하고 공동개발 시스템을 사용해야 할 것이다. 블록체인 기술은 금융권과 더불어 비금융권 산업에서도 유용하게 활용될 것으로 전망하고 있다. 이에 블록체인 기술을 적용할 수 있는 모든 기업에게 블록체인 인프라 구축에 중심이 되도록 교육과 투자 등 다방면으로 지원을 아끼지 말아야 한다.

가상화폐 인프라 구축 및 세제 혜택

유럽연합(EU) 및 북미 국가들은 정부기관 중앙은행, 국세청, 법원 등에서 가상화폐 활성화와 블록체인 시스템의 개발 및 운영을 위해 정책과제를 적극적으로 검토하며 유연한 규제 체계를 마련하고 있다. 비록 가상화폐의 확산에 대해 부정적인 입장을 취하는 국가도 있지만 대부분의 금융 선진국에서 '분산원장 기술'에 대한 전망을 긍정적으로 보고 시스템 개발과 활용에 박차를 가하고 있다. 가상화폐의 법정화폐 인정, 기존 통화와의 교환에 대한 부가가치세 과세, 개인과 기업의 가상화폐 거래에 대한 과세, 가상화폐 신탁회사 등록·허가 여부 등의 정책과 제도를 검토하고 있다는 것은 가상화폐에 대한 관심과 노력이 우리나라보다 앞서 있다는 증거이다. 반면에 한국은 가상화폐와 분산원장 기술에 대해 소극적이고 중립적인 입장을 견지하여 급속도로 진화하는 시스템에 대한 연구 및 대응이 금융선진국에 비해 뒤쳐져 있다. 한국의 IT산업이 발달할 수 있었던 주된 요인은 인터넷과 스마트폰의 높은 보급률이라고 말할 수 있다.

퓨리서치센터(Pew Research Center)에 따르면 우리나라의 인터넷 평균속도, 광대역 인터넷 보급률, 스마트폰 보급률은 전 세계 1위이다. IT산업 기본 인프라가 잘 구축되어 있기 때문에 기업들이 효율적으로 연구·개발 및 테스트를 실시할 수 있었으며, 이것이 새로운 IT제품에 대한 수요를 제고시키고 교육과 추가적인 투자를 가능케 함으로써 IT산업이 지속적으로 발달할 수 있었다. 하지만 현재 한국은 가상화폐와 블록체인 시스템의 인프라 및 제도가 현저하게 부족하고 규제 또한 지나치게 엄격하여 민간차원 가상화폐와 기업들의 블록체인 시스템 개발이 어려움을 겪고 있다. 전 세계 비트코인 가맹점은 약 8천여 개 되지만 대부분의 가맹점이 북미와 유럽에 집중되어 있고, 한국의 가맹점은 약 120여 개에 불과하다.

이에 정부는 가상화폐 가맹점과 사용자의 확산을 위해 결제시 송금방식이 아닌 삼성페이 결제시스템과 같이 편리하고 신속하게 결제가 가능한 단말기를 개발하여 가맹점에 제공함으로써 가상화폐 결제 인프라를 구축하여야 한다. 뿐만 아니라 가맹점에서의 결제 규모와 사용 빈도에 따라 종합소득세와 부가가치세의 감면 또는 면세 혜택을 주어 가맹점주에게 가상화폐 결제의 이점을 부각시키고, 사용자에게도 현재 신용카드 공제와 같은 가상화폐 공제의 혜택으로 가상화폐 사용 수요도 가맹점과 함께 증가할 수 있도록 제도적 장치를 마련해야 한다. 또한 민간차원의 가상화폐 발행자나 블록체인 시스템 개발 및 가상화폐 관련 기업에게 법인세 면제 등의 혜택을 주어 인프라 구축이 원활하게 이뤄질 수 있도록 다방면으로 제도적 방안을 모색해야 할 것이다.

06

새로운 전자정부 시대,
블록체인 기술로 열다

블록체인은 네트워크 상에서 모든 참여자가 공동으로 거래정보를 검증하고 기록·보관할 수 있는 블록체인은 '공공분산거래장부'라고 할 수 있다. 특히 보안성(secure), 투명성(transparent), 탈중개성(P2P-based), 신속성(instantaneous)의 장점을 갖추고 있다는 점에서 금융 분야의 선도적인 핵심기술로 입지를 다지고 있다. 또한 네트워크상에서 개인의 정보 통제권을 정보제공자가 직접 가질 수 있다는 점은 효율성과 신뢰성 측면에서 '혁명적인 사건'이라고 할수 있다. 현재 블록체인 기술은 거래 및 결제, 계약, 정보기록, 플랫폼에 활용되고 있다. 거래 및 결제의 경우 중개자 및 신뢰기간 없이 다자간에 거래가 진행될 수 있기 때문에 비용절감 효과가 발생하고, 거래 효율성이 증대된다는 장점으로 전자상거래나 국제송금, 지급결제, 소액금융 등에 활용된다. 거래 계약을 할 경우 거래 데이터 프로그램에 입력함으로써 거래보증 및 계약체결이 동시에 가능하여, 콘텐츠 저작권 사용 관련 계약이나 거래 보호 서비스에 활용될 수 있다. 정보 기록의 경우, 정보 보안성과 신뢰성 확보가 가능하다는 장점으로 공공서비스, 의료 정보관리, 공급망 관리, 저작권 보호 서비스에 활용된다. 플랫폼의 경우, 사물인터넷 플랫폼과의 연계를 통하여 네트워크상에서 데이터 보안이나 공유 등을 위한 플랫폼으로 활용되고 있다. 이처럼 블록체인에 대한 관심과 활용범위 확대에 발맞춰 행정안전부와 한국정보화진흥원은 2018년 주목해야 할 전자정부 10대 유망기술을 발표하면서 그 중 '블록체인'을 선정하였다. 이 중에는 '블록체인 네트워크'를 통해 각종 전자문서를 유통해 문서 위·변조를 방지하고 국민에게 편리하고 신속한 서비스 제공할 수 있도록 한다는 내용이 포함되었다. 블록체인 기술은 기업 등 일반적인 사업 분야뿐만 아니라 전방위적으로 적용이 가능할 것이다. 하지만 상호신뢰라는 부분에서 공공분야에서의 적용했을 경우의 파급력도 만만치 않을 것으로 전망된다. 실제로 해외 사례의 경우 정부차원의 블록체인 적용과 육성이 본격화되고 있다. 블록체인 도입에 정부가 적극적으로 나서고 있는 이유는 블록체인이 기본적으로 비즈니스의 기본인 신뢰를 핵심기술에 담아냄으로써 다양한 이해관계자간의 신속하고 효율적인 거래가 가능하다고 믿기 때문이다.

블록체인은 빈번한 상호거래와 검증, 강력한 보안유지, 업무자동화 등이 필요한 영역에 우선적으로 고려가 가능하다. 예컨대 국내에서는 행정업무의 경우 중고차 매매와 관련한 서류와 제신고 영역, 공공 바우처(voucher) 등이 조기에 적용 가능할 것이다. 이와 함께 계약 문서의 진위 여부 확인과 이와 연계된 전자문서 프로세스 혁신에도 관련이 있어 다양한 공문서를 다루는 공공업무에 적용이 된다면 새로운 혁신을 이뤄낼 수 있다. 특히 모든 거래가 하나의 블록체인 원장으로 공유돼 단계별 프로세스의 복잡도가 감소하고 기존의 사일로(Silo) 시스템을 하나의 시스템으로 운영할 수 있는 효과가 있다. 이는 현재 각 정부 부처별로 운영되고 있는 보다 진화된 형태의 행정시스템의 통합 가능성을 열어줄 수 있다.

우리나라 정부에서도 이 같은 이유로 정부차원의 블록체인 연구사업이 속도를 내고 있다. 과학기술정보통신부는 2018년을 블록체인 확산의 원년으로 선포하고 기술개발 및 다양한 서비스 개발, 실증사업을 추진해 왔으며, 정부 산하단체들도 블록체인의 현업 적용을 위한 파일럿 사업을 본격화했다. 특히, 과학기술정보통신부는 블록체인 기술 활용을 확산하고자 지난해부터 시범사업을 진행해 왔다. 국가기관 및 지방자치단체를 대상으로 진행한 사전수요조사에서 41개 기관이 72개 과제를 제출했다. 이중 6개 과제를 선정했다. 올해 시범사업 과제는 투명한 전자투표 시스템(선거관리위원회), 블록체인 기반 전자문서 발급 인증 시스템(외교부), 믿을 수 있는 축산물 이력관리 시스템(농림축산식품부), 종이 없는 스마트계약 기반 부동산 거래 플랫폼(국토교통부), 빠르고 효율적인 스마트 개인통관 서비스(관세청), 청년활동지원 온라인 플랫폼(서울특별시)이다.

블록체인은 장기적으로 핵심기능을 기반으로 공공분야에 특화된 서비스 설계가 가능하고 이를 통해 대국민 서비스 신뢰 강화 및 새로운 행정서비스 가치를 창출할 수 있을 것이다. 따라서 빠르게 변화할 수 있는 블록체인 진화 패러다임과 환경변화에 신속하게 대응할 수 있는 생태계 조성 전략이 시급히 마련되어야 할 것이다. 이미 세계 각국 정부는 블록체인을 통한 새로운 대국민 행정서비스와 정책을 연계시키기 위한 파일럿 사업에 여념이 없는 상황이다. 마찬가지로 국내에서도 블록체인과 관련한 공공서비스의 사업 발주가 계속될 전망이다. 현재 진행되고 있는 서울시 블록체인 사업과 같이 지자체 차원의 사업도 속도를 낼 것으로 보이고 있는 가운데 공공서비스에 적용할 수 있는 블록체인 기술을 위해 정부와 민간이 상생하는 협력적 디지털 전자정부를 통하여 해결해야 할 것이다.

신뢰 네트워크와 지능정보사회를 위한 블록체인

경제협력개발기구(OECD)는 '한눈에 보는 정부(Government at a Glance)' 보고서를 통해 OECD 국가의 정부 신뢰도 순위를 발표했다. 보고서에 따르면 한국은 35%로 25위에 올랐다. 이는 "당신은 중앙정부를 신뢰하십니까"라는 설문조사를 통해 정부를 신뢰한다고 응답한 국민의 비율 35%로, 10명 중에서 3명이 정부를 신뢰하는 것으로 해석된다. 이 수치는 2017년 대비 12% 증가한 것이지만 OECD 국가 평균인 45%에도 못 미치고 있다. 신뢰받는 정부가 되기 위해 어떻게 해야 할 것인가? 아마도 효과적인 정책수립으로 경제성과를 달성하며 그와 함께 정부 투명성을 제고하는 노력이 필요할 것이다. 이와 관련해 많은 국가에서 정부 신뢰성을 높이기 위한 기술로 블록체인에 주목하고 있다. 또한 주요 기관들은 미래를 바꿀 핵심기술로 지속적으로 언급하고 있다. 세계경제포럼은 2025년 까지 전 세계 GDP 10%가 블록체인에 저장된다고 전망했다. IT리서치 전문기업 가트너(Gartner)는 2019년 10대 전략 기술 트렌드를 발표하며, 블록체인은 신뢰 구축, 투명성 제공, 잠재적 비용절감 등을 통해 산업을 재구성 할 것이라고 주장했다.

블록체인과 같은 지능정보기술로 국가경제와 국민 삶의 질이 향상될 것이라는 기대감이 더욱 커지고 있다. 지능정보기술을 활용해 사회문제해결 공공서비스가 등장하고 여러 산업과 기술이 융합돼 국민생활 전반에 새로운 변화를 만들어 낼 수 있다. 앞으로 전자정부는 행정업무 정보화를 통해 효율성을 높이는 차원에서 벗어나 새로운 신기술을 통해 사회에 근본적 변화를 가져오는 지능형 전자정부로의 역할과 중요성이 앞으로 더 커지게 될 것이다. 정부는 지능정보기술을 활용해 정부 · 기업 · 시민단체 · 개인이 협업하는 신생태계를 만들고 정부혁신을 이루어야 한다.

블록체인 탄생 배경에는 정부에 대한 불신이 자리 잡고 있다. 2000년도 후반 미국에서 시작된 서브프라임 모기지(subprime mortgage) 사태로 미국 초대형 금융기관들이 연쇄 파산하고 세계는 금융위기를 겪었다. 국민들은 은행 등의 실수로 자산가치가 하락하는 경험을 했고, 정작 원인 제공자인 금융사는 정부 구제금융을 받자 정부의 신뢰가 낮아졌다. 그 시점에 누군가 금융사 중개 없이 신뢰할 만한 금융거래 시스템이 없을까 고민했고, 이를 기술적으로 구현 한 것이 바로 '비트코인'이다. 금융시스템에서 벗어나 개인들이 직접 거래하기 위해 컴퓨터공학, 암호학, 수학 원리를 활용해 다수의 합의와 위·변조를 할 수 없는 데이터를 저장하고 신뢰를 제공하는 기술을 만들어 낸 것 이다. 블록체인은 비트코인 거래 내역을 담는 근간으로 보면 된다. 블록체인은 일정 시간 동안 발생한 모든 거래 기록을 블록이라는 단위로 나눠 저장하고 각각의 블록을 암호화해 앞의 블록과 뒤의 블록을 마치 체인처럼 연결해 놓은 데이터베이스다. 그리고 이 데이터베이스를 네트워크상에서 공유한다. P2P(Peer-to-peer) 기술로 데이터베이스를 공유함으로써 정부나 금융기관 같은 공인된 제3자 없이 개인 간 거래를 할 수 있다. 누구나 거래기록을 소유할 수 있어 공개적이고 투명하다. 거래 내역이 담긴 블록은 사슬처럼 계속 연결되어 거래 기록을 변경하려면 가장 처음 에 만들어진 블록까지 모두 수정해야 한다. 또 수정이 가능하더라도 각 개인이 공유·보관하고 있는 장부를 모두 바꾸는 것은 한계가 있어 일시적 위·변조는 가능해도 블록체인 전체를 변경하는 것은 거의 불가능하다. 따라서 블록체인을 신뢰 네트워크(Trust Network)라고도 한다.

전자정부·공공부문에 블록체인 적용

　블록체인은 산업과 사회를 혁신하는 기반 기술로서 공공행정·금융·의료·생활·경제·비즈니스 등 여러 분야에 적용이 시도되고 있으며, 특히 공공부문도 정부 디지털 전환의 일환으로서 블록체인 기술 적용이 활발하게 도입되고 있다. 중앙부처와 지자체를 중심으로 기술 가능성을 검토하고 있으며, 공공부분의 신뢰성을 높이기 위한 방안으로 다음과 같은 분야에 블록체인이 활용될 수 있다.

　첫째, 위·변조가 불가능한 디지털 공공 증명서 즉, 전자정부를 통해 행정·공공기관에서 온 라인 민원 및 증명서 발급을 할 수 있다. 그러나 민원 처리 문서를 프린트 발급해 우편이나 방문 제출이 필요하고 기관에서도 종이 서류를 수령해 보관하는 불편이 있다. 금융, 부동산, 보험, 의료 등 여러 분야에서 종이 서류가 이용되는데 블록체인을 활용하면 디지털 방식으로 저장이 가능하다. 블록체인 상에서 디지털로 발급된 증명서는 수정하거나 조작이 불가능해 문서 수령 기관에서 디지털 증명서를 믿고 활용할 수 있기 때문이다. 전자정부에 블록체인 기반의 디지털 공공 증명서 서비스가 도입되면 민원인이 행정·공공기관, 민간기관·단체 등에 언제라도 스마트폰이나 온라인으로 증명서를 제출할 수 있어 국민의 편리함이 획기적으로 개선될 수 있다.

　둘째, 투표 과정 및 결과의 신뢰성을 높인 직접민주주의 블록체인으로 투표의 신뢰성과 안전성을 확보하고 구성원 모두에게 투표권을 제공할 수 있다. 블록체인에 기록되는 정보는 중앙 서버가 아닌 네트워크에 참여한 컴퓨터에 분산돼 모두가 공동 기록하고 관리하기 때문 이다. 경기도 '따복공동체'는 주민제안 공모사업 심사에 블록체인을 활용했다. 기존 방식은 공동체의 대표들만 투표에 참여 가능했고 공모사업 선정과정도 확인이 어려웠다. 그러나 블록체인을 활용해 공동체 구성원 모두가 사업내용을 학습하고 QR 코드를 활용해 온라인으로 직접 투표에 참여했다. 서울시는 시민 온라인 정책 투표 서비스인 '엠보팅'에 블록체인 기술을 적용하고 있다. 이를 통해 직접 민주주의를 실현하고 참여하는 구성원들 모두가 정책 추진 과정에 대한 이해도가 높아질 수 있다.

셋째, 발행 및 거래 투명성을 확보한 수당지급을 지역화폐 블록체인을 활용하면 지역화폐의 발행 비용을 줄이고 투명성을 높일 수 있다. 현재 국내에서 시행 중인 지역화폐는 서울 등 12개 지방자치단체에서 총 70종이다. 지역화폐는 특정 행정구역에서만 사용할 수 있기에 외부로 자금이 유출되는 것을 막을 수 있고, 지역 주민은 서로 가진 자원을 교환할 수 있는 목적으로 사용되고 있다. 그러나 대부분이 종이 형태로 발행돼 발행 및 사용에 대한 정확한 통계 집계와 관리가 어려운 문제가 있고 발행비용, 관리자의 도덕적 해이에 의한 부정한 일의 발생 우려도 존재한다. 이를 해결하기 위해 서울 노원구는 앱 또는 카드를 통해 결제가 가능한 암호화폐 'NW코인'을 운영

| 주요 국가 블록체인 활용 사례 |

구분	주요 추진 내용
스웨덴	토지대장 서류 검토 시간과 비용 절감을 위해 '국가 토지등기시스템' 개발
중국	'세금 징수 및 전자송장관리 시스템' 도입 추진
러시아	블록체인 기반 '투표과정 모니터링 시스템' 파일럿
영국	사기, 오류를 막고 취약 계층에게 경제지원을 위한 '블록체인 복지결제 시스템' 도입
일본	'국책사업 입찰시스템' 블록체인 시범도입
두바이	정부의 모든 문서를 기록·관리하는 '전자문서시스템' 구축
에스토니아	개방형 전자정부 구현을 위한 '블록체인 기반 전자정부' 구축

중이다. 봉사활동이나 재능기부를 통해 수당(지역화폐)을 받을 수 있는데 1시간에 700 노원(NW), 기부액의 10%를 적립해 가맹점에서 돈처럼 사용할 수 있다. 또한 지역 내 각종 복지사업을 효율적으로 지원할 수 있고, 주민 입장에서도 편리성이 높아져 기존 지역화폐 보다 암호화폐가 더 활성화 될 수 있다.

넷째, 효율적이고 믿을 수 있는 유통·수출입관리 블록체인 기반의 이력 관리시스템은 유통 과정을 추적하는 데 들어가는 시간, 비용을 줄일 수 있고 원산지, 제조사, 유통기간, 판매점 등의 정보를 소비자에게 투명하게 공유할 수 있다. 현재 축산물을 대상으로 유통 이력을 블록체인에 저장하는 시범사업을 진행 중이며. 이를 통해서 소비자의 불안을 줄일 수 있을 것으로 기대한다. 또한 블록체인을 활용하면 수출·수입의 업무효율성도 높여준다. 기존에는 국가 간 거래에서 수출입 기업이 원산지 증명서 원본을 상대 국가에 항공편 등으로 직접 제출해야 함에 따라 불필요한 시일이 소요되었다. 블록체인을 통해 진본성이 검증된 원산지 증명서를 국가 간 즉시 교환 가능하게 됨으로써 수출입 기업의 물류비용이 크게 절감될 것이다.

📺 전자정부를 위한 신뢰, 탈중앙화, 협치

비트코인이 탄생한 지 10년이 지났다. 비트코인 같은 암호화폐에 적용된 블록체인을 1.0 시대라고 하면, 여러 산업에 적용하고 도입하는 지금 단계를 블록체인 2.0 시대라고 볼 수 있다. 블록체인 3.0 시대는 사회 전반에 블록체인이 적용되는 상황을 말한다. 블록체인 3.0 시대는 전 산업과 시민의 활동에 블록체인이 사용되며 사회는 근원적으로 변화를 맞게 될 것이다. 블록체인은 첨단 ICT 기술이 신뢰를 담당하는 신뢰 프로토콜(Trust Protocol) 역할을 하며 혁신의 생태계를 만들어낼 것이다. 자치와 탈중앙화(분권), 협치에 적합한 기술모델을 제공하며 데이터를 안전하게 개방하고 탈중앙화 해 모든 것이 투명하게 교환·거래되고 연결된다. 디지털 아이덴티티(Digital Identity)는 블록체인 기반의 신분증을 의미하며 블록체인 신분증은 공인인증서나 아이디를 대신해 다양한 금융기관에 로그인 할 수 있는데, 디지털 아이덴티티 기술을 활용해 인증부터 결제까지 모든 서비스 이용이 손쉽게 이뤄질 것이다. 또한 효과적인 과세와 징수 및 복지를 제공할 수 있다.

이러한 모습이 전자정부의 모습이라고 할 수 있다. 지금 지방분권 및 지역 균형발전은 정부의 주요 국정과제이다. 법에 근거해 설립된 정부의 행정 서비스는 수년간 관료제를 통해 이뤄졌으나 권한을 중앙이 아닌 개인들에게 돌려주자는 분권화의 철학적 기반에서 탄생한 기술인 블록체인이 분권화(탈중앙화)를 가속화하고 지역 간 더불어 사는 공동체적인 삶에도 변화를 줄 것이다. 중앙에 집권된 권한을 지자체에 나눠주고 더 나아가 지역공동체에 주며, 궁극적으로 개인들에게 돌아갈 수 있게 한 미래 전자정부의 방향성이 될 수 있을 것이다.

정부, 지자체, 민간 모두의 노력에 달린 미래

블록체인 기반의 전자정부를 구현하기 위해서는 정부, 지자체, 민간이 함께 고민하고 준비해야 한다. 정부가 선도적으로 블록체인을 도입·활용하기 위한 민간협력 네트워크를 통해 협업이 필요하다. 함께 기술을 배우고 전자정부 서비스와 연계해 적용할 수 있는 아이디어와 신규 서비스 등 정부 내 도입 가능성을 검토해야 한다. 또한 블록체인 인력양성을 통해 블록체인 플랫폼을 설계하고 개발해 나갈 수 있는 전문성을 확보해야 한다. 다양한 지자체 환경에 맞는 적합한 기술을 개발하고 표 준화된 기술을 통해 빠르게 보급할 수 있도록 해야 한다.

그리고 제도적으로 강력한 규제보다는 블록체인을 활성화하고 성장하기 위한 환경으로 전환할 수 있도록 지원해야 한다. 정부가 금융시장, 기술, 경제의 모든 부분을 감독할 수 없으므로 단순히 제한하기 보다는 산업을 더욱 투명하게 만들고 민간의 참여를 독려해 산업의 생태계를 새롭게 만들어 갈 수 있을 것이다. 블록체인은 4차 산업혁명시대에 신뢰를 구축하고 집중화된 권력을 개인들에게 돌려주는 새로운 패러다임 변화를 일으키는 기술이다. 이제 정부업무에 블록체인을 적극 도입·활용해 국민 삶의 질을 높이고, 지역 사회 균형발전과 주민행복 증진에 기여할 수 있을 것이다.

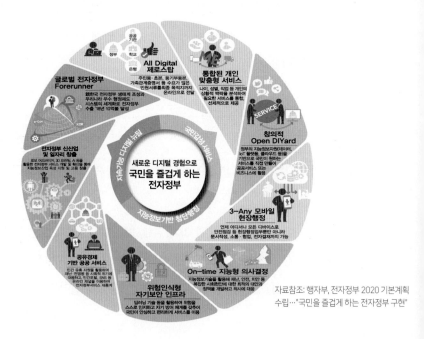

자료참조: 행자부, 전자정부 2020 기본계획
수립…"국민을 즐겁게 하는 전자정부 구현"

07

블록체인 기술의
산업적·사회적 활용 전망

미래 핵심기술로 주목받는 블록체인(Blockchain)은 거래정보(transaction)를 저장하고 블록을 모든 구성원(peer/node)이 네트워크를 통해 분산 저장하고 일정 시간마다 암호화 후 체인 형태로 연결하여 저장하는 기술이다. 제3자의 신뢰없이 이중 거래를 차단하여 확실하고 안전한 거래를 보장하는 특성을 가진다. 시장 조사기관 가트너(Gartner)는 블록체인의 연간 성장률을 2020년 기준 120%로 예상하며 사업적 부가가치는 2030년에는 3조 달러를 초과할 것으로 예측했다. 따라서 블록체인이나 분산원장 기술에 대한 기대감이 점차 높아지고 있으며, 향후 5-10년 내 실제 활용 가능성이 높아지고 있다.

세계경제포럼(WEF)은 2017년 기준 전 세계 GDP의 10%인 8조 달러가 블록체인 플랫폼에서 발생할 것으로 전망하기도 했다. 또한 블록체인 기술로 금융업계의 비용절감 규모는 2022년 기준으로 약 200억 달러에 달할 것으로 전망하고 있으며, 금융업계 참가자 중 80%는 분산원장 기술이 업계를 획기적으로 변화시킬 것이며, 2015년부터 투자 건수와 규모가 증가하고 있고 블록체인 기술을 활용한 새로운 투자방식인 ICO(Initial coin offerings)가 2017년 2분기에 7억5천만 달러로 일반적인 벤처캐피털의 3배 규모 수준으로 증가 (2017년 2분기 벤처캐피탈(VC)투자금 2억3천만 달러를 기록)하고 있다.

산업적 활용 전망

분야	기대효과	활용 현황	제약사항
물류·유통	• 실시간 추적성, 가시성 제고 • 행정처리 간소화 및 비용 절감 • 투명성 제고로 분쟁 문제 해결 가속화	**해외** • 하이퍼레저(머스크, 월마트, 아랍에미리트, 에버레저, 인텔) • 이더리움(Provenance, BHP Billiton) **국내** • -해운물류 블록체인 컨소시엄 발족	• 개별 시스템, 문서 양식 비표준화 • 대규모 거래 확장성 고려 • 이해관계자의 적극적인 참여 독려 • 사용자 편의성 확대
에너지	• 투명한 에너지 거래 • 신재생 에너지 거래 적합(블록체인 마이크로 그리드 형태) • 여러 응용 확장가능(신재생 전자 화폐, 전기차 충전 및 지불, 비트코인 요금 결제, 전력 거래 및 청산)	**해외** • Power Ledger : 호주의 블록체인 신생기업, 이더리움 기반 거주형 전력거래 시장 운영 • Electron : 영국의 신생기업, 블록체인 기술을 이용하여 가스나 전기 공급자 변경 기간 단축 가능 **국내** • 이젠파트너스 : 블록체인 기반 소형 건물군 대상 에너지 서비스 플랫폼 개발 • 한국전력공사 : 가구 간 직접적인 P2P 전력거래가 가능한 블록체인 기반 전력거래 플랫폼 구축 기획	• 스마트 계약이나 마이크로 그리드는 아직 법적 근거 미비 및 법적보호 필요 • 타 분야 연구/투자 부족함

🖥️ 사회적 활용 전망

분야	기대효과	활용 현황	제약사항
의료	• 개인 건강정보 통합관리 • 의료정보의 투명한 활용 • 개인정보보호와 보안성 강화	**해외** • Deepmind, 에스토니아 : 민감정보인 의료정보 활용의 투명성 및 추적성 확보 • MedRec, Patientory, ONC whitepaper, Gem Health : 개인이 주체적으로 의료데이터 관리 및 공유 체계 구축 • Dentacoin, Bowhead : 병원 방문 경험 공 유나 의료기기 데이터 수집 및 공유 **국내** • 교보생명 : 블록체인 인증 기술 기반 실손 의료보험금 청구의 원스톱 자동화 구현	• 데이터 활용 기반 미흡, 의료정보는 민감 정보 로 산업적 활용 제약 • 저장형태 및 확장성 검토, 의료생태계 변화 필요
정부 · 공공 서비스	• 스마트 계약으로 복지서 비스 업무 효율화 및 부정 수급 문제 해결 • 기부금 관리 단체 운영 효율성과 투명성 향상·선거, 여론조사에서 보안 • 세금 및 예산 관리에서 행정 부담 감소, 투명성 제고 • 공공데이터의 보안성 강화, 투명성 활용 촉진 • 자산관리 및 부동산 거 래 등 스마트 계약으로 절차 간소화	**해외** • (미국) 연방정부의 블록체인 활용 정부 서비스 구현 프로그램(Emerging Citizen Technology) • (두바이) 정부 효율성, 산업 창출, 국제 리더십 목표 달성 위한 두바이 블록체 인 전략 수립 • (영국) 노동연금부, 사기 방지, 핵심 인 프라 보호 등에 블록체인 활용 연구 • (에스토니아) 사이버 보안 인프라와 전 자 건강기록에 블록체인 활용 선도 • (온두라스) 국가 토지대장 관리 블록 체인 기술 도입 추진 **국내** • (행정자치부) 전자정부에 블록체인 기술 도입 방안 논의 • (경기도) 공모사업 통한 다양한 도정 업무에 블록체인 도입 논의	• 블록체인 기술의 산업적 검증 미흡으로 국가 인프 라 활용에 시간과 노력 필요 • R&D 지원, 전략수립 로 드맵 등 적극적 대응 필 요 • 중앙집중성 강한 한국문 화 고려 필요 • 기술의 성숙도 제고 및 검증 체계 확보 인식 제 고 필요

블록체인 활성화 정책 방향

정책 방향	세부 사항	
국가 차원 전략 마련	• 블록체인 육성 로드맵 수립	• 종합적 혁신 전략 수립 • 표준화 및 지침 제공 • 오픈소스 활용 촉진
	• R&D 도전과제 공모	• 챌린지 운영
	• 공공분야의 선제적 도입	• 공공 관리 분야 • 민간 참여 촉진 • 모범사례 구축 • 모범사례 경제성 분석 • 모범 사례의 적용 확산
블록체인 확산 기반 조성	• 분야별 컨소시엄 구축 지원	• 금융 분야 이외 에너지, 의료, 사물인터넷, • 자동차, 유통 등 산업별 블록체인 활성화
	• 블록체인 전문기술센터 설립 및 운영	• 국내 '블록체인 오픈포럼' 구성(2017.3.31.)
	• 신생기업 지원 체계 마련	
	• 관련 법·제도 정비	• 법적 보호 장치, 활성화 법률 추가
기업의 점진적 적용과 확대	• 업계 간 협력 관계	• IBM, SAP, Intel 등 글로벌 SW 기업 전략적 협업 체계 구축
	• 단계별 점진적 적용	• 1단계 : 비즈니스 요구사항 분석 산업별 서비스 모델 도출 • 2단계 : 산업별 서비스 모델의 타당성 점증 • 3단계 : 기존 Legacy 시스템과 원활한 연계 방안 필요, 네트워크 참여자 확산 고려 확장 가능성 고려 필요

자료 참조 : 블록체인(Blockchain) 기술의 산업적·사회적 활용 전망 및 시사점, 소프트웨어정책연구소, 2017.

🖥 블록체인 활용 사례

블록체인 기술로 인해 산업영역이 파괴되고 있다. 블록체인이 금융 산업을 넘어 유통, 제조 등 전 산업 분야로 확산일로를 보이고 있다. 글로벌 은행부터 정보기술(IT) 기업까지 블록체인 표준 선점을 위한 보이지 않는 전쟁이 시작된 것이다. 블록체인이란 쉽게 말해 여러 건의 거래 내역이 일정 시간마다 하나의 블록으로 묶여서 이미 생성된 기존 블록에 체인처럼 연결되는 데이터 구조를 의미한다. 이러한 데이터 구조가 주목받는 이유는 과거 이중사용 문제 때문에 도입이 어렵던 분산원장 기술 사용이 가능하기 때문이다. 블록체인은 R3CEV(Reduce Risk in Reference-Crypto, Exchanges and Venture practice), 하이퍼레저와 같은 글로벌 컨소시엄 뿐만 아니라 증권거래소 등 개별 기업 단위로도 활발한 연구가 진행 중이다. 현재는 IT와 금융사 중심으로 연구가 진행되고 있지만 사물인터넷(IoT) 등 다양한 분야에 블록체인이 접목될 것으로 보인다. 음악, 게임, 헬스케어, 유통 등 다양한 산업에서 적용 시도가 이뤄지고 있다. 블록체인을 통한 4차 산업혁명에 주도적으로 나선 기업들이 있다. 삼성그룹과 IBM, 마이크로소프트(MS), 인텔, 골드만삭스, JP모건, 씨티그룹 등이다. 이들 기업에는 한 가지 공통점이 있다. 블록체인 기술에 막대한 투자를 하고 있다는 점이다. 블록체인의 무한한 가능성을 인식했기 때문이다. 지난해 금융 및 비금융기업들이 블록체인을 보유한 회사와 컨소시엄을 경쟁적으로 형성했다.

ⓑ IBM

컨소시엄뿐만 아니라 개별 기업과 기관들의 블록체인 연구개발 및 도입 움직임도 활발하게 나타나고 있다. 먼저 IBM은 뉴욕, 런던, 싱가포르, 도쿄를 포함한 4개 지역에 IBM 블록체인연구소를 설립했다. IBM의 디자인 사고 프로세스와 전문지식 등을 제공하여, 기업 고객들이 블록체인을 도입할 수 있도록 컨설팅 서비스를 제공하는 것이 IBM 블록체인연구소의 역할이다. 그뿐만 아니라 내부적으로도 연구개발에 힘쓰고 있다. 다양한 기기로부터 수집된 정보를 블록체인 네트워크상에서 관리할 수 있도록 하여, 금융업 뿐만 아니라 제조업이나 유통업 같은 산업에서도 활용할 수 있도록 하겠다는 계획이다. 또한 월마트와 IBM, 중국 칭화대는 재미있는 협력 사업을 발표했다. 중국 전역의 저녁 식사 테이블에 더 안전한 먹거리를 가져다 주기 위해 블록체인을 도입하겠다고 했다. 월마트가 중국 베이징에 '월마트 식품 안전 협력센터'를 새롭게 열면서 IBM과 칭화대는 음식이 추적되고 운송되며, 중국 전체 소비자에게 팔려 나가는 방식 개선에 협력하기로 했다. 공급망 기록에서 투명성과 효율성을 증대시키기 위해 설계된 이 거대 계획에 블록체인 기술이 채택됐다.

이 협력은 중국 소비자의 식탁 위에 올라가는 음식의 안전성을 높이는 효과를 봤다. 블록체인을 이용하면 식품이 공급자 에코시스템에서 매장 선반으로, 궁극적으로는 소비자 식탁까지 이동하는 전 과정을 디지털로 추적할 수 있다. 또 다른 사례로 IBM은 두바이의 세관, 무역, 주요 기업들과 함께 블록체인 이니셔티브를 추진했다. 하이퍼레저 패브릭과 IBM 클라우드를 이용한 블록체인 솔루션은 무역 금융 및 수출, 재수출 과정에서 두바이에서 물품이 오가는 것을 추적해 준다. 선적 데이터를 중요 화주들에게 보내 물품 운송과 상태에 대한 실시간 정보를 받을 수 있게 한다.

각국 증권거래소들의 관심도 뜨겁다. 나스닥은 지난해 블록체인 스타트업 체인닷컴과 파트너십을 맺고, 비상장 장외시장에 블록체인을 시범 적용한 바 있다. 나스닥 프라이빗 마켓에서 블록체인 기반 기술인 나스닥 링크를 이용한 주식발행에 성공한 것이다. 일본증권거래소의 경우, IBM과 함께 블록체인 기반 장외 주식거래 시스템을 개발 중이며, 호주증권거래소도 지난해 10월 미국의 디지털애셋홀딩스와 손을 잡고 블록체인 기반의 증권거래시스템을 개발하고 있다. 런던증권거래소는 CME 그룹, UBS 등과 함께 블록체인 결제 그룹을 구성해 거래 후처리 과정에 대해 연구개발을 하고 있다.

전 세계에서 이뤄지고 있는 블록체인의 실증실험으로 인해 블록체인이 안고 있었던 과제가 극복되고 있다. 블록체인은 드디어 실용 단계를 맞이했고 혁명을 일으킬 준비가 되어 있다. 해외 금융기관을 중심으로 결제 목적의 암호화폐 개발 노력들이 지속적으로 나타나고 있다. 한 때 시장의 관심을 한 몸에 받았던 비트코인과 수많은 알트코인들은 잊혀져 가고 있을지 모르나, 블록체인의 통화 기능은 시간 효율성과 비용감소 측면에서 여전히 중대한 의미를 가지고 있기 때문이다. 골드만삭스와 씨티그룹은 이미 각각 세틀코인과 씨티코인이라는 자체 암호화폐를 내놓았으며, 현재 UBS가 도이체뱅크, 산탄데르, BNY멜론과 손을 잡고 유틸리티 결제 코인 공동개발을 진행하고 있다. 비트코인의 근간을 담당하는 블록체인 기술은 국내외에서 금융 시스템의 인프라를 일신하고 금융거래 비용을 극적으로 줄일 수 있는 가능성으로 기대를 받았다. 액센추어에 따르면, 블록체인 기술에 의해 투자은행 인프라 코스트를 30%까지 삭감할 수 있다고 한다. 이를 위해 블록체인 기술에 대한 여러 가지 실증실험이 계속되고 있다.

IT업계는 블록체인 기술 도입에 사활을 걸고 있다. 규모는 매년 증가세인데 올해 블록체인에 투자할 규모는 21억 달러로 추산됐다. 이는 2017년 대비 약 2배가 증가한 것으로 미국을 필두로 서유럽, 중국 그리고 아시아 태평양 순으로 높은 비중으로 차지하고 있다. 오는 2021년에는 약 4배 커질 것으로 전망되기에 아직 시작 단계라는 목소리가 힘을 얻는 상황이다. 이러한 분위기에 힘입어 다양한 산업이 블록체인에 합류해 서비스를 펼치고 있는데 현 단계에서 금융 서비스 접목이 가장 활발하게 이뤄지고 있다. 블록체인의 변화에 대해 인터넷데이터센터^(IDC)는 "2018년은 기업이 개념증명을 넘어 기술을 완전한 형태로 구현 및 도입한 해"라고 평가한 것도 사실이다. 단순한 이론이 하나의 서비스가 되어 구축한 생태계가 인정받았다고 보면 된다. 관건은 기술 구현에 필요한 자본이다. 일명 ICO^(Initial Coin Offering, 가상화폐공개)인데 블록체인 프로젝트가 일반 벤처 투자액보다 2배 많은 37억 달러를 움직이고 있다. 기존 금융 거래상 한계로 지적되고 있는 것에 대한 대체 기술로 블록체인이 해결의 실마리를 제시하고 있다. 따라서 당장 눈앞에 펼쳐진 문제에만 집중할 것이 아닌 4차 산업혁명의 핵심기술인 블록체인 기술 활성화를 위해 정부와 민관 합심이 필요한 때이다.

ⓑ 삼성-LG 등 대기업 또 다른 경쟁 '블록체인'

삼성그룹은 IBM과 함께 'ADEPT'라는 콘셉트로 IoT에 블록체인 기술을 접목하는 프로젝트를 진행 중이다. 삼성증권, 삼성카드, 삼성생명, 삼성화재 등 금융 계열사 간 프라이빗 블록체인도 도입했다. 삼성SDS도 블록체인 업체인 블로코와 국내외 공동 사업 추진과 기술개발 협력을 위한 전략적 제휴를 체결했다. 현재 개발하고 있는 삼성카드 블록체인 구축 사업을 비롯해 인증, 송금, 지급결제 등 블록체인 관련 다양한 업무 기회와 국내외 신사업을 발굴하게 된다.

LG는 계열사인 LG CNS를 중심으로 블록체인 상용화에 나섰다. 국내 최초로 비상장주식 유통 플랫폼 개발에 성공했다. 주주에게 문서 형태의 증명서를 발급해 주는 대신 블록체인을 이용해 전자증권을 발행한다. LG CNS는 이 플랫폼을 통해 블로코, 바이터그룹, 슈퍼스트링, 오메카 등 국내 스타트업 전자증권을 시범 발행하기도 했다. 이 밖에도 SK C&C 는 블록체인 기반 ID 서비스 개발을 추진하고 있다. 블록체인을 활용해 물류 유통서비스, 신용장 관리 등 국제무역 필수 문서를 대상으로 한 블록체인 문서 전자화(Digital Asset) 및 인증서비스 개발에 착수했다. 현대BS&C도 최근 블록체인 기반 디지털에셋 사업 진출을 발표했다. 현대BS&C는 디지털에셋과 IoT 환경의 유기적인 흐름에 대응하기 위한 블록체인 디지털에셋 시스템 '현대DAC'를 발표했다.

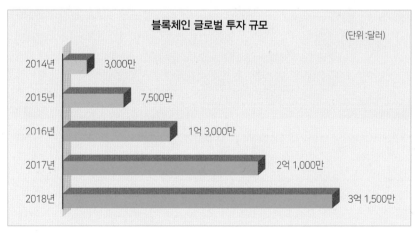

자료 참조 : 블록체인(Blockchain) 글로벌 투자규모, 매일경제, 2018.

블록체인 기술을 통한
비즈니스 적용 사례

블록체인 기술을 통한
비즈니스 적용 사례

01
쉽게 이해하는 블록체인
기술 관련 용어

　블록체인(Block Chain)은 관리 대상 데이터를 '블록(Block)'이라고 하는 소규모 데이터들이 P2P 방식을 기반으로 생성된 체인 형태의 연결고리 기반 분산데이터 저장환경에 저장되어 누구라도 임의로 수정할 수 없고, 누구나 변경의 결과를 열람할 수 있는 분산 컴퓨팅 기술 기반의 데이터 대변 방지 기술이다. 이는 근본적으로 분산 데이터 저장기술의 한 형태로, 지속적으로 변경되는 데이터를 모든 참여 노드에 기록한 변경 리스트로서 분산 노드의 운영자에 의한 임의 조작이 불가능하도록 고안되었다. 블록체인 기술은 비트코인을 비롯한 대부분의 암호화폐 거래에 사용된다. 암호화폐의 거래과정은 탈중앙화된 전자장부에 쓰이기 때문에 블록체인 소프트웨어를 실행하는 많은 사용자들의 각 컴퓨터에서 서버가 운영되어 중앙은행 없이 개인간의 자유로운 거래가 가능하다.

자료 참조 : 국립중앙과학관

🔐 블록

| 헤더(Header) |
| 이전 블록 해쉬 값 |
| 다음 블록 해쉬 값 |
| 넌스(Nonce) |
| 머클트리 루트 해쉬 값 |
| 블록 생성 시간 |
| ... |

| 바디(Body) |
| 트랜잭션 |
| 트랜잭션 |
| 트랜잭션 |
| ... |

블록(Block)

자료 참조 : 블록체인, Wikipedia(위키피디아)

전산 분야의 데이터 전송과 기억 장치에서 블록(block)은 기억 공간을 나누는 단위이다. 블록은 데이터를 저장하는 단위로 '헤더(header)와 바디(body)'로 구분된다. '바디'에는 거래 내용이, '헤더'에는 머클해시(머클루트)나 넌스(nounce, 암호화와 관련되는 임의의 수) 등의 암호코드가 담겨 있다. 블록은 약 10분을 주기로 생성되며, 거래 기록을 끌어 모아 블록을 만들어 신뢰성을 검증하면서 이전 블록에 연결하여 블록체인 형태가 된다. 여기서 처음 시작된 블록을 '제네시스 블록(Genesis block)'이라고 부른다. 즉, 제네시스 블록은 그 앞에 어떤 블록도 생성되지 않은 최초의 블록을 말한다.

 ## 노드

노드(node)는 공학에서 통신망(telecommunications network)이라는 의미를 갖는다. 통신망 가운데도 시간을 잇는 기간회선과 단말에 연결되는 지회선과의 접속부분 기간 통신회선에서 갈라져 나온 점이기도 하다. 노드 지점에 설치한 통신제어장치에 의해 통신망 전체를 제어한다. 이 통신제어에 사용되는 컴퓨터를 노드(node)라고 부르는 경우도 있다. 블록체인은 중앙집중형 서버에 거래 기록을 보관·관리하지 않고 거래에 참여하는 개개인의 서버들이 모여 네트워크를 유지하고 관리한다. 이 개개인의 서버, 즉 참여자를 노드라고 한다. 중앙 관리자가 없기 때문에 블록을 배포하는 노드의 역할이 중요하며, 참여하는 노드들 가운데 절반 이상의 동의가 있어야 새 블록이 생성된다. 노드들은 블록체인을 컴퓨터에 저장해 놓고 있는데, 일부 노드가 해킹을 당해 기존 내용이 틀어져도 다수의 노드에게 데이터가 남아 있어 계속적으로 데이터를 보존할 수 있다. 블록체인 네트워크의 모든 거래 정보를 모두 가지고 있으면 풀 노드(full blockchain node), 머클트리(Merkle Trees)만 가지고 있으면 라이트 노드(lightweight node)라고 부른다.

🖥 해시함수

해시함수(hash function)는 임의의 길이의 데이터를 고정된 길이의 데이터로 매핑하는 함수이다. 해시함수에 의해 얻어지는 값은 해시값, 해시 코드, 해시 체크섬 또는 간단하게 '해시(hash)'라고 한다. 어떤 데이터를 입력해도 같은 길이의 결과를 도출하는 함수이다. 도출되는 결과가 중복될 가능성이 낮고, 결과 값으로 입력 값을 역으로 추정하기 어렵다. 그 용도 중 하나는 해시 테이블이라는 자료구조에 사용되며, 매우 빠른 데이터 검색을 위한 컴퓨터 소프트웨어에 널리 사용된다. 해시 함수는 큰 파일에서 중복되는 레코드를 찾을 수 있기 때문에 데이터베이스 검색이나 테이블 검색의 속도를 가속할 수 있다. 예를 들면, DNA sequence에서 유사한 패턴을 찾는데 사용될 수도 있다. 또한 암호학에서도 사용될 수 있다. 암호용 해시함수는 매핑된 해싱 값만을 알아가지고는 원래 입력 값을 알아내기 힘들다는 사실에 의해 사용될 수 있다. 또한 전송된 데이터의 무결성을 확인해 주는 데 사용되기도 하는데, 메시지가 누구에게서 온 것인지 입증해 주는 HMAC(Hash-based Message Authentication Code ; 해시기반 메시지 인증코드)를 구성하는 블록으로 사용된다. 해시함수는 결정론적으로 작동해야 하며, 따라서 두 해시값이 다르다면 그 해시값에 대한 원래 데이터도 달라야 한다. 해시함수의 질은 입력 영역에서의 해시 충돌 확률로 결정되는데, 해시 충돌의 확률이 높을수록 서로 다른 데이터를 구별하기 어려워지고 검색하는 비용이 증가하게 된다. 해시함수 중에는 암호학적 해시함수(Cryptographic Hash Function)와 비암호학적 해시함수로 구분되곤 한다. 암호학적 해시함수의 종류로는 MD5(message digest algorithm 5), SHA(Secure Hash Algorithm)계열 해시함수가 있으며 비암호학적 해시함수로는 CRC32등이 있다. 암호학적 해시함수는 역상(pre-image), 제2역상(2nd preimage), 충돌쌍(collision)에 대하여 안전성을 가져야 하며 인증에 이용된다. 암호학적 해시함수는 임의의 길이를 입력 받기는 하지만 MD Strength Padding할 때 길이정보가 입력되므로 최대 길이에 대한 제한이 있다. 예를 들어, 패딩시 하위 8비트에 길이 정보가 입력되는 경우에는 해시 가능한 최대 길이는 0xFF가 되어 255바이트가 된다. 위 내용이 조금 어렵다 할지라도 해시(hash)를 바로 이해하는 것은 블록체인을 이해하는 기본적인 지식이다.

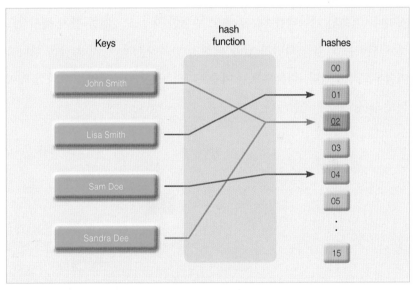

자료 참조 : 해시 함수이름을 0~15 사이의 정수값으로 매핑하는 해시함수의 예. "John Smith"와 "Sandra Dee"라는 두 키 사이에 충돌이 존재함, 위키피디아(Wikipedia).

머클트리와 머클루트

　'머클 루트(Merkle Root)'란 블록체인의 원소 역할을 수행하는 블록의 부분에 저장된 트랜잭션들의 해시트리라고 생각하면 된다. '머클트리(Merkle Tree)'혹은 '해시트리(Hash Tree)'라는 데이터 구조는 Ralph Merkle이라는 사람이 1979년에 특허를 낸 개념이다. 머클트리의 목적은 빠른 검색이 아니라 데이터의 간편하고 확실한 인증을 위해 사용된다. 머클트리는 블록의 거래 내용을 모두 담고 있는 것으로 해시값들을 두 개씩 짝지어 트리 모양으로 나타내는 것이다. 최초의 데이터를 해시값으로 변환한 후 노드 2개를 합쳐 해시값으로 변환하는 과정을 하나가 남을 때까지 반복하는데, 마지막 남은 하나를 머클루트라고 한다. 머클루트는 머클트리의 모든 거래 내역을 요약한 데이터로 블록 헤더에 포함된다.

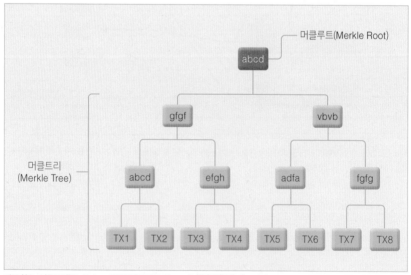

자료 참조 : 머클트리(Merkle trees)와 머클루트(Merkle root), 위키피디아(Wikipedia)

하드포크(hard fork)와 소프트포크(soft fork)

포크(fork)는 가상화폐의 기반이 되는 블록체인을 업그레이드하는 기술로, 본래 포크는 한곳에서 분기가 발생하는 것을 뜻한다. 포크는 호환성 여부에 따라 소프트포크(Soft Fork)와 하드포크(Hard Fork)로 나뉜다. '하드포크(Hard fork)'는 기존에 이어져 오던 블록체인에 새로운 블록을 연결하지 않고 새로운 블록체인을 만드는 것을 말한다. 어떤 코인에서 합의가 이루어지지 않아 독립된 새로운 블록체인을 만드는 경우 즉, 비트코인에서 비트코인캐시 분리 또는 독립된 네트워크를 갖지 못하는 토큰에서 독립된 네트워크를 갖춘 코인으로 스왑하는 경우 즉, 퀀텀 ERC-20 토큰에서 퀀텀 코인으로 볼 수 있다. 간단하게는 기존 블록체인과 호환되지 않는 새로운 블록체인에서 다른 종류의 가상화폐를 만드는 것이라고 생각해 볼 수 있다. '소프트포크(Soft fork)'는 기존의 규칙과 새로운 규칙 즉 변경된 합의 사항이 적용되어 만들어진 블록을 기존의 블록체인에 계속 적용되어 블록이 생성되는 것을 말한다. 일종의 소프트웨어 업그레이드 방법, 하드포크와 달리 구 버전 소프트웨어와 호환성을 유지한 업그레이드 방법이라고 볼 수 있다.

자료 참조 : 출처: http://www.bitnara.net

02
블록체인과
암호화폐(가상화폐) 정의와 의미

화폐의 종류는 시대와 사회에 따라 실로 다양하다. 역사상 화폐의 발달 경로를 간추려 정리해 보면 다음과 같다. 물품화폐(상품화폐) → 칭량화폐 → 금속 주조화폐 → 지폐(태환지폐, 불환지폐) → 신용화폐 → 전자화폐 → 암호화폐(가상화폐) 이다.

물품화폐 또는 상품화폐(commodity money)는 물물교환의 불편함을 없애기 위해 사람들이 누구나 받아들일 수 있는 물품을 말한다. 예컨대 소금, 모피, 담배, 곡물, 조개껍질 등 여러 가지들이 사용되어졌다. 그러나 이들은 저장, 수송, 분할의 불편성 등이 있다. 이러한 불편함을 없애기 위해 사용된 것이 귀금속이며 동시에 칭량(秤量) 기술의 발달로 인하여 금, 은, 청동 등을 저울에 달아 그 무게에 해당하는 가치를 부여하게 되었는데, 이를 칭량화폐(money by weight)라고 한다. 그러나 이 또한 거래를 할 때마다 무게를 다는 번거로움과 진짜와 가짜를 구별해야 하는 어려움 등을 해소하기 위해 일정한 양의 금속을 소재로 하여 그 양과 질을 보증하는 각인을 찍은 것이 금속주조화폐

(metallic money)이다.

금속주조화폐가 처음 등장하였을 때에는 금속으로서의 주화가치와 표시된 명목가치가 일치하였으나 유통과정에서 마모 될 뿐 아니라 고액을 거래할 때는 운반이 불편하여 이에 대신하는 새로운 화폐인 지폐(paper money)가 등장하였다. 지폐가 처음 등장하였을 때에는 지폐발행자가 보관하고 있는 귀금속의 액수만큼만 발행하고 지폐를 가진 사람은 이를 제시하고 언제든지 귀금속으로 바꿀 수 있었는데 이를 태환지폐라 한다. 그 후 귀금속을 태환할 수 없는 태환지폐의 반대개념인 불환지폐를 사용하게 되었다. 경제가 발전하여 경제규모가 커지고 교환이 복잡해짐에 따라 지폐 역시 휴대가 불편하고 운반에 위험이 뒤따르므로 이러한 불편함을 없애기 위해 수표, 어음 등의 지불수단이 등장하였다. 이는 현금을 대신하는 하나의 유가증권이며 거래자 상호간의 신용을 기초로 하여 유통되기에 이를 신용화폐(credit money)라 한다. 한편 오늘날 디지털경제시대를 맞이하여 인터넷의 발달로 인하여 전자상거래가 급속히 보급되면서 컴퓨터를 통한 계좌간 이체 및 컴퓨터내에서의 자금들이 지급, 유통되고 있다. 전자자금이체 제도를 이용케 해 주는 신용카드, 현금카드, ATM카드 등을 통틀어 전자화폐라고 한다. 즉 전자화폐(electronic money)와 같이 컴퓨터를 통한 새로운 결제수단들이 등장하여 화폐에 대한 기존의 틀을 바꾸고 있다. 드디어 탈중앙화를 앞세우고 신뢰(trust)를 바탕으로 한 블록체인 기반 즉, 중앙은행이 발행하지 않고 블록체인 기술에 기초하여 금전적 가치가 디지털방식으로 표시된 전자정보로서 P2P 방식으로 분산 저장되어 운영 · 관리되는 암호화폐(cryptocurrency)시대로 발전해왔다.

'암호화폐의 핵심기술인 블록체인'은 매년 스위스의 다보스(Davos)에서 개최되는 '세계경제포럼(World Economic Forum)'에서 4차 산업혁명시대를 이끌 핵심기반 기술 중 하나로 선정되면서 전 세계적으로 주목받은 기술이다. 블록체인 기술은 비트코인 등 디지털 통화 거래 내역을 기록하기 위해 개발된 분산형 장부 기록 데이터베이스 기술로 금융거래에서 장부 책임자가 없는 거래시스템이다. 새로운 거래가 발생할 때마다 그 정보를 별도의 블록으로 만들고, 이 블록을 기존 장부에 연결하는 방식이다. 거래가 일어날 때마다 분산된 장부들을 서로 대조하기 때문에 장부 조작이 극히 어려워 강력한 보안을 유지할 수 있다. 그러나 블록체인으로 성사된 거래는 취소하기 어렵고, 중앙기관이라는 개념이 없어 문제발생 시 책임 소재가 모호하다는 단점이 있다. 지폐·동전 등의 실물이 없고 온라인에서 거래되는 화폐를 말한다.

해외에서는 초반 눈에 보이지 않고 컴퓨터상에 표현되는 화폐라고 해서 '디지털 화폐(Digital Currency)' 또는 '가상화폐' 등으로 불렀지만, 최근에는 암호화 기술을 사용하는 화폐라는 의미로 '암호화폐'라고 부르며 정부는 '가상통화'라는 용어를 사용한다. 그러나 요즘 자산 성격이 훨씬 강하기 때문에 '디지털 자산(Digital Asset)' 이라는 용어를 국제적으로 쓰이고 있는 상황이다. 암호화폐는 각국 정부나 중앙은행이 발행하는 일반 화폐와 달리 처음 고안한 사람이 정한 규칙에 따라 가치가 매겨진다. 또 정부나 중앙은행에서 거래 내역을 관리하지 않고 블록체인 기술을 기반으로 유통되기 때문에 아직은 정부가 가치나 지급을 보장하지 않는다. 암호화폐는 블록체인 기술을 활용하는 분산형 시스템 방식으로 처리된다. 분산형 시스템에 참여하는 사람을 채굴자라고 하며, 이들은 블록체인 처리의 보상으로 코인 형태의 수수료를 받는다. 이러한 구조로 암호화폐가 유지되기 때문에 화폐 발행에 따른 생산비용이 전혀 들지 않고, 이체비용 등 거래비용을 대폭 절감할 수 있다. 또 컴퓨터 하드디스크 등에 저장되기 때문에 보관비용이 들지 않고, 해킹 당하지 않는 한 도난·분실의 우려가 없기 때문에 가치저장 수단으로서의 기능도 뛰어나다는 장점을 가지고 있다. 또한 블록체인은 중앙 관리자가 필요 없다. 은행이나 정부 등 중앙기관이나 중앙관리자가 필요했던 것은 공식적인 증명, 등기, 인증 등이 필요했기 때문이다. 그러나 블록체인은 다수가 데이터를 저장, 증명하기 때문에 중앙관리자가 존재하지 않게 된다.

| 블록체인 작동원리 |

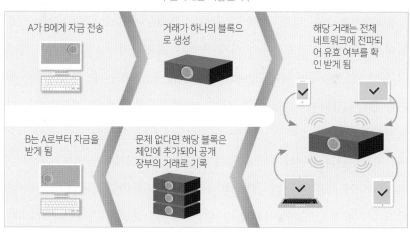

A가 B에게 자금 전송

거래가 하나의 블록으로 생성

해당 거래는 전체 네트워크에 전파되어 유효 여부를 확인 받게 됨

B는 A로부터 자금을 받게 됨

문제 없다면 해당 블록은 체인에 추가되어 공개 장부의 거래로 기록

자료 참조 : 골드만삭스, 더 핀테크 매거진, 2018.

새로운 거래가 발생하거나 기존 거래에 대한 편집이 실행되면 블록체인 내의 다수 노드(node)는 일정한 알고리즘을 실행하고, 제안된 개별 블록체인 블록의 내역을 평가하고 검증해서 내역과 서명이 유효하다는 합의를 도출한다. 그러면 새 거래가(거래 내역을 적은)원장에 수락되고 거래 체인에 새 블록이 추가된다. 다수 노드가 원장 항목의 추가 또는 수정을 인정하지 않을 경우 해당 안은 거부되고 체인에 추가되지 않는다. 블록체인은 이 분산 합의 모델 덕분에 어떤 거래가 유효하고 어떤 거래가 유효하지 않은지 결정하는 중앙기관 없이 분산원장으로 실행 가능한 것이다.

🔒 암호화폐의 정의와 의미

암호화폐(cryptocurrency)란 교환 수단으로 기능하도록 고안된 디지털 자산(digital asset)으로서 암호화 방법을 사용하여 거래의 안전을 확보하고, 추가적 단위의 생성을 통제하며, 그 자산의 이전을 인증하는 것을 말한다. 디지털화폐의 일종이다. 2009년 최초의 암호화폐인 비트코인이 출현했고, 이후 이더리움, 라이트코인, 리플, 모네로, Zcash, Dash, 에이코인 등 수많은 암호화폐가 등장했다. 암호화폐의 시가 총액은 2018년에 1~2조 달러에 이르고 있다. 암호화폐는 영어로는 cryptocurrency라고 하는데, 한국에서는 특이하게도 암호화폐를 가상화폐 또는 가상통화라고 부른다. 가상화폐는 디지털화폐로서 암호화폐와 유사한 개념이기는 하나, 동일한 개념은 아니다. 전자지급수단과 관련하여 폭넓은 개념으로 디지털화폐(digital money; digital currency)라는 용어가 사용된다. 디지털화폐는 은행권·동전과 같이 물질인 방식 아니라 디지털방식으로만 사용될 수 있는 유형의 화폐를 가리킨다. 디지털화폐는 금전적 가치를 디지털정보로 바꾸고 암호화하여 IC카드에 저장하고 휴대하여 사용하거나 컴퓨터에 보관하고 네트워크상으로 사용하는 것을 모두 포함한다. 가상화폐와 암호화폐는 디지털화폐에 속한다. 디지털화폐는 전자화폐(electronic money; electronic currency)와 같은 뜻으로 사용되기도 하지만, 한국의 경우 전자화폐가 되기 위해서는 범용성 요건을 갖추어야 하므로(전자금융거래법 제2조 제15호) 전자화폐는 디지털화폐보다 좁은 개념이 된다.

암호화폐(cryptocurrency)는 블록체인(blockchain) 기술로 암호화되어 분산 발행되고 일정한 네트워크에서 화폐로 사용할 수 있는 전자정보이다. 암호화폐는 중앙은행이 발행하지 않고 블록체인 기술에 기초하여 금전적 가치가 디지털방식으로 표시된 전자정보로서 인터넷상 P2P 방식으로 분산 저장되어 운영·관리된다. 각 암호화폐의 분산형 통제는 블록체인 기술을 통하여 운용하는데, 블록체인은 분산 거래장부(distributed ledger)로 기능하는 공적 데이터베이스이다. 암호화폐는 원래 재화교환의 매체, 즉 지급수단으로 고안된 것이지만, 액면가가 없고 투자의 목적이 되어 거래소를 통하여 시장의 수급에 따라 형성되는 가격으로 거래되어 소득 또는 손실이 발생한다. 이러한 점에서 볼 때 암호화폐는 재화성을 함께 가지는 특수한 지급수단이라 할 수 있다. 암호화폐는 외관상의 유사한 모습으로만 파악하면 가상화폐의 일종이라고 볼 수도 있다. 하지만 유럽중앙은행이나 미국 재무부의 가상화폐 정의를 엄격하게 적용하면 가상화폐라고 부를 수 있는 암호화폐는 거의 없게 된다. 특히 대부분의 암호화폐는 개발자가 발행하지는 않기 때문에 발행 측면에서 보자면 가상화폐가 아니게 된다. 이러한 암호화폐의 정의로 볼 때 현재 상당수 온라인과 오프라인 매장에서 결제수단으로 받는 비트코인은 암호화폐로서 디지털화폐이기는 하지만 가상화폐는 아니게 된다.

🖥️ 가상화폐의 정의와 의미

가상화폐(virtual currency or virtual money)란 동전이나 지폐 등과 같이 실물이 없는 네트워크만으로 연결한 가상공간 속에서 전자 형태로 이용하는 전자화폐 또는 디지털화폐를 말한다. 가상화폐(virtual currency)에 관한 정의를 살펴보면 다음과 같다. 2012년 유럽중앙은행(European Central Bank)은 가상화폐란 "중앙은행에 의하여 발행되거나 보장되지 않고 지급수단으로 기능하는 규제되지 않은 디지털화폐의 한 유형"이라고 하였다. 또 2014년 "중앙은행이나 공적 기관이 발행하지 않고 반드시 법령에 의한 화폐(fiat currency)에 속하지도 않지만, 자연인 또는 법인에 의하여 지급수단으로 수령되고 전자적으로 양도·저장 또는 거래될 수 있는 가치의 전자적 표시"라고 하였다. 2013년 미국 재무부 금융범죄규제망(FinCEN)은 화폐(currency)를 "법화(法貨, legal tender)로 지정되어 발행국가의 교환수단으로 유통되고 통상 사용·수령되는 동전과 지폐"라고 정의하고, 이러한 진정한 화폐에 대하여 "가상화폐(virtual currency)"란 "어떤 환경에서는 법화인 화폐처럼 작동하지만 진정한 화폐의 속성을 가지고 있지 않은 교환수단"으로서, 어떠한 관할권에서도 법화의 지위를 가지지 않는다고 한다. 유럽중앙은행(ECB), 유럽은행감독청(EBA), 미국 재무부에서 내린 정의에 따르면, 가상화폐란 정부에 의해 통제 받지 않는 디지털화폐의 일종으로 개발자가 발행·관리하며 특정한 가상 커뮤니티에서만 통용되는 결제수단이다. 미국 재무부 금융범죄규제망(FinCEN)은 전자상품권 등을 제외하고 비트코인·이더리움·리플 등 암호화폐를 가리킬 때는 가상화폐라는 단어를 쓰지 않는다. 디지털화폐나 가상화폐는 네이버 페이나 카카오 페이 등의 가상현실에서 결제 가능한 온라인 결제 지급수단을 모두 다 포함시키기 때문에 비트코인을 가상화폐라고 말하는 것은 잘못된 것이라고 보는 시각도 있다. 좀 더 범위를 좁혀서 '암호화폐'라 부르는 것이 정확한 것이다. 쉽게 말해 전자화폐 또는 디지털 화폐라는 용어는 디지털로 화폐를 주고받는 것을 표현하는 화폐인 것이다.

가상화폐는 새로운 가치를 가지지만 그것과 동시에 한계와 문제점을 보이기도 한다. 하지만 가상화폐는 아직 과도기적 초창기에 불과하므로 시행착오를 겪고 있다고 생각하면 될 것이다. 기반을 오픈소스로 하여 다양한 투자와 실험으로 이루고 있어, 단점을 보완하면 더 발전할 가능성이 크다. 비트코인의 성공과 별개로 블록체인을 이용한 분산 시스템 기술은 가능성과 그 효용성을 인정받아 많은 분야에서 사용되고 있다. 나스닥(미국의 장외 주식

^{거래소}에서는 블록체인 기술을 비상장 회사의 주식거래에 시범 적용할 것이라고 계획을 밝힌 바 있다. 미국의 한 온라인 쇼핑몰인 오버스톡은 2천5백만 달러의 사채를 블록체인 기술을 사용하여 발행할 것이라고 발표하였다. 바클레이즈, 골드만삭스 등의 거대한 금융기관들도 서비스의 혁신 및 자사 시스템을 위하여 불록체인 기술에 투자를 아끼지 않는 중이다. 산탄데르 은행의 소속 연구 기관 중 하나인 이너벤처스는 블록체인이라는 기술을 이용하여 은행이 절약 가능한 인프라 비용이 향후 4년 동안 150억에서 200억 달러에 달할 것이라는 연구 결과를 발표하기도 했다. 미국 증권거래위원회는 거래 자체에 대하여 규제도 시행하면서, 2018년부터 가상화폐 투자에 대한 양도차익에 10~37%의 양도소득세를 부과하는 중이다. 정책상으로는 가상화폐와 거리를 멀리 하면서 일종의 상품으로서 그 존재를 인정하는 것이다.

가상화폐를 현재 제일 적극적으로 수용하는 곳은 일본이다. 2017년 4월 가상화폐를 정식 결제 수단으로 허가하고 3개월 뒤에는 가상화폐에 부과하였던 소비세 8%를 전면 폐지하였다. 같은 해인 2017년 9월에는 일본이 최초로 11개의 가상화폐 거래소를 사업 승인하였다. 하지만 이 같은 일본도 투기 열풍이 계속되자 규제방안을 마련했다. 2018년 일본 국세청은 가상화폐 거래를 통해 막대한 차익을 올린 사람들에 대한 조사에 들어갔다. 현재 일본은 가상화폐 거래로 20만엔^(한화 약 200만원) 이상의 차익을 얻게 되면 세금을 내야 한다. 그러나 거래 내용을 모두 확인할 수 없어서 자진 신고 말고는 세금을 걷지 못하는 실정이다. 이에 최근 들어 일본 국세청은 2017년 여름 이후로 이루어진 주요 거래에 대한 내역을 거래소에게 요청하였다. 이것을 기반으로 투자자들의 리스트를 확보, 각각의 투자자 보유 자산의 변동 사항을 확인하여 역추적하는 방법을 취하고 있다고 알려졌다.

| 주요 국가의 가상화폐 과세 현황 |

	소득발생시		거래 발생시
	소득세 법인세	양도소득세 (자본이득세)	부가가치세 (소비세)
미국	○	○	✕(통화로 간주)
영국	○	○	✕(민간통화로 분류)
호주	○	○	✕(올해 7월부터 비과세)
일본	○	○	✕(결제수단으로 취급)
독일	○	○	○(물물교환으로 취급)
싱가포르	○	(자본이득세 없음)	○
한국	✕	✕	✕

자료 참조 : 국세행정포럼, 2018.

　인류의 역사에서 투기는 끊긴 적이 없다. 투기는 본인이 절제하는 것이 답이지만 스스로 절제하기가 어려운 법이어서 국가의 규제가 어느 정도는 필요하다. 더 빨리 검토에 나섰더라면 우리나라도 일본, 독일, 미국처럼 가상화폐 자체를 자산으로서 인정하고, 거래에 있어 투명성을 높이는 법에 집중할 수 있었을 지도 모른다. 중국의 경우를 보면 정부의 아낌없는 지원으로 급속한 기술 발전이 이루어지고 있다. 그와 반대로 우리나라는 숱한 규제들로 인하여 뛰어난 기술력이 있어도 사장되는 일이 많다. 정부는 이러한 실태를 파악하고 가상화폐의 투기는 규제하되, 4차 산업혁명시대의 핵심기술인 블록체인 기술을 활성화하는데 대책을 마련해야 할 것이다.

🖥️ 암호화폐에 대한 세계 각국의 대응

　암호화폐의 문제점을 일부 보완하면 화폐 대체가 가능하다는 전망이 많다. 보안성이 뛰어난 암호화폐는 물리적 공간의 제약 없이 다양한 방식으로 거래가 가능하기 때문에 현금을 뛰어 넘는 지급결제수단으로 진화할 가능성이 크다. 중앙은행간의 통화 결제나 예금을 받아들이는 것 등을 업무로 하고 있는 국제결제은행(Bank for International Settlements, BIS)은 급성장하는 가상통화 시장에 대응하여 각국의 중앙은행들이 직접 디지털 화폐를 발행할지 결정해야 한다고 밝혔다. 국제결제은행은 2017년 9월에 발간한 보고서에서 중앙은행들이 가상통화와 관련해 기존의 프라이버시, 결제시스템의 효율성 개선 문제뿐 아니라, 재정 · 통화 등 경제정책 전반에 미칠 영향까지 고려해야 한다고 밝혔다.

　최근 일부 중앙은행들이 가상통화와 블록체인 기술에 관심을 기울이며 이에 대한 연구에 박차를 가하고 있다. 실제로 일부 국가들은 가상통화로 세금징수 등에 활용하고 있으며, 글로벌 시장조사기관 가트너(2017년)는 5년 이내에 다섯 개의 국가가 통화정책, 과제, 대출에 수반될 수 있는 가상통화(cryptocurrency)가 발생될 것이라고 전망했다. 싱가포르 금융당국(MAS)은 2017년 10월 암호화폐에 대한 규제계획이 없다고 밝혔다. 특히 중국 인민은행의 경우 초기 형태의 가상통화를 제작해 시범 운영을 마치는 등 국가적 차원에서 가상통화와 블록체인을 다양하게 시도 중이다.

국가	내용
중국	• 인민은행, 가상통화 초기형을 제작해 시범 운영을 완료하는 등 국가 차원의 블록체인 활성화 정책 추진 중
일본	• 유럽 중앙은행(ECB)과 블록체인 기술의 활용 가능성에 관한 공동연구 • 2020년까지 가상통화 'J코인' 발행 검토 -미즈호 그룹 등 70여개 일본 금융사 대규모 컨소시엄 구성
미국	• 연방준비은행(FRB) 주도의 블록체인 기반 기급결제 시스템 개발과 금융거래에 적용할 수 있는 플랫폼 개발 중
유럽	• 2015년 비트코인을 공식 화폐로 인정 및 부가가치세 면제 진행 • 유럽중앙은행(ECB) 주도의 블록체인 개발 및 규제 완화 추진 중
영국	• 중앙은행을 통해 결제 가능한 이론상 화폐인 RS코인 발행(2017) • 영국 중앙은행은 2018년 국가가 지원하는 암호화폐 발행 승인예정
네덜란드	• 고유의 가상통화 직접 만들어 중앙은행 내부 전용으로 사용 -암호화폐와 블록체인 기술에 대한 이해도를 높이기 위한 목적으로 사용
스웨덴	• 2년 내 정부 암호화폐 'e-크로나'를 발행하는 것이 목표
캐나다	• 재스퍼 프로젝트(Project Jasper) -분산원장기술(DLT) 테스트를 위한 프로젝트 3단계(핀테크를 활용한 효용성 및 기존 시스템 간 호환 연구) 진행 중
싱가포르	• 우빈 프로젝트(Project Ubin) -은행 간 이전에 대한 블록체인 기반 접근법 개발 2단계(실시간 총액결제시스템 시뮬레이션) 진행 중
러시아	• 러시아 연방 등록 서비스 내 블록체인 기반의 거래시스템 추진 및 러시아 은행 주도의 블록체인 금융 플랫폼 개발 중 • 국가 주도 암호화폐 '크립로루블' 발행 선포(2018.2)
에스토니아	• 국가 차원의 블록체인망을 구성하여 주민, 건강, 금융, 선거 등의 블록체인 플랫폼 서비스 시행 중 • 중앙은행이 지원하는 암호화폐 '에스트코인(Estcoin)'을 발행하고 암호화폐공개(ICO) 진행하겠다고 발표(2017.8)

자료 출처 : KT경제경영연구소, 정보통신산업진흥원(2017) 재구성

03
전통산업 게임 체인저로 떠오르는
블록체인

게임 체인저(game changer)란 어떤 일에서 결과나 판도를 통째로 바꿔 놓을만한 결정적인 역할을 하는 사건이나 인물, 제품, 서비스 등을 일컫는 용어다. 예컨대, 기존시장에 큰 반향을 일으킬 정도로 혁신적 모델을 제시한 인물이나 기업이다. 마이크로소프트(MS), 애플, 페이스북 등이 대표적인 게임 체인저 사례다. 국내 e커머스 시장에도 게임 체인저를 자처하는 업체들이 많다. 수많은 e커머스 업체가 상품과 가격, 신기술 융합 서비스로 단숨에 시장 주도권을 거머쥐겠다고 공언한다. 그러나 '체리피커(Cherry Picker)'가 즐비한 온라인쇼핑 시장에서 좀처럼 늘지 않는 거래액과 매출, 눈덩이처럼 불어나는 영업 손실에 고전하고 있는 것이 엄연한 현실이다.

'체리피커(Cherry Picker)'란 상품구매·서비스 이용 등 본래의 기능에는 관심이 없고, 서비스나 유통구조 등의 허점을 찾아내 자신의 실속을 차리는 소비자 신 포도 대신에 달콤한 체리만 골라먹는 사람이라는 뜻이다. 쇼핑몰의 경품을 노리고 주문을 한 뒤 당첨이 되지 않은 상품은 반품하는 고객, 카드를 만들어서 놀이공원이나 극장할인 등의 혜택에만 사용하는 고객과 같은 얌체 고객을 일컫는다. 이들이 기업에 끼치는 손해가 막대해 기업들은 체리피커에 대한 대처법을 마련하고 있다.

쿠팡(Coupang)은 지난해 무려 1조원이 넘는 영업 손실을 기록했다. 지난 2014년 직매입 서비스 '로켓배송'을 선보인 이후 단 한 번도 이익

을 내지 못했다. 현재까지 누적 적자는 3조원에 이른다고 한다. 우리나라 경제 산업에서 찾아보기 어려운 모델이다. e커머스 업계는 초기 시장에서 특가와 쿠폰으로 경쟁한다. 그러나 쿠팡은 '로켓배송'을 앞세운 배송 차별화를 최우선 과제로 삼고 물류와 기술에 대규모 투자를 강행했다. 고객 경험과 서비스 경쟁력이 가격 못지않게 중요하다고 판단했기 때문이다. 투자 결과는 수치로 확인할 수 있다. 지난 2018년 매출은 2014년 대비 무려 13배 성장한 4조원 대다. 일본 소프트뱅크에서만 총 30억 달러 투자를 유치하는 등 든든한 후방 지원군도 확보했었다. 쿠팡은 최저가 경쟁 구도가 고착화되던 시장에 배송 속도와 품질이라는 새로운 기준을 끌어들이며 흐름을 뒤집었다. e커머스 소비자는 이제 가격과 더불어 '신속하고 정확한 배송'을 핵심 구매 요소로 꼽고 있다. 수많은 업체가 쿠팡을 따라 물류 서비스 고도화에 속도를 내기도 한다. 일부에서는 그동안 전례 없는 적자를 거듭한 쿠팡의 시장 생존 여부에 여전히 의구심을 품고 있다. 그러나 글로벌 e커머스를 대표하는 게임 체인저인 미국의 '아마존'도 1994년 창업 이후 8년 연속 적자를 기록했다. 이는 곧 단기 수익보다는 중장기 성장 토대가 더 중요하다는 판단에서 일 것이다.

'블록체인 기술'이 해운과 유통, 금융 등 기존 전통산업에 결합해 전통산업의 경쟁구도를 바꾸는 게임 체인저로 자리를 잡아가고 있다. 종이로 작성한 문서를 일일이 출력하고 사람이 일일이 확인해야 하는 번거로움을 덜어주고, 서류 위변조를 막아 신뢰도를 높여준다는 블록체인 기술의 장점을 전통산업의 공룡기업들이 적극적으로 활용하고 있는 것이다. 블록체인 기술이 전통산업의 '게임 체인저'로 자리잡으면서 국내외 대기업들이 블록체인 기술 도입을 서두르고 있다. 글로벌 톱50 블록체인 기업으로 인정받은 삼성SDS를 필두로 SK, LG 그룹은 물론 국내 대표 통신사인 KT도 블록체인 기술 도입에 적극적이다. 국내 대표 인터넷 기업인 네이버와 카카오도 가세하면서 블록체인 기술 도입은 더욱 활기를 띠고 있다. 관련업계에 따르면 해외 해운, 유통, 금융 대기업들이 앞 다투어 블록체인 기술을 적용하고 있다. 이들이 블록체인 기술 도입으로 업무 효율성이 높아진다는 점을 입증하면서 다른 기업들도 블록체인 기술 도입을 서두르고 있는 것이다.

블록체인 기술을 성공적으로 도입한 대표적인 기업은 글로벌 1위 해운기업 '머스크(Maersk Line)'다. '머스크'는 지난 2016년 IBM과 함께 실시간으로 물류데이터를 확인할 수 있는 형태인 블록체인 기반 물류플랫폼 개발을 위한 파트너십을 맺었다. 이 물류 플랫폼을 통해 어떤 문서가 언제, 누구에 의해 제출됐는지 확인할 수 있다. 현재 제품이 어디에 있고, 다음 단계가 무엇인지도 확인 가능하다. 머스크가 블록체인 기술도입에 앞장서면서 물류 업계에서는 블록체인이 혁신의 도구로 확산되고 있다. 지난해 8월 머스크와 IBM이 '트레이드렌즈'라는 이름으로 물류 블록체인 플랫폼을 공식 출범시켰고, 현재 전 세계 100여개 이상의 물류 관련 기업 및 기관이 플랫폼에 가입했다. 현재까지 4억6300만개 이상의 선적 데이터가 트레이드 렌즈 플랫폼에 저장됐다. 매주 1000만건 이상의 데이터가 업데이트 되고 있다.

세계 최대 규모의 유통업체 월마트(Walmart)도 성공적으로 블록체인 기술을 도입한 기업이다. 월마트도 IBM과 함께 블록체인 기반의 식품 공급망 네트워크인 '푸드 트러스트'를 선보였다. 이 네트워크를 통해 식품 원산지에서부터 소비자까지의 모든 유통과정이 블록체인 기반 클라우드에 저장된다. 이를 통해 유통 관계자들은 식품추적을 통해 투명성을 높였다. 네트워크상에서 단 몇 초 만에 식품 원산지를 찾을 수 있게 된다. 식품 안전 문제가 발생했을 때도 어디서 문제가 발생했는지 빠른 확인이 가능하다. 월마트의 뒤를 이어 전 세계 33개국 1만2000개 지점을 가지고 있는 글로벌 유통업체 까르푸(Carrefour)도 블록체인 기술 도입을 천명했다. 오는 2022년까지 전 세계 모든 까르푸 브랜드에 블록체인 기술을 적용한다는 계획이다. 또 북미 최대 식품업체 중 하나인 앨버트슨도 블록체인 기술을 도입하기로 했다.

금융권에서도 블록체인 기술 도입이 속도를 내고 있다. 대표적인 기업은 JP모건이다. JP모건은 최근 블록체인 기반 송금과 지급결제 망을 확대할 계획을 밝혔다. 해

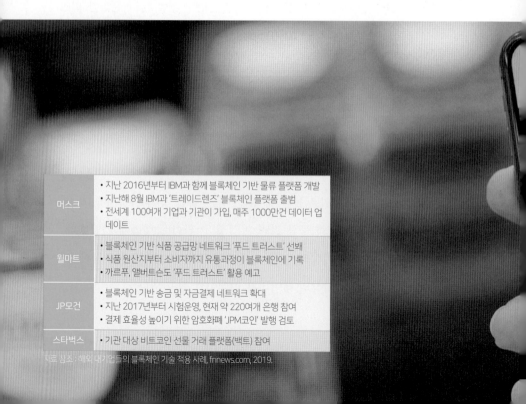

머스크	• 지난 2016년부터 IBM과 함께 블록체인 기반 물류 플랫폼 개발 • 지난해 8월 IBM과 '트레이드렌즈' 블록체인 플랫폼 출범 • 전세계 100여개 기업과 기관이 가입, 매주 1000만건 데이터 업데이트
월마트	• 블록체인 기반 식품 공급망 네트워크 '푸드 트러스트' 선봬 • 식품 원산지부터 소비자까지 유통과정이 블록체인에 기록 • 까르푸, 앨버트슨도 '푸드 트러스트' 활용 예고
JP모건	• 블록체인 기반 송금 및 자금결제 네트워크 확대 • 지난 2017년부터 시험운영, 현재 약 220여개 은행 참여 • 결제 효율성 높이기 위한 암호화폐 'JPM코인' 발행 검토
스타벅스	• 기관 대상 비트코인 선물 거래 플랫폼(백트) 참여

자료 참조 : 해외 내기업들의 블록체인 기술 적용 사례, fnnews.com, 2019.

당 플랫폼의 명칭은 '인터뱅크 인포메이션 네트워크(IIN)'다. 지난 2017년 처음 시험운영을 시작한 후, 현재 약220여개의 은행이 참여하고 있다. 또 JP모건은 결제 효율성을 높이기 위해 자체 암호화폐인 'JPM코인'을 발행할 계획을 공식 발표하기도 했다.

삼성–SK–LG도 블록체인 '삼매경' 해외 전통기업들이 블록체인 기술을 활용해 서비스 품질을 개선하고, 암호화폐 도입 여부를 조율하고 있다는 소식이 연일 들려오면서 국내 대기업들의 움직임도 한층 빨라지고 있다. 삼성, SK, LG 등 국내 유력 기업들도 저마다 정보기술(IT) 계열사를 통해 블록체인 기술 도입을 서두르고 있는 것이다. 포브스가 선정한 글로벌 50대 블록체인 기업에 포함된 삼성SDS는 블록체인 플랫폼 '넥스레저(NexLedger)'를 통해 누구나 쉽게 블록체인 기술을 이용할 수 있는 서비스를 제공한다. 최근에는 하이퍼레저 패브릭과 이더리움을 이용할 수 있는 '넥스레저'의 차기버전인 '넥스레저 유니버셜'을 출시한 바 있다.

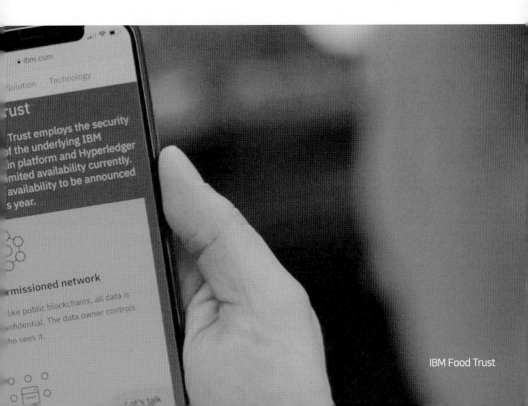

IBM Food Trust

특히, 삼성전자는 다른 블록체인 기업들과 접촉하며 다양한 사업 모델을 구상 중이다. 갤럭시S10에 탑재된 '블록체인 월렛'엔 두 가지 기능이 있다. 하나는 이더리움 및 erc-20 기반의 암호화폐를 송수신하는 지갑 기능이다. 또 다른 하나는 '댑(dapp : 블록체인 애플리케이션) 경험하기'다. 일종의 '댑 스토어'로, 현재는 삼성전자가 선별한 엔진지갑, 크립토키티, 코스미, 코인덕 등 4개의 댑이 있다. 삼성전자는 지속적으로 제휴 댑을 늘려나갈 계획이다. 삼성전자는 그라운드X가 만든 블록체인 '클레이튼'과의 제휴도 논의했다고 한다. 그라운드X는 삼성전자가 클레이튼의 노드(거버넌스 카운슬)로 참여하기를 희망했고, 갤럭시 댑스토어에 클레이튼 댑을 연동하는 데 대한 논의도 오간 것으로 전해졌다. 삼성전자가 암호화폐 지갑을 내놓자, 블록체인 업계에선 삼성페이에 암호화폐 지급결제가 추가되는 것 아니냐는 관측이 제기된 바 있다. 이에 대해 이 관계자는 "시장에선 당연히 그렇게 예상하지만 삼성페이에 뭔가를 붙일지는 모르겠다. 정해지지 않았다"고 말했다. 한편, 삼성전자 블록체인 TF팀은 지난해 초 구성됐으며, 1년여 지난 올해 3월 삼성전자가 출시한 갤럭시S10에는 '블록체인 월렛'이 탑재됐다. 구성원 30~40명 가운데 다수는 삼성전자 무선사업부 페이먼트그룹 출신 개발자인 것으로 전해진다. 갤럭시S10에 암호화폐 지갑을 탑재한 삼성전자가 블록체인 메인넷을 개발 중인 것으로 알려졌다. 메인넷 개발이 완료되면 자체 암호화폐를 발행할 수 있어, '삼성코인'이 나올 가능성도 점쳐진다. 관계자에 따르면 코인데스크코리아에 "블록체인 TF가 몇 가지 모델을 만들어놓고 검토 중"이라며 "내부적으로 여러 번 테스트를 해서 이미 돌아가는 게 여러 가지"라고 말했다. 블록체인 TF팀은 지난해 초 출범한 뒤 복수의 프로젝트를 진행해온 것으로 알려졌다.

SK그룹은 IT 계열사인 SK텔레콤과 SK(주) C&C가 블록체인 기술 개발에 매달리고 있다. SK(주) C&C는 이더리움의 기술 기업인 컨센시스와 함께 이더리움 기

사진출처=삼성전자, flickr

자료참조 : 삼성전자

반 기업용 블록체인 플랫폼을 구축한다. SK텔레콤은 블록체인 기술 기반 신원인증 사업에 주력하고 있으며, LG CNS도 기업들이 블록체인 서비스를 쉽게 접목할 수 있는 '모나체인'의 사용사례를 확대하고 있다. 국내 대표 통신사인 KT도 블록체인 기술을 접목해 외부 해킹공격을 차단하는 '기가 스텔스' 서비스를 내세웠다. 블록체인의 스마트 컨트랙트 기능을 이용해 허가된 이용자에게만 인터넷주소를 보이게 하는 방식이다. 또 KT는 김포페이와 같은 지역화폐 플랫폼인 '착한페이'를 선보였고, 블록체인 기술을 다른 기업에게 제공하는 블록체인 서비스 플랫폼 사업도 확장하고 있다. 네이버와 카카오도 적극적이다. 네이버는 일본 자회사인 라인(LINE)을 통해 블록체인 플랫폼 '링크체인'을 개발했다. 카카오도 블록체인 계열사 그라운드X를 통해 블록체인 플랫폼 '클레이튼'을 개발 중이다.

04

블록체인과 금융기관(은행)이 만나면
금상첨화

    글로벌 블록체인 시장 폭풍 성장할 것이라는 전망과 함께 다양한 블록체인 서비스 잇단 출시를 앞두고 있다. 지난 3월 글로벌 시장조사기관 IDC(International Data Corporation) 발표에 따르면 세계 블록체인 시장 규모는 지난해 15억 달러(약1조6천500억원)에서 오는 2022년 124억달러(약14조1천억원)로 76.0%의 연평균 성장률을 기록할 것이라고 전망했다. 특히 암호화폐 등 금융 분야뿐아니라 산업 전반에 걸쳐 블록체인이 유효한 범용 기술로 인식되면서 은행·증권·투자서비스·보험서비스 등 활용 영역도 빠르게 증가하는 추세다. 최근에는 삼성SDS와 LG CNS를 비롯한 국내 IT서비스(SI) 업체들도 올초부터 일제히 서비스 출시에 속도를 내고 있다. 블록체인 기술, 4차 산업혁명시대에 세상을 혁신할 기술이면서 일자리 창출에 크게 기여할 것임에 분명하다. 블록체인 기술은 중앙 관리자가 없어도 전송이 가능한 기술인만큼 기존 금융기관(은행)의 자리를 위협할 수 있지만, 은행 입장에서 잘 활용한다면 편리하고 혁명적 기술이 되는 것도 가능하다.

현재 주요 은행들이 블록체인을 활용한 금융 서비스를 개발하고 있다. 올 상반기 이내에 대출에 필요한 기업의 증빙서류를 영업점 방문 없이 낼 수 있게 된다는 뉴스도 있다. 하반기 중에는 블록체인을 이용한 새로운 개념의 본인인증 서비스가 나온다는 소식이다. 신한은행은 블록체인 기술을 활용해 고객이 지점을 방문하지 않아도 대출 관련 서류를 제출할 수 있는 서비스를 곧 선보일 예정이다. 신한은행은 블록체인 기술로 개별 단체나 기업의 증빙서류를 받을 수 있는 기술을 개발해 놓은 상태이다. 블록체인 기술을 활용하면 위·변조 위험을 사실상 제로에 가깝게 낮출 수 있고, 제출한 정보의 진위 확인에 걸리는 시간도 획기적으로 단축할 수 있다는 장점이 있다. KEB하나은행은 지난 4월19일 고려대학교와 블록체인기술 공동 연구를 위한 업무협약을 체결했다. 이번 협약의 주요 내용은 '블록체인 기술 공동 연구, 블록체인 기반 데이터 및 콘텐츠 공유, 블록체인을 활용한 상품 및 서비스 개발, 블록체인 전문인력 양성 프로그램 및 창업센터 운영 지원 등 긴밀한 공조로 산학간의 시너지를 극대화할 계획'이다. KEB하나은행은 국내 은행 최초로 세계적 블록체인 컨소시엄인 하이퍼레저 및 기업 이더리움 연합에 가입하였으며, 블록체인 관련 47개의 특허를 출원하는 등 금융권 블록체인 사업을 선도해 오고 있다. 고려대학교는 다양한 학과의 참여로 구성된 블록체인연구소를 중심으로 산업 전반에 걸친 다방면의 연구와 조사를 활발히 이어가고 있다. KEB하나은행은 이번 업무협약의 첫 사업으로 '학생증카드 발급'에 블록체인 기술을 도입하여 기존 프로세스의 변화를 추진한다. 기존에는 발급 대상자의 정보를 수기로 받고 대학 측의 검증도 필요해 재발급에 3주가량 걸렸다고 하는데, 대학 측과 학적 정보를 블록체인으로 공유해 정보 검증과 발급 기간을 3일이라는 시간으로 크게 단축했다. 우선은 고려대의 학생증 겸용 체크카드에 도입된다. 블록체인 기반의 분산원장을 이용하여 양 기관에 학생증카드 발급 대상자의 학적 정보가 공유되고 자동으로 상호 정보가 검증됨으로써 업무량 및 발급기간의 획기적인 단축이 기대된다. 그 밖에도 향후 블록체인 기반 분산원장 플랫폼 참여 기관을 확대하여 증빙서류의 간소화 및 무서류 업무처리가 가능한 은행 시스템 구축이 가능할 것으로 예상된다. 한준성 KEB하나은행 미래금융그룹 부행장은 "보다 편리하고 혁신적인 금융서비스 개발에 블록체인 기술을 적극 활용할 예정이다"며 "고려대학교와의 산학협력 시너지를 통해 금융에 최적화된 솔루션을 확보하여 차별화된 서비스를 제공하겠다"고 밝혔다.

우리은행과 신한은행은 일본의 SBI금융그룹과 리플 아시아에 참여해 블록체인을 활용한 해외 송금 서비스의 기술 개발을 마쳤다고 한다. 이제 해외 송금 서비스가 손쉬워질 전망이라고 하는데요, 블록체인을 사용하는 만큼 은행 간 송금거래 내역이 확인되고, 신뢰도도 높아지는 방식이다. 현재 상용화를 위해 참여은행 간의 환거래 약정 체결도 검토 중이다. 블록체인을 통한 해외 송금이 가시권에 있는 것이다. 블록체인 기술은 이처럼 기존 은행의 업무와도 큰 마찰 없이 공존 가능한 기술이다. 블록체인은 점점 실제 일상생활에 가까워지고 있다. 아직은 조금 낯설고 멀게 느껴지는 기술일지 모르지만 우리의 실생활에 접목될 날이 멀지 않았음을 실감하게 된다.

자료 참조 : 한준성 KEB하나은행 미래금융그룹 부행장(왼쪽)과 이진한 고려대 연구부총장이 업무협약 체결 후 기념촬영, asiatoday, 2019.4.28.

05
지방자치단체 잇달아 도전하는
블록체인과 암호화폐

　중앙정부와 달리 지방자치단체들은 '4차 산업혁명의 총아'로 불리는 블록체인 실험에 속도를 내고 있다. 꼬리가 몸통을 흔드는 '왝더독(Wag the dog)' 현상이라 할 만하다. 가상화폐와 연동돼 리스크가 있는 만큼 좁게 실험하고 확산하는 전략에 지방정부가 최적화된 덕분이다. 박원순 서울시장은 2018년 10월 스위스 주크를 찾아 '블록체인 시티 서울 추진계획'을 발표했다. 2022년까지 5년간 블록체인 기업 육성, 마중물 펀드 조성, 전문인력 양성 등에 시 예산 1,233억 원을 투자해 서울을 '블록체인 선도도시'로 만든다는 내용이다. 서울시가 생태계 조성부터 힘을 쏟아 블록체인산업을 키우는 데 주도적 역할을 한다는 점이 차별화 포인트다. "블록체인이 산업생태계와 공공서비스 분야의 일대 혁신을 가져올 것"이라고 밝힌 박 시장의 의지가 강하게 반영됐다. 서울시의회 관계자는 "서울시의원들 사이에서 블록체인 등을 활용해야 한다는 주장이 제기됐다"며 "이에 블록체인 등 신기술 활용 가능성을 알아보기 위해 연구를 진행하기로 했다"고 말했다. 그는 "이제 연구용역 공고를 낸 상황이다. 연구 결과가 나와 봐야 어떻게 적용할지 알 수 있을 것"이라며 "필요하다면 조례를 제정할 수도 있고 또는 정책을 만들거나 반영할 수도 있을 것"이라고 설명했다.

자료 참조 : 국립중앙과학관

정치권에서는 블록체인 기술로 국민들의 정치참여를 이끌어내는 것에 관심을 나타내고 있다. 일부 국회의원들은 정당에 블록체인 기술을 적용해 국민들이 투표와 참여를 할 수 있도록 하고 정당 활동에 대가를 코인으로 지급하는 아이디어를 제시하기도 했다. 국회에서는 민병두 정무위원회 위원장이 특히 적극적이다. 가상화폐공개(ICO) 허용을 주장하기도 했다. 금지만이 능사는 아니라는 판단에서다. 노웅래 과학기술정보방송통신위원장도 최근 국회 세미나에서 "정부의 ICO 금지로 스타트업(신생 벤처기업)이 한국을 떠나고 있다. 블록체인이 성장동력으로 거듭나도록 국회가 노력해야 한다"고 발언했다. 또 선거관리위원회는 한국인터넷진흥원(KISA)의 지원을 받아 블록체인 기반 투표시스템을 개발해 운영하고 있다.

부산시는 블록체인 특구 우선협의 대상으로 지정됐다. 2019년 4월 17일 지역특구법이 시행됨에 따라 중소벤처기업부는 특구지정을 신청한 34곳의 지방자치단체 중 10곳을 규제자유특구 우선 협의대상으로 선정했다. 부산시는 규제샌드박스를 신청한 13곳 기업들의 사업계획서와 함께 이들 기업의 육성 계획을 담아 종합 사업계획서를 제출한다. 관계부처는 기업별로 어떤 규제를 완화할지 법률 검토 과정을 거친다. 참여 기업은 향후 심사

과정에서 변경 또는 제외될 수 있어 아직 확정할 수 없는 단계라고 부산시 관계자는 말했다. 관계부처의 심의가 끝나면 중소벤처기업부가 지자체 특구계획을 최종 검토한다. ▲기업 요구사항 ▲지자체 육성 계획 ▲사업 이행 가능성 ▲기반 사업과 연계 가능성 ▲사업 인프라 구축 현황 ▲연구 기관·교육 시설 등 타당성 검토를 마친 후 규제자유특구를 최종 선정한다. 중소벤처기업부 관계자는 "지자체가 제출한 예비 사업계획서를 기준으로 향후 검토가 가능하다고 판단한 10곳을 선정했다"며 "이들 지자체들이 정식으로 신청하면 관계부처와 협의를 통해 심의를 진행한다. 10곳 모두 지정할 수도 있고, 지정하지 않을 수도 있다"고 설명했다. 관계 부처들의 심의 기준이 뚜렷하지 않고, 신기술이나 신사업을 영위하는 기업 분류·관계 법령이 명확하지 않아 심의 과정에서 적지 않은 난항이 예상되기도 하지만 부산시 관계자는 "관련부처를 모두 설득해야하는 만큼 기업이 사업계획서를 작성하는 과정이 만만치 않을 것"이라며 "블록체인 생태계 조성을 위해 신청 기업들 모두 규제 혜택을 적용받도록 최선을 다하고 있다"고 말했다.

자료 참조 : 제주 '블록체인' 규제자유특구 재도전, 원희룡 도지사, 한라일보, 2019.4.25.

제주도는 2019년 1월 중소벤처기업부가 4차 산업혁명에 선제적으로 대응하고 지역균형발전을 위해 추진하고 있는 규제자유특구 1차 공모에 블록체인 특구를 신청했으나 탈락하는 수모를 당했다. 제주특별자치도에 따르면 중소벤처기업부는 4차 산업혁명의 핵심기술로 평가받고 있는 '블록체인과 자율주행차·수소차 규제자유특구에 대해서 다중 지정을 검토'하고 있다. 이에 따라 제주도는 규제자유특구 공모에 블록체인 특구가 선정될 수 있도록 중앙 절충을 강화하고 있다. 앞서 제주도는 국내전략 펀드와 단계적 암호화폐(ICO) 허용 등을 주요 내용으로 한 블록체인 규제자유특구 지정을 신청했으나 우선 협의대상에서 탈락했고, 부산시가 블록체인 특구로 선정되기도 했다.

제주도는 블록체인 규제자유특구로 지정될 경우 블록체인 기술을 응용한 산업과 관련한 규제 특례 및 실증·시범서비스를 지원해 관련 시장을 선점할 계획이다. 또 블록체인 산업을 지원하는 기관을 유치하고 다양한 지원방안을 마련할 방침이다. 특히 블록체인 서비스모델 발굴과 확산, 암호화폐에 대한 규제마련을 통해 산업진흥, 인력양성, 투자연계 등을 통한 산업기반을 조성, 제주를 블록체인 허브도시로 만들 계획이다.

서울, 부산, 제주는 물론이고 광주, 전남 등 다수의 지방자치단체들이 블록체인을 실생활에 도입하려는 움직임을 보이고 있다. 다수의 언론 보도에 따르면 실생활 내 블록체인을 도입하기 위한 정치권의 움직임은 점차 가시화되고 있으며, 이미 몇몇 지자체는 실행 준비에 들어갔다. 서울 노원구는 지난 2월부터 블록체인 기반 지역화폐 '노원(NW)'을 본격 운영하기 시작했다. 노원구 내 개인이나 단체가 자원봉사나 기부 등 사회적 가치를 실현하면 노원구는 노원을 지급하고, 적립받은 노원은 노원구 내 가맹점에서 사용할 수 있다. 박원순 서울시장의 암호화폐 'S코인' 도입 발표에 이어 지자체장 선거에 지역화폐를 암호화폐로 도입하겠다는 공약이 등장하는 등 블록체인은 이제 정치권이 주목하고 있는 생활요소가 되었다. 이를 반영하듯 국내 많은 지자체가 해외의 사례를 모방하는 등 각 지자체만의 독특한 블록체인 문화 조성과 암호화폐 도입에 나서고 있다.

부산, 제주는 선거 기간 스위스의 크립토밸리를 모방한 블록체인 특구 조성과 암호화폐 도입을 발표한 바 있다. 특히, 오거돈 부산시장은 가칭 'B코인'을, 원희룡 제주지사는 '제주코인'을 공약으로 내세웠다. 이어 전라남도와 광주시가 지역자금의 역외유출을 막기 위해 지역화폐 도입을 적극 검토하고 있다고 밝혔다. 이용섭 광주시장은 연간 2조원 이상의 자금 역외유출을 차단하기 위해 지역화폐 활성화 방안을 마련하도록 관계부서에 지시했다. 이용섭 광주시장은 "암호화폐를 지방자치단체에서 발행하고 관리하는 상품권으로 지역 내 거래와 생산을 증가시켜 일자리를 창출하고 다시 지역 소비를 확대하는 선순환 구조를 이끌겠다"는 포부를 밝혔다. 또한, 김영록 전남도지사도 "전남에서만 사용 가능한 지역화폐 '전남 새천년 상품권'을 연간 2,500억원 어치 발행해 지역 자금의 역외유출을 막고 지역경제를 살리겠다"는 뜻을 밝혔다. 지역화폐는 해당 지역 내에서만 활용되는 화폐로 지역경제 활성화를 목표로 발행된다. 서울을 제외한 대부분의 지자체는 재정 자립도가 낮아 지역경제 활성화는 항상 중요한 과제이다.

대구광역시에서 블록체인 산업을 활성화해 블록체인 선도도시로 육성하기 위해서 블록체인 정책을 발표했다. 대구디지털산업진흥원과 대구광역시는 요즘 블록체인 산업육성을 위해 워킹그룹을 결성하고 새로운 블록체인사업을 만들고 인력양성에 앞장서는 등 블록체인 환경 조성을 위한 정책 마련에 박차를 가하고 있다. 워킹그룹의 위원장으로 영남대 박한우 교수 등 전문가가 나서고 있다. 워킹그룹은 조만간 산학연관 협력체계를 만들기 위해 외부자문단을 새로 설립할 계획이다. 워킹그룹은 국내외 블록체인 기술과 블록체인 사업추진 사례를 연구하여 대구광역시에 도움이 되는 블록체인 사업을 진행할 것이다. 또 블록체인 기술을 적용하는 선도시범사업을 진행하고 지원계획 등 실행계획을 실행할 예정이다. 대구광역시 관계자는 블록체인 사업은 대구광역시의 지역미래산업, 스마트시티, 행정서비스 등의 지역정보통신기술 관련 회사 발전을 위한 생태계 조성에 중점을 둘 것이다. 특히, 행정서비스에 '블록체인 기술'을 활용해서 시내버스 재정지원금의 부정사업을 할 수 없도록 국책과제사업으로 진행할 것이라고 말했다.

국립대구과학관과 한국과학기술단체총연합회 대구지역연합회(이하 대구과총)이 대구그랜드호텔에서 '블록체인의 최근 발전 동향과 지역산업영향'을 주제로 2019년도 제1차 과학기술 발전전략포럼을 개최했다. 이날 행사에는 곽대훈 국회의원과 이인선 대구경북경제자유구역청장 등 포럼회원과 기관·단체장, 공무원, 기업 임직원 등 각계 전문가 100여명이 참석했다. 이날 포럼 특강에서 영남대학교 박한우 교수는 '블록체인으로 열어가는 4차 산업혁명'이라는 주제로 블록체인의 태동 배경과 특징기술의 미래를 설명하면서

자료 참조: '블록체인의 최근 발전 동향과 지역산업영향'을 주제로 2019년도 제1차 과학기술 발전전략포럼이 펼쳐지고 있다. 국립대구과학관 제공

인터넷 시스템의 해킹위험성을 보완할 수 있는 방안이 될 것이라고 예상했다. 윤장준㈜시그마체인 이사는 '블록체인의 스마트시티 적용'이라는 주제발표를 통해 블록체인 기술로 확장시킬 수 있는 여러 가지 산업분야를 예시하면서 블록체인의 완성도 높은 보안성을 강조했다.

경상북도는 '블록체인센터'를 개소하고 블록체인 기반 지역특화형 산업육성에 본격 나서겠다고 밝혔다. 블록체인 기반 비즈니스 모델 발굴과 인력양성 등 체계적인 생태계 조성을 하는 것이 목표이다. 지난 3월 포항테크노파크에서 열린 경상북도 블록체인센터 개소식에서 관계 담당자는 블록체인 사업 현황과 경북 블록체인 산업 발전방향에 대한 강연을 통해 경북이 중점적으로 추진할 블록체인 사업 방향에 대한 논의를 했다. 해당 블록체인센터는 경북 블록체인 기반 비즈니스 모델 발굴과 인력양성 등 체계적인 생태계 조성을 중점적으로 추진하고 관련 기업의 해외 진출 및 일자리 창출에 힘쓸 예정이다. 센터 관계자는 향후 블록체인 연구개발, 창업 및 인력양성이 결합된 글로벌 블록체인 혁신산업 파크 조성을 통해 국내 블록체인 초기시장에서 지역 미래산업 성장의 구심적 역할을 할 것이라고 밝혔다. 경북은 블록체인 기술이 도내 전 산업분야에 적용돼 지역경제의 새로운 성장 동력이 될 수 있도록 관련 정책을 효율적으로 추진하기 위해 2018년 11월 경상북도 블록체인 특별위원회를 출범했다. 김호진 경상북도 일자리 경제산업 실장은 "앞으로 블록체인 기술은 지금까지의 한계를 극복하고 산업과 사회를 혁신하는 기반기술로 자리 잡을 것"이라며 "개소식을 시작으로 블록체인 기반의 지역특화형 사업모델을 적극발굴하고 지역밀착형 서비스를 개발하여 4차 산업혁명의 변화에 능동적으로 대처해 나가겠다"고 밝혔다.

또한 2018년 국내 지자체들이 진행한 블록체인 사업들을 총정리 해보면, 여러 산업에서 블록체인 기술을 접목시키고 실생활에 적용시키기 위한 많은 노력을 했다. 2018년도에는 42억 원을 투입하여 총 6개의 시범사업이 진행되었다.

첫 번째, 관세청에서는 전자상거래물품 개인통관 시범 서비스 사업을 진행하였다. 이는 전자상거래업체의 주문 정보와 운송업체의 운송 정보를 블록체인에 실시간으로 공유함으로써 정보를 자동으로 취합, 정리하여 설의 위·변조 위험과 통관에 필요한 시간을 단축할 수 있도록 하였다.

두 번째, 농림축산식품부에서는 블록체인 기반 축산물 이력관리 시스템 시범사업을 진행하였다. 이는 블록체인과 IoT(사물인터넷)를 활용한 사업으로 IoT 디바이스로 수집된 정보를 블록체인에 입력 후 쇠고기 유통 단계별 이력 정보와 증명서를 블록체인에 저장, 공유하는 시스템을 구축하였다.

세 번째, 국토교통부는 블록체인 기반의 부동산 종합공부시스템 시범사업을 진행했다. 위 변조가 쉽고 범죄에 악용되기 쉬운 종이 부동산 증명서 대신에 블록체인 기술을 활용하여 부동산 정보를 데이터 형식으로 실시간 공유하도록 할 수 있다.

네 번째, 중앙선거관리위원회에서는 블록체인 기반 온라인 투표 시스템을 구축하였다. 선관위에서는 그동안 K-voting이라는 온라인 투표 시스템을 운영해 왔지만 해킹 및 조작의 위험 때문에 그동안 중요한 선거에는 이 시스템을 이용하지 못했다.

하지만 이 시스템에 블록체인 기술을 더해서 위·변조를 막고 비용을 절감할 수 있을 것이라고 한다.

다섯 번째, 외교부에서는 블록체인 기반 재외공관 공증 발급체계 구축사업을 진행했다. 이 사업은 블록체인 상에 공문서의 정보와 인증서를 저장하고 공문서를 전자문서의 형태로 공유함으로써 실시간으로 문서의 발급 사실과 내용을 확인할 수 있도록 했다. 본 사업은 일본대사관과 LA영사관, 국내 14개 금융기관에 우선적으로 시범 적용될 예정이다.

여섯 번째, 해양수산부에서는 블록체인 기반 컨테이너 반출입증 통합발급 서비스를 진행했다. 환적시 필요한 정보를 블록체인 상에 저장하여 선사, 운송사, 터미널 간에 공유를 하고자 만들어졌다. 이는 환적 과정을 실시간으로 투명하게 공유하여 업무량과 대기시간을 줄여둘 것이다. 블록체인 기술로 많은 사람들이 보다 간편하고 효율적으로 일하게 되는 모습을 보게 될 것이다.

| 2018 대한민국 지자체 블록체인 사업 현황 |

서울
- 블록체인 도시 서울 추진 계획 '18~'2
- 블록체인 혁신 선도 사업:
  - 엠보팅, S-coin, 시민카드 등
  - 영등포 평가시스템, 노원구 NW 코인

인천
- 블루웨일과 파트너십, 인천 경제자유구역
- 블록체인 허브 도약 추진

충북
- 블록체인진흥센터 개소
- 인재양성 아카데미
- 의료정보서비스 시범 사업

전북
- 블록체인 창업, 개발, 입주 지원
- 융합클러스터단 블록체인 과정 신설
- 농림부와 소고기 이력관리 시범 사업
- 전북코인 추진 중

전남
- 농수산물 생산·유통 최적화 모델 개발

경기
- 따복공동체 주민제안 공모사업 심사
- 블록체인 캠퍼스
- 시흥시 '모바일 시루' 추진

경북
- 블록체인 특위 출범
- 경북코인 2021년 상용화

부산
- 문현금융단지 특구 조성 검토
- 해수부와 컨테이너 부두 간
- 반출입증 통합발급 시범사업 도입

제주
- 블록체인 규제자유특구 추진 중
- 국토부와 부동산 종합 문서 시스템 도입

06

의료(병원) 서비스도 블록체인 적용으로
응급상황 효율 대처

중국 알리바바그룹 알리바바 클라우드와 알리페이는 양사 공동으로 개발한 '블록체인 의료 솔루션'이 중국 우한센트럴병원(The central hospital of wuhan)의 '전자 처방'에 적용됐다고 2019년4월8일 밝혔다. 우한센트럴병원 관계자에 따르면 이번 프로젝트를 위해 알리헬스(AliHealth), 알리페이, 알리바바 클라우드 3사가 기술 지원을 했다. 블록체인 기술뿐 아니라 진료 비서, 얼굴인식 진료, 영상 문진, 온라인 처방 등 인공지능(AI)도 더해진 다양한 기술 접목을 시도하고 있다. 블록체인 의료 솔루션은 알리바바 클라우드의 블록체인 서비스(BaaS)와 알리페이의 '앤트 블록체인' 기술 합작품이다. 병원의 처방 툴과 약사 처방 확인, 약품 이송과 약품 비용 결제 전 과정에서 블록체인 기술을 적용해 환자의 정보와 처방 정보, 약품의 유통 정보가 블록체인 플랫폼 위에서 관리된다. 이를 통해 처방 전 과정에서 위변조가 불가능해져 환자에게 가는 여러 채널상 유통 약품 보안을 지킬 수 있다는 점이 가장 큰 효과로 지목된다. 블록체인 기술을 통해 전자 처방과 환자의 질병 정보를 정확하게 매칭해 처방의 수정과 남용 문제해결에 일조할 수 있다. 분산 저장을 통해 처방 원장의 유실도 막을 수 있다. 더 나아가 처방된 기록의 추적으로 관리감독도 가능한데다 처방된 약품 배합의 효과를 검증하는 데도 도움이 된다.

100세 시대를 맞이하여 의료산업을 먼저 예로 들어 상상해보자. 블록체인이 적용된 의료산업은 세 가지 부분에서 지금과 다를 것으로 보인다. 이렇게 상상한 내용을 바탕으로 산업의 어떤 부분에 영향을 미칠지 생각해볼 수 있다.

첫째, 내가 방문한 병원과 약국은 과거 진료와 처방 기록을 모두 공유 받는다. 그래서 중복 진료와 처방이 적어진다. 본래 병원과 약국은 환자가 계속해서 같은 곳을 방문하거나 환자가 과거 기록을 갖고 오지 않는 이상 환자의 이력을 전달받기 힘들다. 의료기관끼리 유기적으로 연결되어 있지 않고, 대부분의 의료기관들이 각자 별도의 장부를 기록하고 관리하기 때문이다. 진료를 받고 약국에서 약을 탈 때, 처방전을 손수 갖고 가서 약을 받아야 하는 것도 같은 맥락이다. 처방전처럼 공식 문서를 직접 들고 가거나, 사실상 환자가 직접 말하는 것으로부터 정보를 얻는 것 말고는 환자에 대한 어떤 형태의 기록이든 얻기 힘들다. 의사는 환자의 건강을 위협할 수 있는 알레르기, 과거 수술 및 투병 여부, 특정 의약품 복용 여부 등을 환자가 작성하는 문진표에 매번 기대야 한다. 많은 의료기관들은 전산 상으로 연결되어 있지 않기 때문이다.

블록체인으로 연결된 의료산업에서 진료를 받을 때 의사가 자연스럽게 환자의 과거 의료 기록을 접할 수 있게 된다. 과거 어떤 병원을 방문했는지는 상관없다. 블록체인으로 연결된 곳이라면 약국도 포함된다. 의약품에 따라서는 개인적인 약품 구매 이력도 중요할 수 있기 때문이다. 단순한 진료와 처방 기록에서부터 엑스레이(X-ray), 환부 사진까지 환자의 동의하에 의사가 필요로 한다면 블록체인을 통해 조회할 수 있다. 마치 본인의 은행계좌 아래 모든 거래 내역과 잔고까지 정리되어 있는 것과 다를 것이 없다. 이런 공공장부는 환자가 위급한 상황에서 빛을 발할 수 있다. 약물 알레르기 여부, 수술 이력, 병력의 확인 등 긴급 시 의료사고가 우려되는 부분을 방지할 수 있다. 물론 조회 기록은 블록체인 상 장부에 남는다.

둘째, 만에 하나라도 있을 수 있는 의료 기록의 무단 수정과 추가가 이루어지지 못한다. 이 부분은 금융 거래내역을 함부로 위·변조하지 못하게 하는 것과 같다. 작성 전후의 모든 기록이 남으며 수정을 하더라도 수정된 내용과 시간 기록이 강제적으로 남는 블록체인의 특성이 환자에게 중요하게 작용하는 부분이다.

셋째, 가장 중요한 점으로, 개인 의료 기록의 주인은 병원 또는 약국이 아니라 개인 자신이 된다. 의료기관들이 그동안 유기적으로 연결되어 정보를 주고받지 못했다는 것은 뒤집어 말하면 각자의 정보를 각자가 관리했다는 뜻이다. 문제는 의료기관들이 각자 관리하게 되는 정보가 각 의료기관의 재무정보 같은 것이 아니라, 한 사람의 환자 의료 기록이라는 점이다.

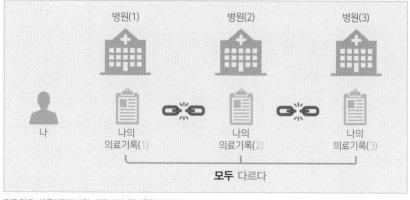

자료 참조 : 블록체인의 산업 : 의료 분야, 정보문화사, 2018.

환자 한 명이 여러 의료기관을 방문하면, 환자의 의료 기록은 통일되지 않고 이곳 저곳에 존재하게 된다. 환자 본인이 정확히 과거의 의료 기록 정보를 다음 의료기관에 전달해주지 않는 이상, 각 정보는 유기적으로 연결될 수 없다. 단순히 의료기관들이 잘못해왔다는 것은 아니다. 관련된 기록을 모두 모아 관리할 수 있는 집합체가 없었기 때문에 당연한 결과이다. 또한 의료 기록에 대한 관리 책임이 의료기관에 있는 만큼, 각 의료기관들이 환자의 정보를 어떻게 관리하는지 알 수 없다. 기본적인 법률로 당연히 보호되고 있지만, 환자 본인이 자신의 정보가 어디에 어떻게 존재하고 있는지 잘 모를 것이다. 의료 기록의 주인이 환자 자신이 된다는 것은 정확히 어떤 의미일까? 의료산업 블록체인이 많은 의료기관을 확보한 상상 속 세상으로 다시 돌아와 보자. 환자[A]는 이 블록체인에 가입했다. 그리고 두 병원에 순차적으로 방문한다. 첫 번째 방문했던 병원 (1)에서 진료를 받았고 처방전을 받아 약국에서 약을 탔다. 하지만 약이 잘 듣지 않아서 두 번째로 병원 (2)에 방문하게 된 것이다.

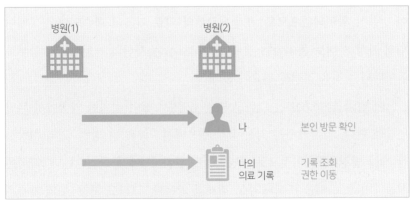

자료 참조 : 블록체인의 산업 : 의료 분야, 정보문화사, 2018.

환자가 병원을 순차적으로 방문하고 병원 (2)에서 본인 확인을 하면 의료 기록이 이동한다. 환자 (A)는 입구에서 직원의 확인으로 본인인증을 하고 접수를 마친다. 환자 (A)가 서명을 하고 확인하는 순간 병원 (2)는 연결된 블록체인에 접속해 환자 (A)의 정보를 찾는다. 서명이 없다면 자료를 조회 및 수정할 수 없지만 서명을 받았으므로 문제는 없다. 환자의 정보는 블록체인에 참여하는 병원들의 연산력이 모여 가상으로 만들어진 서버에 저장되어 있다. 극단적으로 여러 지역에 퍼져 있는 모든 병원의 컴퓨터가 동시에 망가지지 않는 이상 실체가 없는 이가상 서버의 의료 기록들은 무사할 것이다.

이제 병원 (2)의 의사는 환자 (A)를 진료할 때, 병원 (1)에서의 진료 기록을 모두 볼 수 있게 되었다. 직전에 약국에서 처방받은 약도 확인했다. 그리고 환자 (A)는 의자에 앉으면서 '저번에 처방받은 약이 전혀 효과가 없어서'라고 말한다. 기록된 정보를 기반으로 진료는 빠르게 진행된다. 진료를 마치고 환자 (A)가 처방전이 작성되는 것을 기다린다. 처방전이 작성되고 환자 (A)는 진료비를 지불한다. 서명을 하고 맨손으로 병원을 빠져나간다. 그리고 이와 동시에 환자(A)의 의료 기록은 병원 (2)에서 다시 조회 및 수정할 수 없게 된다. 최종 결제를 통해 환자 (A)가 진료 및 처방까지 마친 것이 전산상 확인되었으므로, 병원으로부터 의료 기록이 회수되어 블록체인 위의 가상 서버로 돌아가는 것이다. 환자 (A)는 자신의 개인정보가 함부로 돌아다니는 것을 걱정할 필요가 없다.

이어 약국을 방문한다. 그리고 병원 (2)에서 했던 것처럼 약국에서 본인 인증을 한다. 약국에서는 최신 장부 내용에서 미처방된 병원 (2)의 처방전한 개를 발견하고, 이것으로 처방받을지 환자 (A)에게 확인받는다. 약국은 이를 기반으로 약을 조제해 주고 결제를 받는다. 그리고 환자 (A)의 기록은 약국에서도 역시 재조회 및 처방 기록 수정을 할 수 없게 회수된다.

결제 확인을 마지막으로 의료기관의 업무는 모두 끝났다. 환자 본인이 원한다면 자신의 의료 기록을 조회할 권한을 아직도 보유한 곳이 어딘지 확인할 수 있다. 물론 상상처럼 원활하게 서비스가 이루어지기 위해서는 현실적으로 많은 기관들의 협조를 받아야 한다. 하지만 핵심은 이런 것들이 이루어졌을 때, 중요 기록의 관리 권한이 환자 자신에게 옮겨오게 된다. 의료 기록은 환자를 제외하면 누구의 것도 아닌 상태로 공동의 가상 서버에 저장된다. 의료 기록이 환자의 것으로 관리된다는 말은 이런 의미이다.

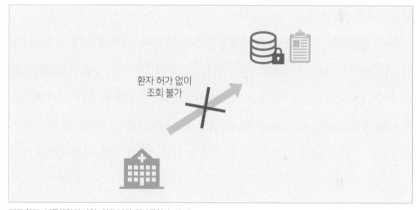

자료 참조 : 블록체인의 산업 : 의료 분야, 정보문화사, 2018.

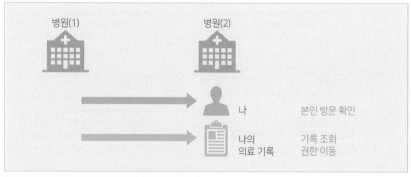

자료 참조 : 블록체인의 산업 : 의료 분야, 정보문화사, 2018.

또한 한 명의 환자 이름 아래 의료 기록이 쌓이기 때문에 어떤 의료기관에서 조회해도 항상 최신의 상태로 갱신된 하나의 의료 기록을 접할 수 있게 된다.

'블록체인을 중심으로 유기적으로 연결된 의료기관들이 만들어지는 것이다.'

마지막으로 의료기관들의 환자 정보를 한 군데 모아서 관리할 별도의 집단을 구성할 필요가 없다. 중앙화 시스템과 많은 인력 없이 이루어진다.

'블록체인'은 특정 산업에서 연결되고자 하는 개인, 기업 및 기관들이 별도의 집단 없이 서로를 신뢰할 수 있는 시스템으로 장부를 공유 · 관리할 수 있도록 기능할 것이다.

IBM 왓슨헬스는 미국 질병관리예방센터와 협력해 기존에 병원이 갖고 있는 진료정보를 '블록체인의 네트워크에 저장하고 사물인터넷' 등을 접목하고 있다. 구글 딥마인드헬스는 영국 국가보건서비스와 협력해 환자가 실시간으로 자신의 의료정보를 모니터링 할 수 있는 블록체인 기술을 개발 중이다. 신기술인 블록체인이 의료 분야에 적용되는 대표적 기업 사례다. 과학기술기획평가원

| IBM 왓슨헬스의 주요기능 |

의학 전문 지식
종양학의 용어, 주요 엔티티 (암의 유형, 환자의 특성, 약 등) 및 이들 간의 관계를 이해

민첩성/속도
- Watson은 2억 페이지 이상을 3초만에 습득
- 빠르고 반복적인 변경이 가능한 유연하고 민첩한 아키텍처

확장성
- 엔터프라이즈 수준에서 인프라, 빅데이터 및 머신 러닝을 결합
- 기존 임상 시스템(예: EHR)과 쉽게 통합

코그너티브 기술
- 머신 러닝 및 자연어 처리를 활용하여 사람이 파악하지 못하는 관계와 패턴을 감지
- 의학 보고서, 가이드라인 및 환자 기록에서 비정형 데이터 또는 접근하지 못했던 데이터를 평가

다양한 컨텐츠의 집계
기관별 컨텐츠를 분석하는 기능과 결합된 방대한 공용 데이터 종합

자료 참조 : IBM

(KISTEP)이 최근 발간한 블록체인 관련 보고서에 따르면 블록체인으로 의료정보(진료기록)를 공유하고 활용하면 긴급한 치료나 수술이 필요할 때 의료진이 신속하고 효율적으로 대처할 수 있다. 의료기관들은 블록체인을 통해 환자의 병력이나 혈액형, 특정 약물에 대한 알러지, 현재 복용하는 약물 등에 대한 정보를 재빨리 파악하고 대응할 수 있는 것이다.

이와 관련해 한번 기록된 내용은 수정하거나 삭제할 수 없기 때문에 만약 의료분쟁이 일어나면 병원의 진료기록 조작을 막아 환자들의 권리를 보호할 수 있는 것으로 기대된다. 현재 공공서비스에 블록체인 기술을 적극적으로 도입한 국가로 평가받는 에스토니아는 국민의 진료기록을 블록체인에 올리고, 개인 계정을 통해 관리할 수 있도록 함으로써 세계적으로 주목받고 있다. 블록체인 기술은 의료 데이터 통합 관리, 병원 정보시스템 구축 등에 사용된다. KISTEP 측은 "의료기관들이 서비스를 효율적으로 제공하는 데 블록체인 기술이 기여할 수 있을 것"이라며 "특히 의료 분야는 블록체인을 도입했을 때 효용성이 큰 분야로, 무엇보다 진료기록 조작을 방지할 수 있어 의료분쟁 시 환자를 보호할 수 있을 것으로 기대한다"고 말했다.

"하루 만에 접수 · 검사"…경희대학교 치과병원은 2019년 4월29일 블록체인 기반 '치과종합검진센터'를 개설해 잇몸과 치아는 물론 근육과 뼈, 혀 건강 상태까지 종합적으로 분석하는 국내 첫 치과종합검진센터 운영에 들어갔다. 병원 측은 환자들이 검사를 접수한 당일에 엑스레이(X-ray)와 임상검사 등을 받을 수 있는 원스톱 시스템을 구축했다. 일주일이면 환자들이 자신의 치아 상태를 점수로 알려주는 검사보고서를 받을 수 있다. 황의환 치과병원장은 병원에서 열린 기자간담회에서 "치과계 첫 종합검진센터를 통해 구강질환 분야에 정밀검사 시스템을 도입했다"며 "자체적인 표준 검진 프로그램을 마련했다"고 밝혔다. 이어 "기존 구강검진으로는 치아 외형을 관찰하고 질환을 의심할 뿐 치주질환과 우식증, 턱구조 장애 등 주요 질환을 확인하는 데 한계가 있다"며 "정밀검사에 앞서 질환 유무를 파악하는 선제적 검사 시스템이 필요하다"고 덧붙였다. 치과종합검진센터는 경희대학교 내 치과병원 1~2층에 바이오 및 디지털검사구역, 영상검사구역, 동적구강기능검사(MMS)구역, 바이오급속교정클리닉구역으로 구성돼 있다. 치과병원의 자체 검진 프로그램은 정보통신(IT) 플랫폼 기반으로 바이오 지표검사와 초음파, 안면스캐너 검사를 통해 구강 상태를 파악하는 정밀검사 방식이다. 구강검진은 환자 등록 및 태블릿PC를 이용한 설문지 작성으로 환자 정보를 수집한 후 임상검사, 형광분석검사촬영, 파노라마를 포함한 영상촬영 순서로 이뤄진다.

치과병원은 또 국내 최초로 '블록체인 기술'을 적용한 전자의무기록(EMR) 시스템을 운영할 예정이다. 이를 위해 QR코드 기반의 모바일 애플리케이션(APP)을 개발하고 검진에 사용한다. '블록체인'은 신용이 필요한 온라인 거래에서 해킹을 막기 위한 기술로, 의료 분야에서는 의료정보가 유출될 위험을 막는다. 경희대 치과병원은 "국내 첫 치과종합센터를 운영하는 만큼 지금까지 환자들이 경험하지 못한 구강검진 서비스를 제공하겠다"고 말했다.

자료참조 : 경희대, 치과병원, 2019.

07
블록체인 기반
스마트시티(Smart City) 환경 구현

스마트시티(Smart City)는 미래학자들이 예측한 21세기의 새로운 도시 유형으로서 컴퓨터 기술의 발달로 도시 구성원들간 네트워크가 완벽하게 갖춰져 있고 교통망이 거미줄처럼 효율적으로 짜여진 것이 특징이다. 학자들은 현재 미국의 실리콘 밸리를 모델로 삼아 앞으로 다가올 스마트시티의 모습을 그려보고 있다. 즉, 스마트시티는 텔레커뮤니케이션(tele-communication)을 위한 기반시설이 인간의 신경망처럼 도시 구석구석까지 연결되어 있는 도시를 말한다. 따라서 스마트시티에서는 사무실에 나가지 않고도 집에서 모든 업무를 처리할 수 있는 텔레워킹(teleworking)이 일반화 될 것이다. 스마트시티와 비슷한 개념으로는 공학기술이 고도로 발달한 도시를 나타내는 테크노피아, 네티즌이 중심이 되는 도시를 나타내는 사이버시티, 거대도시의 새로운 형태를 의미하는 월드시티 등이 있다.

5G 상용화와 함께 스마트시티 확산에 탄력이 붙기 시작했다. 5G로 대규모 데이터를 더 빠르게 전송할 수 있게 되면서 IoT[사물인터넷]를 근간으로 한 스마트시티 환경이 구현될 수 있는 기반이 마련됐다고 할 수 있다. 이에 따라 스마트시티를 안전하게 운영할 수 있는 기술의 발전 속도도 빨라지고 있다. '블록체인'을 이용해 데이터를 공유하고 안전하게 유통시키는 방안과 범용 보안 플랫폼을 다양한 스마트시티 환경에 최적화하는 연구도 계속되고 있다.

스마트시티 삶의 현장을 상상해 보자. 스마트시티에 사는 '박시그마'씨는 수소 자율주행차를 타고 출근 한다. 회사에 도착하면 자동 주차 기능이 빈 주차 공간을 바로 파악해 주차 위치를 알려준다. 오전 업무를 마치고 점심시간에는 동료와 7분 거리에 있는 공원에 잠시 산책을 즐긴다. 퇴근 시간이 되면 자동으로 퇴근길에 대한 실시간 교통량 정보와 냉장고 안에 우유가 다 떨어졌다는 알림이 온다. 우유 3팩과 빵을 사서 집으로 돌아오면, 고향에 계시는 부모님이 오늘 식사는 했는지, 회사생활은 재밌는지 대화 알림을 확인한다. 저녁을 먹고 근처 공원에서 운동을 너무 심하게 했더니, 심장 박동수의 이상이 감지된다며 가까운 병원 안내와 함께 긴급 응급 호출 알림이 연결된다. 하지만 비상 연락을 취소하고 심호흡을 하며 잠시 숨을 고른다. 공원 안에 있는 음수대에서 물을 한 모금하고 운동 후 마시는 공기와 물도 괜히 더 신선한 것 같다.

이처럼 스마트시티는 혁신적인 기술로 우리 생활에 작은 변화들을 가져다 준다. 당장에 2시간 거리를 2~3초 만에 날아가고, 회사에 있는 로봇은 동료이며, 조그만 알약 하나로 질병이 치료되는 세상, 여러 가지 편리함이 우리에게 여유와 행복, 안전을 선물해 주고 있다. 자율 운전에서 마시는 물까지, 접하는 모든 것이 스마트하다.

현재 정부는 세종시와 부산을 중심으로 스마트시티를 계획하는 중이다. "스마트시티란 정보통신기술(ICT)을 이용해 도시 내 모든 시스템을 유기적으로 연결함으로써 개인과 기업의 삶을 더 윤택하게 하는 공간을 말한다." 친환경적인 이동 수단을 이용하고, 인공지능(AI) 로봇이 주차 등을 도와 편리함을 제공하고, 다양한 데이터를 실시간으로 체크할 수 있는 첨단의 도시인 것이다. 현재 스마트시티 구축 예정인 세종 5-1 생활권과 부산 에코델타시티의 구축 계획 속엔 다양한 '스마트 기술'이 예정되어 있다.

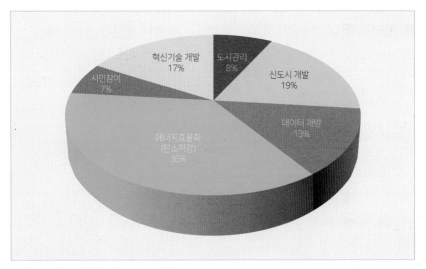

자료 출처 : 스마트도시 추진 목표별 분류, 국토연구원, 2019.

국토연구원의 분석에 따르면, 해외의 스마트도시 추진 목표는 36%가 에너지 효율화에 집중되어 있다. 국내 스마트시티 구축 계획도 카쉐어링, 자율 주행 셔틀버스, 퍼스널 모빌리티 등 이동 수단에 대한 친환경화를 도모하는 한편, 어디서든 5분 내 자연 조성 녹지에 접근 가능한 구조를 구상중이다. 일반 차량은 출입 금지시키고, 친환경 공유 자동차와 같은 스마트 모빌리티 전용도로를 구축하는 등 도시 전체를 친환경 수단을 통해 이용 가능하도록 구축하는 것이다. 이외에도 태양 에너지 사용, 음식 쓰레기 자원화 등 다양한 신재생 에너지 활용을 통해 탄소 배출을 저감시키고, 에너지 절감효과까지 얻을 전망이다.

공공데이터를 개방하는 오픈데이터 운영은 13%를 차지했다. 이어 지능화 시설을 통한 도시 관리는 8%, 공공데이터를 활용해 네트워킹을 형성하는 시민 참여는 7%로 뒤를 이었다. 거리의 CCTV에 이어 스마트 가로등, 건물 전체를 네트워크로 연결시키는 스마트 빌딩 등을 통해 미세먼지와 같은 생활환경, 교통정보, 빌딩관리 등의 다양한 정보를 제공하고 도시 내 치안을 유지한다.

| 스마트시티 무엇이 어떻게 달라질까?) |

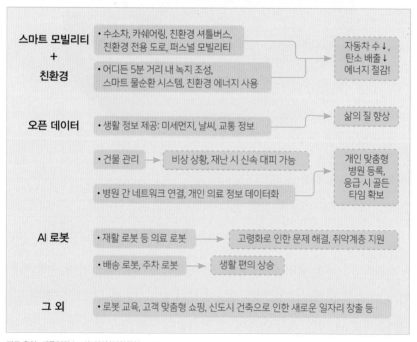

자료 출처 : 대통령직속 4차산업혁명위원회, 2019.

내 발걸음 하나도 정보가 되는 세종시, 로봇을 통해 걷는 부산시 모습을 보게된다.

스마트시티를 계획 중인 세종과 부산은 각각의 테마가 있다. 세종 5-1 생활권은 공공데이터에 기반한 스마트 도시로, AI를 활용한 모빌리티, 헬스케어, 교육, 에너지 · 환경, 거버넌스, 문화 · 쇼핑, 일자리에 대한 7대 혁신요소에 기반해 운영할 계획이다.

예를 들어, 각 병원들의 네트워크를 구축하고, 개인의 의료 정보를 활용해 환자에게 최적화된 병원을 안내한다. 응급 상황의 경우 스마트 응급 호출, 드론을 활용한 응급 키트 발송, 긴급 호송 교통 최적화 등을 통해 골든 타임 확보에 도움이 될 것으로 예상한다. 이외에도 온라인 교육, 로봇 관련 교육, 고객 맞춤형 쇼핑 등 다양한 서비스를 제공할 예정이다.

자료 출처 : 스마트시티 시범도시인 세종 5-1 생활권 공간 구상도, 대통령직속 4차산업혁명위원회, 2019.

부산 에코델타시티는 급격한 고령화, 일자리 감소 등의 문제에 대응해 로봇 활용과 스마트 물관리를 중점으로 스마트도시가 건설된다. 가정 내 일상 활동을 보조하는 인공지능(AI) 로봇을 비롯해, 배송 로봇, 주차 로봇, 재활치료에 쓰이는 의료 로봇 등을 도입할 예정이다. 일반 시민의 육아와 교육, 의료 분야를 넘어 취약계층과 영세상공인에게도 적극 활용할 예정이다. 또한 하수, 정수 등 도시의 물순환 전 과정에 스마트 물관리 기술을 도입하고 물순환 최적화를 실현하여 시민이 신뢰할 수 있는 물을 제공할 계획이다.

자료 참조 : 스마트시티 시범도시인 부산 에코델타시티 공간 구상도, 대통령직속 4차산업혁명위원회, 2019.

모든 걸 공유하는 스마트 시티, 내 개인정보까지 공유될까? 기존의 가구, 차, 회사, 산업 시설들이 각기 IoT(사물인터넷)로 변모해 데이터를 즉시 전송하고, 시민이 정보를 실시간으로 공유받을 수 있는 공간이 바로 스마트 시티인 것이다. 그러나 모든 정보가 데이터화 되어 퍼지는 만큼 개인 정보 보안에 대한 걱정이 앞서지 않을 수 없는 것은 사실이다. 현재 노트북, IP 카메라 등 각종 IoT의 해킹으로 인한 피해가 빈번히 발생하고 있다. 해외의 경우 부모가 아이를 관찰할 수 있는 눈 부분이 카메라 기능인 스마트 인형이 해킹 당하는 사건이 발생해 판매를 중지한 사례도 있다. 이런 IoT 해킹에 대한 방침으로는 개인이 기본으로 제공되는 비밀번호가 아닌 고유한 비밀번호로 바꾸면 된다는 식의 무책임한 해결책으로 보여진다.

AI 로봇, 자율주행 등 생활의 편리를 아무리 최첨단으로 제공하더라도, 나와 내 가족만의 공간인 집을 누군가 지켜보고 있다는 불안감 속에서 살게 된다면, 가장 중요한 부분을 놓치는 것이 될 수 있다. 더군다나 자율주행이나 의료 목적의 IoT는 해커가 악의적인 의도로 접근해 인명 피해까지 발생시킬 수도 있다. 정부는 '블록체인'의 보안성을 활용해 스마트시티의 보안 시스템을 구축하겠다고 하지만, 다른 계획들에 비해 구체적인 방향성이 아직 보이지 않는다. 최첨단 도시를 구축하는 사업에 공을 들이는 만큼, '블록체인의 장점인 보안성, 신뢰성, 투명성, 신속성 등의 기반 스마트시티'로 개인 정보보호에도 합당한 개발과 투자가 동반돼야 할 것이다.

원희룡 제주자치도지사는 2019년 4월 24일 서울 역삼 포스코타워에서 열린 블록체인 테크앤비즈니스 서밋(Tech & Business Summit) 2019에서 '스마트도시의 미래, 블록체인에 달렸다'는 주제의 기조연설을 통해 "블록체인은 스마트시티 구현의 핵심 기술" 이라고 강조했다. 이어 "스마트 도시는 발전과 보전이라는 상충된 가치의 긴장 관계를 해소하는 해결책이라는 관점에서 제안돼야 한다"는 입장을 밝히면서, "스마트 도시의 핵심자원은 데이터"라며 "모든 문

자료참조 : 원희룡 제주특별자치도지사는 24일 서울 역삼 포스코타워에서 열린 「블록체인 태크앤비즈니스 서밋(Tech&Business Summit) 2019」에서 '스마트도시의 미래, 블록체인에 달렸다'는 주제의 기조연설을 통해 "블록체인은 스마트시티 구현의 핵심 기술" 이라고 강조했다. 제주특별자치도, 2019.

제에 대한 데이터를 수집해 분석하고 이를 통해 미래를 예측함으로써 기회 창출은 극대화 하고, 과밀화에 의한 도시문제는 최소화해야 한다"고 말했다. 더불어 "블록체인 기술은 시민들의 자발적인 교류를 촉진하고 시민들 사이의 신뢰와 네트워크를 형성하는데 기여할 수 있으며, 또한 과학적 방법론에 입각한 데이터 분석을 통해 도시문제를 해결하는데 기여할 수 있을 것"이라 진단했다.

08

블록체인 기술과
부동산 시장에서의 활용

블록체인 기술에 기반 한 새로운 금융투자 서비스가 디지털경제로의 급격한 전환에 대대적인 혁신을 요구받는 금융 산업을 위협하고 있다. 최근 '블록체인' 시장에서는 오피스 빌딩이나 대형 레저시설 등 부동산 투자자산을 '블록체인' 상의 암호화폐 코인으로 만들어 다양한 투자자들이 투자할 수 있도록 상품화하는 시도가 활발하다. 무형이든 유형이든 가치가 있는 자산에 블록체인 기술을 활용해 투자자들을 모아 지분을 파는 '코인(Coin)' 방식으로 '코인(Coin)'은 거래가 가능한 유가증권과 다름없다. 이 같은 '블록체인 투자 서비스'가 금융투자 산업의 기존 서비스를 대체하거나 와해시킬 가능성이 높다는 분석과 전망도 나온다.

지난해부터 블록체인 기술과 시장의 잠재력에 지속적으로 주목해온 머니투데이 미디어 글로벌 콘퍼런스 키플랫폼(K.E.Y. PLATFORM)의 특별취재팀은 올해 초 혁신 스타트업들의 요람인 미국 실리콘밸리 현지에서 이 분야 최고의 유망기업 중 한 곳인 하버(HARBOR)를 발견했다. 하버는 오피스 빌딩 등 실제 자산을 코인화해 거래 가능한 증권으로 전환하고 블록체인 상에서 판매하는 플랫폼으로 유망성을 인정받아 최근 실리콘밸리 유명 VC(벤처캐피탈) 안데르센 호로위츠(Andreessen Horowitz)와 블록체인 암호화폐 전문 헤지펀드 판테라 캐피탈(Pantera Capital) 등으로부터 거액의 투자를 유치했다.

조슈아 스타인 CEO는 키플랫폼과의 인터뷰에서 "시큐리티 토큰(Security Token · 증권형 토큰)을 통해 많은 투자자들이 보다 직접적으로 자산에 접근할 수 있다"며 "어느 누구나 뉴욕 맨해튼의 고급빌딩 지분을 보유할 수 있다"고 말했다. 스타인 CEO는 "빌딩 등 부동산은 물론 예술작품 등을 비롯해 기업도 직접적으로 투자할 수 있는 투자 상품으로 전환할 수 있다"며 "탈중앙화된 금융상품(decentralized financial products)인 셈"

자료 참조 : 조슈아 스타인 하버 CEO 인터뷰, 머니투데이 실리콘밸리, 2019.

이라고 했다. 그는 "블록체인으로 투자와 거래를 하는 것은 빠르고 쉽고 싸다"며 "마이크로 한 단위까지 할 수 있다"고 강조했다.

안데르센 호로위츠(Andreessen Horowitz)가 샌프란시스코의 테크크런치 디스럽트(TechCrunch Disrupt) 회의에 참석하여 자사의 암호화폐 펀드에 대해서 밝혔다. 그는 암호화폐가 진짜 가치가 있는냐는 질문에 "인터넷 이후로 암호화폐 영역에서 어떤 곳보다 많은 개발자들이 활동을 하고 있다."라며 암호화폐의 미래가치를 인정했다. 그는 또 블록체인에 대해 "블록체인은 정부를 비롯한 트위터, 페이스북, 혹은 다른 사람들을 신뢰할 필요가 없다는 것을 의미한다. 단지 블록체인에 프로그래밍된 수학을 믿기만 하면 된다. 이전에는 아무도 돈을 프로그램 할 수 없었지만 지금은 블록체인으로 만들 수 있다."라고 말하며 블록체인으로 만들어지는 신뢰를 매우 강력한 것이며, 이런 신뢰는 예술적이고 게임 이론적인 특성에서 나왔다는 사실을 되풀이했다. 또한 호로위츠는 암호화폐를 일종의 저장 가치가 있다고 생각하며, 비트코인이 1세대 암호화폐이기 때문에 기술적으로 흥미가 떨어질 수 있지만 최고의 가치 저장 수단이라고 주장했다. 그리고 그는 채굴 없이는 블록체인에 대한 신뢰와 보안이 유지되지 않기 때문에 "암호화폐가 없는 블록체인"은 가능하지 않다고 주장했다. 코인은 개방된 네트워크에서 암호화 해쉬 자산으로 존재한다. 코인화된 자산은 중앙집중적인 중개 없이 투자·거래할 수 있다. 이를 통해 나아가 기존 프로세스가 와해되고 완전히 새로운 비즈니스 모델이 창출될 수 있다. 아직은 기술과 서비스, 비즈니스 모델 등에서 미지의 세계이지만 미지의 첨단에서 새로운 내일을 열기 위한 도전이 활발히 전개되고 있다. 하버는 이미 부동산 자산 시큐리티 코인 발행과 판매에 성공했다. 미국 사우스캐롤라이나대 인근 학생기숙사 단지 자산을 STO(Security Token Offering·증권형 코인 발행)을 통해 200억 원 이상 판매했다. 다수 블록체인 전문가들은 시큐리티 코인으로 투자할 수 있는 자산이 부지기수라고 말한다. 기존 금융산업이 와해되고 새롭게 경제적 가치를 구현하는 모델이 현실화되고 있는 모습이라는 것이다.

국내에서도 국토부·과기정통부 손잡고 블록체인 부동산 거래 시범사업을 펼치고 있다. 다음과 같은 사례가 발생했을 때를 가정해 보자.

| 사례 1 | 갑작스럽게 지방으로 발령을 받은 A씨는 전세 대출을 위해 필요한 서류를 발급받아 은행에 제출하려고 반나절 휴가를 사용했다. A씨는 제출서류를 발급받기 위해 동주민센터, 등기소 등을 방문 후에 은행으로 출발했다. 도착한 은행에서는 관련 서류의 확인절차 때문에 반나절이 지나갔다. 결국 A씨는 하루 연차를 쓰게 되었다. 맞벌이 부부라서 연차 하루가 아깝지만 어쩔 수 없었다.

| 사례 2 | ○○은행에서 대출을 담당하던 B씨는 종이로 된 토지대장등본의 면적 100㎡ 확인하고 대출을 승인해주었다. 하지만, 대출 당시 토지 분할 절차가 진행되고 있었던 것을 확인하지 못해 과대하게 담보대출을 승인해 주었다. 실시간 부동산정보를 확인할 수 없어 피해는 고스란히 은행의 몫으로 돌아갔다.

| 사례 3 | ○○금고에서 대출을 담당하던 C씨는 종이로 된 토지대장등본의 소유자와 등기사항 증명서의 소유자 정보를 확인하고 2억 원의 대출을 승인해주었다. 그러나 이후 관련 서류를 위조한 사실을 발견되면서 그 손해는 고스란히 은행에서 떠안게 되었다.

앞으로 부동산 거래에도 '블록체인 기술'이 적용되어 종이 증명서 없이 편리하고 경제적인 부동산 거래, 위·변조 없는 안전한 부동산 거래가 이뤄질 전망이다. 국토교통부와 과학기술정보통신부는 '블록체인 기반의 부동산 종합공부시스템' 시범사업을 위한 시스템을 구축해 활용할 계획이다. 지금까지는 부동산 매매·대출을 하는 경우 등기소나 국세청, 은행 등에 종이로 된 부동산 증명서를 제출해 왔다. 그래서 작년 한해 약 190백만 건(약1,292억) 정도의 부동산 증명서가 발급(열람) 되고 있다. 국토교통부는 토지대장, 지적도, 토지이용계획 확인서 등 15개 정보 43백만 건(124억), 법원 토지·건축·집합건물 등기사항증명서 147백만 건(1,168억)으로 집계되고 있다. 이 과정에서 종이로 된 증명서는 위·변조에 쉽게 노출되어 각종 부동산 범죄에 악용되는 사례가 다수 발생해 왔다.

새롭게 구축한 '블록체인 기반의 부동산종합공부시스템'은 블록체인 기술을 활용하여 종이 증명서가 아닌 데이터 형식의 부동산정보를 관련 기관으로 제공할 수 있어 실시간으로 부동산정보를 공유할 수 있다. 예컨대, 부동산과 관련하여 대출을 받고자 하는 경우 부동산 증명서를 은행에 제출하지 않아도 은행 담당자가 '블록체인 기술'이 적용된 부동산 정보(토지대장)를 확인할 수 있다. 이번 시범 서비스는 2019년 1월부터 제주특별자치도 내에 있는 11개 금융기관과 연계하여 실제로 운영되고 있다. 향후 관련기관인 법원과 공인중개사협회 등의 참여를 협의하여 금융 대출뿐만 아니라 계약에서 등기까지 한 번에 할 수 있는 "부동산 거래 통합 서비스(one-stop 서비스)"로 확대 개편할 계획이다. 과학기술정보통신부 인터넷 융합정책관은 "이번 시범사업은 블록체인이 국민 생활과 밀접한 공공분야에서 불필요한 절차로 발생하는 시간과 비용을 절약해주는 좋은 사례"라고 강조하고, "종이 없는 부동산 거래 서비스를 통해 국민들이 보다 편리하게 부동산을 거래할 수 있기를 기대한다"고 밝혔다. 국토교통부 국토정보정책관은 "오는 12월까지 시범사업을 완료하여 부동산 서비스 분야에서 블록체인 기술의 활용 가능성을 검증하고, 관계 기관과의 협의를 통해 양질의 콘텐츠 개발 및 블록체인 기술 활성화에 기여하기 위해 적극 노력할 것"이라면서, "내년에는 보다 적극적인 민관협력을 통해 블록체인을 기반으로 한 스마트 거래 플랫폼 구축 사업을 확대 추진하겠다"고 말했다.

09

블록체인 서비스로
생산(제조)·품질·출하·유통 과정 추적

"생산(제조) · 유통 단계 추적부터 오염 경로 등 단 몇 초 안에 파악이 가능"한 블록체인 시대에 살고 있다. 제3자 공인기관을 거치지 않고 거래장부가 공개되는 것을 가능하게 해 주는 '블록체인'은 비트코인이라는 화폐를 통해 세상에 알려졌다. 블록체인 기술이 식품의 안전성 확보를 위한 기술로 사용되고 있기 때문에 가능한 것이다. 네슬레, 월마트, 유니레버, 크로커, 타이슨, 돌, 맥코믹앤컴퍼니, 골든스테이트푸드 등 글로벌 식품 회사들이 '블록체인 서비스'에 참여하고 있다. 블록체인 기술을 이용하면 대량 생산, 유통되는 식품의 이력 등을 빠르게 추적해 언제 어디서 오염되고 부패했는지 등 식품의 잠재적 위험성을 쉽게 파악할 수 있다.

2018년 초, 미국 애리조나 지역에서 대장균 사건이 발생했다. 현지 질병관리 당국이 소비자에게 애리조나의 유마 지역 인근에서 생산한 양배추를 구매하지 말라고 당부했지만, 월마트 등의 유통업체들은 판매하는 양배추들이 어느 지역에서 재배됐는지 확신할 길이 없었다. 그 후 9월, 월마트는 식품 공급 협력사들 대상으로 한 통의 공문을 보내게 된다. 바로 녹색 채소를 공급하는 협력사들은 2019년 1월까지 '블록체인 추적 시스템'을 구축해야 한다는 내용이었다.

| 블록체인 기술의 활용 영역 |

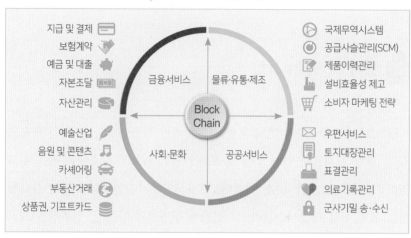

자료 참조 : Blockchain Technology in Logistics, KPMG-Global., 2018.

블록체인은 '모든 것을 기록하고, 투명하게 공개하여 신뢰성을 확보하는 기술'이다. 블록체인이 식품 유통에 적용되면, '우리가 먹고 마시는 음식 등 먹거리가 어디에서 생산되어 어떤 경로를 거쳐 가정 식탁으로 왔는지' 투명하게 공개가 가능하다. 이것만큼 소비자가 기뻐하고 신뢰할 만한 일도 없을 것이다. 즉, 공급사슬관리(SCM)의 가시성과 투명성이 제고되는 것이다. 제조·생산·물류 유통에 대한 전 과정을 블록체인 상에 기록되면 생산자도 소비자도 해당 정보를 볼 수 있다. 또한 생산자 입장에서는 구매 이력을 통해 소비자별 구매 성향 등을 파악할 수 있어 타깃 맞춤 마케팅이 가능하게 되고 재고 없는 생산을 하게 된다. 그렇기 때문에 원산지 추적에 소요되는 시간 및 비용이 획기적으로 단축된다. "미국 월마트에서 망고 원산지 추적에 블록체인을 적용한 결과, 블록체인 기술 도입 이전에는 6일 이상 걸렸던 추적 기간이 도입 이후 22초로 단축되었다는 사실이다." 식품 물류유통에 블록체인 적용 사례를 몇 가지 살펴보면 다음과 같다.

🖥️ 월마트(Walmart)

월마트는 2016년부터 IBM과 블록체인 기반 시스템 개발을 협업해 오고 있다. 불량 식재료로 인한 소매 및 도매업체의 리스크 감소에 목적을 두고 있다. 그리고 2017년 IBM, 칭화대, 전자상거래기술연구소와 함께 블록체인을 통해 식품 공급사슬관리(SCM) 전반에 투명성과 안전성, 신뢰성을 제고하는 세이프티 얼라이언스(Safety Alliance)를 설립했다. 예컨대, 돼지고기 축산업자는 돼지에 IoT(사물인터넷) 센서를 부착해 사육 환경과 사육 방식을 블록체인에 실시간 저장할 것, 가공 업체는 가공 정보를 센서에 입력할 것, 운송 업체는 운송 과정 중의 온도와 습도 및 물리적 충격 등을 블록체인에 저장할 것, 도소매 업체는 포장지 센서에 판매 환경 등의 관련 정보를 입력하여 소비자가 식품 정보를 확인할 수 있게 해야 한다는 것이다.

자료 참조 : Walmart 매장, 위키미디어, 2017.

'IBM Food Trust'는 IBM이 자체 블록체인 플랫폼인 하이퍼레져 페브릭 (Hyper ledger Fabric)에 기반하여 만든 서비스이다. 공급사슬관리(SCM) 모듈과 블록체인 핵심 기능을 결합하고 거버넌스(governance), 표준 및 상호 운용성, 기술을 통합하여 식품 생태계에 비즈니스 가치를 제공하는 것이다. 보다 안전한 식품, 제품의 유효 기간 연장, 낭비 감소, 신속한 추적성 및 정보공유에 대한 접근성 개선을 가능케 하여, 식품 기업은 투명성과 신뢰성에 대한 새로운 표준을 충족할 수 있게 한다. 이러한 솔루션을 통해 권한 있는 사용자는 농장에서부터 매장, 궁극적으로는 소비자에 이르기까지, 실행 가능한 식품 공급사슬관리(SCM) 데이터에 즉각적으로 액세스 할 수 있다. 식품 품목의 전체 이력 및 현재 위치와 함께 이에 수반되는 정보라 할 수 있는 인증, 테스트 데이터, 온도 데이터를 몇 초 안에 즉시 확인할 수 있다. IBM Food Trust 서비스를 원하는 기업은 매월 일정금액을 지불하여 IBM 클라우드 상에서 블록체인 구축 및 운용을 할 수 있으며, 월마트를 비롯하여 네슬레, 유니레버, 까르푸가 바로 이 '블록체인 시스템'을 사용하고 있다. 월마트의 프랭크 이아나스(Frank Yiannas) 식품안전 담당 부사장은 성명을 통해 "블록체인 기술은 세계 식량 시스템에서 새로운 차원의 투명성을 가능하게 할 것"이라며 "모든 참여자가 신뢰할 수 있는 강력한 네트워크를 통해 신뢰성 있는 정보를 신속하게 공유할 수 있다"고 말했다. 특히 블록체인 기술을 사용하면 특정 제품이 어디에서 오염됐는지를 쉽게 파악할 수 있어서 살모넬라와 같은 오염된 음식을 통해 전파되는 식품 매개 질환의 발생을 잠재적으로 예방할 수 있다고 비즈니스 인사이더는 강조했다.

📟 이즈랩

이탈리아 스타트업 이즈랩(EzLab)은 이탈리아 '와인 블록체인 프로젝트(Wine Blockchain EY)'를 진행하고 있다. 제조에서 유통까지 까다롭고 치밀한 계산으로 진행되어야 할 식품 중 하나가 와인이다. 온도의 1, 2도에 따라 맛이 차별화되고 가격 차이가 생긴다. 왜 이 와인이 비싼지, 유통과정을 투명하게 알게 된다면 자연스럽게 소비자는 가격에 민족하게 된다. 예컨대, 와인을 제조할 때 온도를 몇 도로 유지했으며, 유통 과정 중 냉장 컨테이너를 가동했는지 안했는지, 했다면 지속적으로 가동했는지 등의 여부도 가격과 연결되며, 블록체인을 통해선 이러한 정보를 모두 알 수 있게 되는 것이다.

자료 참조 : https://www.ezlab.it

IBM FOOD TRUST 슬로건이 'from farm to table'이었다면, 이즈랩(EzLab)의 슬로건은 'from grape to glass'이다. "와인(Wine) 산업에서 위조란 심각한 문제인데, 블록체인 기술이 이를 해결해 줄 것이다"란 메시지를 전하고 있는 것이다. 블록체인으로 기록된 모든 정보를 담은 라벨이 와인 병에 부착되면, 공급자와 소비자는 정보를 파악할 수 있다. 소비자도 라벨 하나로 모든 정보를 알 수 있는 블록체인 시대가 펼쳐지고 있는 것이다.

삼성SDS

우리가 수산물 구매 할 때 가장 까다롭게 보는 부분이 바로 원산지 일 것이다. 지난 일본 후쿠시마 주변산 수산물에 대한 한국의 수입금지 조치를 둘러싼 한일 WTO 무역 분쟁에서 한국의 최종 승소가 확정됐다는 소식이 전해졌다. 일본 원자력 발전소 사고 이후 수산물 원산지가 어디인지가 구매할 때 최대 관심사가 되었으며, 여전히 안전성과 우리의 건강에 대한 우려가 큰 것은 사실이다.

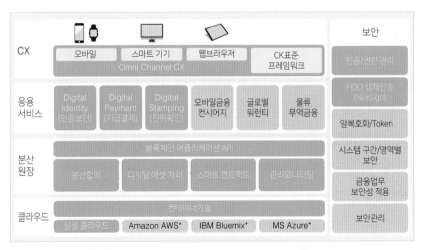

자료 참조 : 삼성SDS 블록체인 활용건 Nexledger(www.samsungsds.com), 2019.

삼성SDS는 지난 3월 물류 블록체인 기반 유통이력관리 서비스를 발표했다. 이는 국내 수산 가공업체로 구성된 ASK수출협의회와 소비자 대상으로 수산물의 양식 · 출하 · 유통 전체 과정을 투명하게 제공하는 서비스(SaaS ; Software as a Service)형태로 제공되는 본 서비스는 삼성SDS가 지난해 시범 적용

프로젝트를 통해 검증한 후 ASK수출협의회를 대상으로 국내 최초 상용화 된 것이라고 한다. 또한 삼성SDS가 이를 부산 삼진어묵과 함께 시범 운영 을 할 계획인데, 어묵 재료의 원산지에 소비자들이 불안을 느낀다는 점을 서비스에 반영한 것이라고 한다. 스마트 폰으로 제품 포장지에 있는 QR코 드를 찍으면 원산지부터 판매점까지 모든 정보를 볼 수 있다. 이러한 시범 사업을 확장시켜 어떤 산업이든 '블록체인 기술'을 접목 할 '블록체인 시대'가 우리 앞에 다가와 있는 것이다.

10
실생활로 다가오는 블록체인,
스마트폰·다이야몬드·바나나까지

삼성전자는 미국 샌프란시스코 빌 그레이엄 시빅 오디토리엄(Bill Graham Civic Auditorium)에서 '삼성 갤럭시 언팩 2019'를 열고 2월20일 갤럭시 S10을 공개했다. 그간 무성하게 퍼졌던 갤럭시 S10이 가상통화 등 블록체인 관련 기능을 탑재한다는 소문도 사실인 것으로 확인됐다. 가상통화 프라이빗 키 보관 전용 기능인 '블록체인 키스토어'가 추가됐기 때문이다. 블록체인 키스토어는 삼성전자의 모바일 보안 플랫폼 녹스(Knox)를 바탕으로 구현했다. 전자지갑 등 블록체인 기반 서비스들의 프라이빗 키를 보관하는 용도로 사용된다. 또 블록체인 키스토어 외에도 삼성이 EU(유럽연합) 지적 재산권 사무소와 영국 특허청에 '블록체인 박스'와 '블록인 코어'라는 상표권도 신청했기에 추후 가상통화를 직접 보관할 수 있는 기능이 추가되는 것이 아니냐는 기대감도 나오고 있다. 당시 상표 신청 내용에는,

- Ⓑ 가상통화 지갑 사용을 위한 컴퓨터 소프트웨어
- Ⓑ 블록체인 기술을 이용한 가상통화 전송 및 결제 소프트웨어
- Ⓑ 블록체인 기술을 이용해 스마트폰에서 암호화폐를 전송할 수 있는 소프트웨어 애플리케이션
- Ⓑ 제3의 애플리케이션을 통해 결제할 수 있는 소프트웨어 등이 담겨 있다.

삼성전자 측은 향후 갤럭시 스마트폰에 블록체인 그리고 가상통화와 관련한 어떤 기능이 추가될 지 구체적으로 밝히지는 않았다. 삼성전자 IM부문장은 "10년 전 처음 소개한 갤럭시S는 지속적인 혁신 기술 탑재로 삼성 프리미엄 라인의 대표 모델로 자리 잡았다"며 "10번째 갤럭시S 시리즈를 기념하는 갤럭시 S10에는 의미 있는 혁신을 집대성해 미래 스마트폰의 표준을 제시하고자 한다"고 말했다. 이어 "기술적 한계를 뛰어넘고 스마트폰 업계에 모멘텀을 만들어 경험 혁신가로 거듭날 것"이라고 덧붙였다. 일명 삼성전자 '갤럭시 S10 블록체인 폰'이 공개되면서 20~50대까지 '블록체인 열공'…강의 수요 꾸준히 늘어나고 있다. 암호화폐로 촉발된 블록체인(Block Chain) 열풍이 여전히 가시지 않고 있다. 암호화폐 근간이 되는 기술인 블록체인은 해킹을 원천적으로 차단하는 강력한 알고리즘을 무기로 갖고 있다. 현존하는 어떤 기술보다 신뢰성을 담보해준다는 점에서 핀테크(FinTech ; Finance(금융)와 Technology(기술)의 합성어로, 금융과 IT의 융합을 통한 금융서비스 및 산업의 변화를 통칭함)에 가장 많이 접목되고 있는 것이 사실이다. 최근 들어 물류, 유통, 제조, 헬스케어, 공공서비스 등 다양한 분야에서 블록체인이 빠르게 확산되고 있다. 날로 커지는 시장 규모가 이 같은 분위기를 뒷받침한다. 시장조사기관 리서치 앤 마켓(Research And Markets)이 2018년 12월 발표한 내용을 보면 세계 블록체인 시장 규모는 연평균 80.2%씩 성장해 2023년까지 233억

달러(약26조2241억원)로 확대될 전망이다. 글로벌 시장조사기관 IDC도 지금은 블록체인이 미성숙 단계이지만 2030년까지 3조1000억 달러(약3,490조원)의 비즈니스 가치를 창출할 것으로 내다보고 있다. 그리고 이미 시작된 '블록체인 스마트폰' 경쟁…HTC, 삼성 등이 가세했다. 암호화폐에 대한 열기가 계속되면서 급기야 블록체인 스마트폰이 등장한 것이다. 암호화폐를 전송하고 결제하는 데 좀 더 편리한 방식을 염원한 결과다.

먼저 '블록체인 스마트폰'을 선보인 곳은 이스라엘 스타트업 시린랩스(Sirin Labs), 작년 11월 출시한 '핀니'라는 블록체인 기반 스마트폰은 비트코인, 이더리움, 시리 자체 토큰 등의 지갑 기능을 내장했다. 스마트폰 두뇌 역할을 하는 운영체제(OS)는 안드로이드를 개조해 개발한 시린OS를 채택했다. 같은 해 싱가포르에 본사를 둔 블록체인 기반 솔루션 업체인 펀디엑스(PundiX)는 블록체인

자료 참조 : 삼성전자 갤럭시S10, 삼성전자 뉴스룸, 2019.

을 활용한 스마트폰 '엑스폰'을 내놨다. 20년 업력의 대만 스마트폰 제조사 HTC도 지난해 12월 '엑소더스1'을 출시했다. 자체 개발한 하드웨어 암호화폐 지갑인 자이온^(Zion)을 탑재해 본인의 스마트폰으로 자신의 암호화폐를 보관하는 것은 물론 다른 스마트폰 이용자들과 암호화폐를 주고받을 수 있게 만들었다.

블록체인 스마트폰 경쟁에 삼성전자도 가세한 것이다. 2월25일^(현지시각)부터 스페인 바르셀로나에서 열리는 세계 최대 모바일전시회 'MWC 2019' 행사에 앞서 지난 20일 공개된 삼성전자 최신 스마트폰 '갤럭시 S10'에 대한 관심이 최고조에 달했다. '갤럭시 S10'은 블록체인 기반 모바일 서비스들의 개인 키^(Private Keys)를 삼성의 모바일 보안 플랫폼인 녹스와 함께 안전하게 보관할 수 있는 '삼성 블록체인 키스토어'를 탑재했다. 키스토어는 암호화폐나 콘텐츠 저작권, 보험 등 계약 증빙에 활용하는 블록체인 키를 보관하는 지갑 역할을 한다.

블록체인 스마트폰은 왜 필요할까? 가장 큰 이유는 편의성이다. 지금까지는 프라이빗 키^(Private key)를 보관하는 별도의 콜드월렛^(Cold Wallet, 중앙화된 서버에 중요한 개인키를 저장하지 않기 때문에 보안성이 뛰어나다. 하지만 사용자의 기기가 변경될 경우 복구 절차가 매우 까다롭다는 단점이 있다)을 사용했지만, 궁극적으로 스마트폰이 암호화폐 지갑을 대체하게 될 것으로 보인다.

암호화폐 지갑은 크게 '핫월렛^(hot wallet)'과 '콜드월렛^(cold wallet)'으로 구분된다. '핫월렛'은 일종의 소프트웨어 지갑이라 할 수 있는데, 인터넷으로 연결되어 있어서 편리하고 신속하게 사용할 수 있지만, 그만큼 해킹 당할 위험도 높은 단점을 갖고 있다. 반면에 '콜드월렛'은 실물 형태의 하드웨어 지갑이다. 암호화폐는 실물이 없지만, 이를 보관하는 하드웨어 지갑은 스마트폰 같은 디바이스 형태로 제작할 수 있다. 이 지갑 안에 내장된 보안칩에 암호화폐를 저장하기 때문에 해킹 위험이 상대적으로 낮지만, 비싸고 사용 절차가 복잡하다는 것이 단점으로 꼽힌다.

'블로키월렛(Blockey Wallet)'은 이 같은 콜드월렛의 단점을 보완한 암호화폐 지갑이다. 하드웨어 형태의 지갑인 만큼 콜드월렛의 하나인 것은 분명하지만, 별도의 디바이스가 아닌 스마트폰에 내장하는 마이크로 SD카드에 암호화폐를 담을 수 있다는 점이 차별화된 부분이다. 따라서 블로키월렛은 세계 최초로 마이크로 SD카드를 기반으로 하는 전자지갑으로 인정받고 있다. 스마트폰에 보안 마이크로 SD카드를 장착하여 암호화폐 사용에 필요한 프라이빗키(Private Key)를 관리하는 신개념 암호화폐 지갑인 것이다.

또한 거래소 아닌 P2P 방식의 거래도 가능해졌다. 블로키월렛이 하드웨어 형태의 암호화폐 전자지갑이라면, '얀트월렛(Yant wallet)'은 핫월렛, 즉 온라인 상에서 사용할 수 있는 소프트웨어 성격의 전자지갑이다. 기존에 사용되던 핫월렛들과의 차이점이라면, 얀트월렛은 거래소를 이용하지 않아도 암호화폐를 거래할 수 있다는 점이다. 기존 핫월렛들은 단순히 온라인 상에서 암호화폐를 보관해주는 역할에만 충실했기 때문에, 거래를 하려면 전자지갑에 있는 암호화폐를 인출하여 거래소로 보내야만 가능했다. 하지만 얀트월렛은 해킹과 조작의 위험에 노출되어 있는 거래소들의 문제점을 극복하기 위해 등장한 전자지갑이다. 따라서 거래소가 필요없는 P2P 방식으로 거래를 한다. 전자지갑 자체에 거래시스템이 탑재되어 있어서, 외부 거래소로 암호화폐를 보낼 필요가 없다. 얀트월렛을 개발한 GBIH사는 "암호화폐를 거래소로 옮기지 않고 그냥 전자지갑에 담긴 형태로 개인들끼리 직접 거래를 할 수 있기 때문에, 해킹과 조작의 위험을 줄일 수 있다"라고 소개하며 "거래소에 등록하기 위해 복잡한 절차를 거치지 않아도, 암호화폐를 갖고만 있다면 전 세계 누구와도 실시간으로 거래할 수 있다"라고 밝혔다.

블록체인은 암호화폐를 넘어 생산, 유통, 물류 등 우리 일상생활과 밀접한 부분까지 파고들고 있다. 세계 최대 유통업체 월마트는 쉽게 변질되는 채소, 과일류의 유통에 블록체인을 적용해 눈길을 끌었다. 예컨대 바나나에 문제가 생겼을 경우 원산지를 추적하는 데 걸리는 시간을 '일' 단위에서 '초' 단위로 획기적으로 단축시켜준다. 자연스럽게 이 과정에서 소요되는 비용은 크게 줄어든다. 소비자에겐 안전에 대한 신뢰를 제공한다. 궁극적으로 블록체인이 먹거리에 대한 불안감을 해소시켜줄 수 있을 것이란 기대감이 나온다.

다이아몬드 거래에도 블록체인이 활용되기 시작했다. 다이아몬드는 특성상 생성 과정에서 동일한 제품이 나올 수 없고 유통 과정이 투명하지 않은 것으로 유명하다. 블록체인을 활용하면 무게, 색상, 선명도 등 제품 정보는 물론 유통 경로를 안전하게 관리할 수 있다. 주얼리 브랜드 티파니 앤 코(Tiffany And Co)는 앞으로 다이아몬드가 매장에 도착하기까지의 전 과정을 고객에게 공개하기로 했다. "블록체인을 도입해 모든 거래 기록을 고객과 공유한다"는 것이다. 전 세계 다이아몬드 공급량의 35% 정도를 생산하는 것으로 알려진 드비어스는 "블록체인 기반 다이아몬드 추적시스템인 '트레이서'를 만들어 운용"하고 있으며 다이아코어(Diacore), 다이아러프(Diarough), KGK그룹, 로지블루 NV(Rosy Blue NV), 비너스쥬얼(Venus Jewel) 등 유명 다이아몬드 업체들이 시스템에 참여하고 있다. 다이아몬드, 와인 등을 관리하는 영국 스타트업 에버레저는 이미 블록체인을 통해 고부가가치 제품의 거래 투명성을 높이고 있다.

러시아 정부 교육과학부가 천연 다이아몬드 공급망 추적을 위한 블록체인 플랫폼을 도입했다고 2019년 1월30일 코인텔레그래프가 러시아 국영타스통신을 인용해 보도했다. 기관은 새로운 블록체인 다이아몬드 추적 시스템이 원석 채굴부터, 가공, 최종 소비자에 이르는 공급망 전 과정에서 다이아몬드 상품의 신뢰성을 보장할 수 있다고 밝혔다. IT 기술과 블록체인을 기반으로 한 이 새로운 시스템은 다이아몬드 시장에 뒤섞여 있는 천연 제품부터 합성 제품들로 인한 소비자들의 피해를 방지하는 것이 목적이라고 전해졌다. 러시아 교육과학부는 새로운 시스템에서는 각 다이아몬드에 분산원장을 이용해 디지털 코드를 부여하고 이 코드는 모든 시장 참가자들이 공유하게 된다. 또한 이 시스템은 소유권 이전을 기록할 수 있으며, 모든 거래의 추적을 통해 위조나 변조 등이 감지되면 즉시 이를 알릴 수 있다.

선거, 기부금 관리, 여론조사 등 공정성을 요하는 사회 분야에서도 블록체인을 활용하려는 움직임이 활발하다. 예컨대 투표의 경우 여러 개의 '블록체인 조각'들이 투표 결과를 저장해 위·변조를 막을 수 있다는 점에서 의미를 갖는다. 그밖에 부동산이나 자동차 거래, 등기 처리 등에서도 블록체인을 활용한 스마트 계약을 통하면 이용자들이 적은 비용으로 안전한 거래를 할 수 있어 이득이다.

페이스북(Facebook) 창업자 마크 저커버그(Mark Zuckerberg)가 2018년 새해 다짐으로 선언해 눈길을 끈 대목이다. 우리나라에서도 블록체인이 4차 산업혁명의 키워드로 부상하면서 대학들이 잇따라 관련 강좌와 블록체인 아카데미 과정을 개설할 정도로 열기가 뜨겁다. 블록체인과 관련 있는 직종에 종사하지 않는 직장인이나 호기심이 많은 학생, 일반인들이 늘어나면서 이들을 위한 콘텐츠를 제공하는 곳도 꾸준히 생겨나고 있다.

글로벌 디앱(DApp),
시그마체인 메인넷
기반의 블록체인

PART
05

글로벌 디앱(DApp),
시그마체인 메인넷
기반의 블록체인

01
What is SigmaChain
(시그마체인)?

4차 산업혁명시대를 맞이해 세계 최대 기업인 구글과 페이스북, 이 두 회사의 주요 수입원은 광고이다. 광고는 콘텐츠의 질이 아닌 오로지 사용자 트래픽에 따라 수익을 받는다. 사용자 트래픽은 다름 아닌 사용자들이 올린 개인 콘텐츠에서 비롯된다. 그러나 개인에 대한 보상은커녕 개인 콘텐츠 저작권의 기본 보호 장치도 제공되고 있지 않다. 오히려 콘텐츠 공유하기를 장려하고 있고, 사용자들은 여기에 익숙해져 있다. 구글, 페이스북 같은 거대 포털은 기존의 전문 대형 미디어 업체에 대해서도 큰 힘을 과시하고 있다. 또한 기존 인터넷 생태계도 탈중앙화니즈, 저작권 부재, 블록체인 현황 등 문제점도 많음을 보게 된다.

🖥️ 글로벌 디앱(DApp)이란 무엇인가?

요즘 블록체인 기술에 관심을 갖고 뉴스를 보거나 듣다보면 '디앱^(DApp)'이란 기사를 자주 접하게 된다. "이 코인은 어떤 디앱^(DApp) 기반으로 만들어졌나요? "이 코인은 00기반 디앱^(DApp) 코인입니다." '디앱^(DApp) 이란 과연 무엇일까요?' 디앱^(DApp)은 '탈중앙화^(Decentralized)와 앱^(Application)'의 약어로 블록체인 앱을 말한다. DApp는 탈중앙화된 어플리케이션의 약자이다. 독자적인 블록체인 네트워크인 메인넷을 기반으로 스마트폰 앱에서 제공하는 게임, SNS 등의 서비스를 제공한다. 전문가들은 현재의 블록체인을 인터넷 '초창기' 생태계에 비유하기도 한다. 인터넷 초기 당시 사용자가 없어 인터넷 서비스가 제대로 작동하지 않고, 서비스 질도 떨어져 사용자가 모이지 않던 악순환이 오늘날 블록체인 현실과 비슷하다는 것이다. 언젠가 "인터넷이라는 기술이 등장했지만, 인터넷을 통해 사람들의 삶이 편리해지고 실생활에 쓰여야 의미가 있는 것"이라며 "마찬가지로 블록체인 기술이 나타났는데, 좋은 기술로만 끝나는 것이 아니라 실제 생활에 적용돼야 의미가 있는 것"이라고 말한다.

블록체인 업계에서는 디앱^(DApp)이 블록체인 기술과 대중을 잇는 통로가될 것이라고 전망하고 있다. 사용자가 프라이빗 키^(Private key)를 보관하는 방식 등 블록체인 기술은 몰라도 스마트폰처럼 디앱^(DApp)을 쉽게 이용할 수있으면 블록체인 대중화의 길이 본격적으로 열릴 것이라고 본다.

2007년 아이폰 등장 이후 애플리케이션^(앱) 시장은 빠르게 성장했다. 구글의 플레이스토어, 애플 앱스토어에 출시된 앱 숫자만 해도 수천만 개를 상회한다고 하니 엄청난 숫자의 성장세인 것이다. 그후 10여년이 지난 지금, 블록체인이 4차 산업혁명시대를 이끌어갈 주역으로 등장한 것이다. 스마트

폰의 OS(애플은 iOS, 구글은 Android) 기반으로 구동되는 애플리케이션이다. 디앱(DApp)은 블록체인을 이러한 OS라고 생각하면 된다. 어떤 블록체인을 기반으로 구동되는지에 따라,

"이더(Ethereum)기반 DAPP 코인 = 이더리움(Ethereum) 위에서 작동하는 어플리케이션으로 불리게 된다." 즉, 어떤 개발자가 스토리지(storage)라는 하드디스크(hard disk drive)를 빌려주는 코인을 만들고 싶어 한다. 그런데 이런 기술은 기존의 중앙집권식 코드로는 구현할 수가 없으므로 블록체인을 기반으로 한 탈중앙화 어플리케이션으로 만들어야 한다. 이러한 디앱(DApp)을 만들기 위해서 개발자는 직접 개발을 할 수도 있겠지만, 시간을 절약하기 위해 이미 만들어진 플랫폼 위에서 오픈소스로 앱을 만들게 된다. 덕분에 시간과 돈을 절약하면서 연구개발에 전념하고 이러한 많은 디앱(DApp)들이 성공할수록 기반이 된 플랫폼의 가치도 함께 증가되면서 코인의 가치가 상승하게 된다. 비트코인이 달러나 화폐를 대체하기 위한 블록체인 1.0의 기술이었다면, 이더리움과 같은 코인은 다른 어플리케이션이 그 위에서 작동할 수 있게 도와주는 플랫폼의 역할을 수행한다. 블록체인 2.0의 탄생인 것이다. 아직은 플랫폼 코인의 대표주자는 이더리움(Ethereum)으로 가장 많은 디앱을 보유하고 있다. 블록체인 전문 미디어 CCN에 따르면 블록체인 상위권 프로젝트 100개 중 94개가 이더리움(Ethereum) 블록체인 기반이라고 한다.

"이더리움 창시자] 비탈릭 부테린(Vitalik Buterin)은 누구인가?" 비탈릭 부테린(Vitalik Buterin)은 1994년 1월31일 러시아 모스크바 주 콜롬나에서 컴퓨터 과학자인 아버지 드미트리 부테린(Dmitry Buterin)과 어머니 나탈리아 아멜린(Natalia Ameline) 사이에서 태어났다. 이더리움은 2013년 당시 19살의 러시아 개발자인 비탈릭 부테린이 백서를 작성하여 개발을 제안하고, 2015년 서비스를 시작하여 2017년 이더리움의 가치는 비트코인 가치의 82%에 해당하는 340억 달러(우

리 돈 38조 5,730억 원...)에 육박했다고 하니 그 성장세가 어느 정도인지 가늠해 볼 수 없을 정도로 무시무시하다. 비탈릭 부테린의 별명은 '외계인(外界人, Extraterrestrial)' 이다. 그가 만 19세라는 어린 나이에 이더리움 백서를 쓴 것은 보통 인간으로서는 불가능한 일이므로, "혹시 우수한 문명을 가진 외계인이 아닐까"라는 뜻으로 사용하기도 한다. 한국에서는 이더리움(Ethereum)을 뛰어넘을 "시그마체인의 퓨처피아(FUTUREPIA)"가 글로벌 디앱(DApp) 생태계 구축에 박차를 가하고 있다.

| 기존 인터넷 생태계의 문제점 |

탈중앙화니즘
중앙집중형 서비스들의
수익독점과 보안문제 발생

저작권 부재
대형 플랫폼(네이버, 페이스북 등)
저작권 관리 소홀

블록체인 현황
비용, 개발, 관리면에서
현실적으로 구축이 어려움

자료 참조 : FUTUREPIA 홈페이지

시그마체인은 태생부터 분산형 플랫폼을 추구하며 블록체인과 만났다. 메인넷 소프트웨어를 개발·판매하는 한편 글로벌적으로 활동영역을 넓혀 나가고 있다. 시그마체인의 기술력은 이미 국내외적으로 정평이 났다. 시그마체인이 국제공인시험기관인 와이즈스톤 ICT시험인증연구소에 자체 메인넷의 블록체인 트랜잭션 처리율에 대한 시험성적서 발급을 요청해 '1초당 30만 건'의 트랜잭션(사용자 간 거래 기록) 처리 성능을 공식 인정받은 사실이 대표적이다. 시그마체인은 메인넷 개발을 통해 다양한 사업군과 협력하고 있으며,

특히 '블록체인 기반 스마트 도시 가능성과 스마트 시티를 구축함에 있어 중추적인 역할을 수행해 나갈 것이며, 게임과 관련해 필요하다면 메인넷 제공과 함께 조인트벤처를 세워 운영도 블록체인에 걸맞은 분산형 플랫폼으로 시도하고 있다. "게임은 블록체인과 토큰 이코노미가 만개할 수 있는 최적의 영역"이라 할 수 있으며, 주요 게임사 출신들과 함께 시그마체인의 메인넷을 활용한 다양한 활동이 전개 될 것이다. 특히 시그마체인은 자체 메인넷 기술이 탄탄하고 우수하기 때문에 순조롭게 진행되고 있으며, 국내는 물론 유럽과 미국 및 동남아 등 글로벌적으로 시그마체인의 강력한 기술 능력의 가능성을 보게 될 것이다.

🖥 블록체인 실체를 찾는 시그마체인

시그마체인의 곽진영 대표는 원조 SNS 싸이월드의 개발을 총괄했으며, 세이큐피트 CTO를 거친 SNS 정보기술 전문가이다. 2015년 분산 네트워크에 대한 연구를 진행하던 중 블록체인과의 접점을 발견, 현재의 시그마체인을 설립했다. 곽 대표는 "싸이월드와 같은 중앙집중형 플랫폼이 아닌 탈중앙화, 분산 네트워크를 시도하는 연구를 하던 중 블록체인에 집중하게 되었다." 블록체인이 가지는 탈중앙화와 분산, 거래의 투명성은 사실 모두 같은 말이다. 이러한 블록체인의 강점이 토큰 이코노미를 만나면 기존 중앙집중형 플랫폼의 부작용을 해결할 수 있을 것이다. 네이버와 카카오, 페이스북 등 많은 중앙집중형 플랫폼은 모든 권력과 수익을 플랫폼이 가져가는 구조이다. 블록체인은 플랫폼 권력을 유저들이 나누는 개념이며, 여기에 유저들에게 적절한 수익을 보장하는 토큰 이코노미 전략이 연결되어야 한다.

기존 중앙집중형 플랫폼이 블록체인 개발에 나서는 상황은 4차 산업혁명과 공유경제 시대에 걸맞는 미래의 모습은 아니다. 중앙집중형 플랫폼들이 블록체인에 나서려면 체질이 완전히 다른, 자기가 지금까지 가지고 있던 모든 권한을 포기해야 하는데 쉽지 않을 것이며, 전시적이고 정치적인 뭔가 다른 생각이 있을 수 있다. 블록체인이 보여줄 미래에 대한 장밋빛 전망이 난무하는 가운데, 시그마체인의 블록체인 기술은 미래사회에 기여하는 가치와 책임감을 갖고 도전해 나아갈 것이다. 우리가 인터넷으로 즐길 수 있는 서비스는 다 나왔다고 본다. 한 100년이 지나면 우리가 생각하지 못한 서비스가 나올지 모른다. 유저들이 서비스를 즐기게 하는 방식에 있어 기존 중앙집중형 인터넷은 생명을 다할 것이다. 이제는 블록체인이 서비스의 최하단에서 움직일 것으로 전망된다.

시그마체인에서 미래를 바라보는 전망의 현실은 2년 후에 나타날 것이다. 우리는 PC 인터넷 통신 1세대다. 당시만 해도 사람들은 인터넷이 이렇게 퍼질 것이라고 생각하지 못했다. 블록체인은 가장 안전한 제2의 인터넷 혁명이다. 이제 인터넷은 블록체인으로 새롭게 거듭날 것이다. 2년 후 기존 서비스에 블록체인이 도입되는 시대가 오고, 이를 중심으로 새로운 네트워크 혁명이 벌어질 것이다. 은행 등 최소한의 중앙집중형 플랫폼만 살아남고 나머지는 다 사라질 수도 있다. 유저들은 서비스가 동일하니 큰 차이를 느끼지 못하겠지만, 블록체인의 분산형과 투명성, 탈중앙화 시대는 어느 누구도 부인할 수 없는 트렌드가 될 것이다. 국내 블록체인 기술 기업들의 한계도 여기에 있다고 본다. 블록체인 기업들

자료 참조 : 시그마체인 곽진영 대표

은 대부분 서비스에 대한 경험이 없다. 기술을 좋은 서비스와 엮는 경험이 필요한 것이다. 서비스에 대한 이해가 있어야 블록체인의 시장 안착이 빨라진다는 것이다. 블록체인 기술을 가진 것만으로 부족하며, 이를 어떻게 서비스에 접목할 것인지 연구하고 노력해야 할 것이다.

🖥 시그마체인, 블록체인 기반 SNS 메신저 '스낵'

블록체인 기반의 글로벌 SNS 메신저가 전세계 누리꾼들에게 큰 관심과 호응을 얻고 있다. 블록체인 기술기업 시그마체인(대표 곽진영)은 자체 개발한 메인넷 '퓨처피아'의 1호 디앱(DApp) 스낵(SNAC)을 지난 4월 16일 오픈 베타 테스트(OBT)에 돌입했다. 스낵은 메신저와 뉴스피드를 한 데 묶은 블록체인 기반 SNS 메신저다. 일대일 채팅, 그룹 채팅, 콘텐츠 제작 및 공유, 쇼핑, P2P 분산 클라우드, 자체 암호화폐 지갑 등 다양한 기능을 제공하고 있다. 회원은 자신의 활동 내역에 따라 개당 가치가 원화와 동일한 스테이블 코인 스낵을 보상으로 받을 수 있다. 현재 전 세계 40여 개국 수십만 명이 스낵 오픈 베타 테스트에 참가 신청해 많은 관심과 호응을 얻었다. 오픈 베타 테스트에 사전참가자는 신청 보상 2000스낵 뿐만 아니라, 회원가입 및 관심사 해시태그 입력 시 각각 지급되는 2000스낵과 500스낵을 포함해 총 4500스낵을 보상받는다. 'SNS의 경제민주화'를 목표로 보상 시스템을 적용해 서비스 생태계 구성원 모두와 콘텐츠에서 발생하는 수익을 공정하게 나누는 것이다. 또한 스낵 회원 모두는 자신의 활동 내역에 따라 개당 가치가 원화와 동일한 스테이블 코인 '스낵(SNAC)'을 보상으로 받을 수 있다.

'스낵(SNAC)'은 OBT를 기념해 서비스 개선에 적극적으로 참여한 구성원에게 보상을 지급하는 이벤트를 마련하기도 했다. 종류는 시스템상의 오류를 제보한 선착순 1만 명에게 오류 한 건 당 1000스낵을 지급하는 '버그잡기 이벤트'와 서비스 개선점을 제시한 이용자 가운데 10명을 선정해 스낵을 제공하는 '스낵 아이디어 챌린지 이벤트' 등이다. 또 서비스 활성화를 위해 '도전! BEST 피드!' 이벤트와 커뮤니티를 위한 '그룹 TOP 10', '친구초대' 등 다채로운 프로그램을 마련해 놓고 있다. 이벤트를 포함해 활동 시 보상으로 지급되는 스낵은 쇼핑, 유료콘텐츠 구입 등에 활용이 가능하다.

스낵이 탑재된 퓨처피아 메인넷의 암호화폐 '피아(PIA)'로 교환해 암호화폐 거래소에서 원화 및 다른 암호화폐로 환전도 할 수 있다. 한편 퓨처피아는 SNS 디앱의 개발 및 운영에 도움이 되는 응용 프로그래밍 인터페이스(API)와 자체 암호화폐 거래소 등을 제공한다. DApp의 원활한 초기 시장 진입 및 지속적인 성장을 위해 퓨처피아 구성원이 디앱에 직접 투자해주는 '상생의 코인이코노미'도 구축했다. 국제공인시험기관으로부터 30만 TPS의 트랜잭션 처리 성능을 공식 인증받은 '시그마체인 메인넷'을 토대로 개발돼 속도와 안정성을 갖췄다.

시그마체인은 "스낵이 전 세계 SNS 시장에서 유튜브, 인스타그램, 페이스북, 카카오톡을 넘어 우뚝 설 수 있도록 집중할 것이다."

자료 참조 : 시그마체인 홈페이지 및 퓨처피아 공식 블로그

02
시그마체인(SigmaChain)의
기술(Technology)

블록체인 기술은 이중지불을 막는 핵심기술로써 중앙집중되어 있는 보증기관 없이 사용자와 사용자간의 직접적인 가치전송의 신뢰성을 보장하기 위해 사용된 기술이다. 블록체인은 분산형 공공거래 원장인 블록을 지속적으로 연결한 모음이라고 할 수 있다. 블록체인에 참여한 모든 사용자는 블록체인의 사본을 소유하고 있으며, 참여자 중 과반수 이상의 참여자가 인정한 거래내역만을 인정하며, 영구적으로 보관할 블록으로 연결한다. 일정 간격으로 새로운 블록을 생성하면, 새로운 블록은 이전 블록체인의 뒤에 연결되고 모든 사용자가 복제하여 저장한다. 현재의 보안 시스템은 어떻게 하면 안전하게 '숨길 수 있느냐'가 관건이다. 하지만 블록체인 기술은 보안성을 높이기 위해 '숨기기보다 오히려 공개'를 통해 모든 사람들이 정보를 공유하여 데이터 조작의 위험성을 낮추는 방향을 선택한다. 데이터를 공유하는 참여자(블록을 가진 사용자가) 많아질수록 안전성이 더 커진다는 발상이다.

블록체인 기술은 우리가 이미 익숙해진 것들과 다르게 보일 수도 있다. 블록체인을 사용하면 많은 사람들이 정보 레코드(Information Record)에 항목을 쓸 수 있으며, 사용자 커뮤니티는 정보 레코드를 수정하고 업데이트하는 방법을 제어할 수 있다. 마찬가지로 Wikipedia(위키피디아 ; 미국 온라인 백과사전) 항목은 단일 게시자의 제품이 아니다. 아무도 정보를 통제하지 못한다. 블록체인 기술을 고유하게 만드는 차이점을 명확하게 이야기 하자면, 둘 다 분산 네트워크에서 실행되는 것이지만 Wikipedia는 클라이언트−서버 네트워크 모델을 사용하여 월드와이드웹(WWW)에 구성된다. 해당 계정과 관련된 사용 권한을 가진 사용자(클라이언트)가 중앙화된 서버에 저장된 Wikipedia 항목을 변경할 수 있다. 사용자가 Wikipedia 페이지에 액세스할 때마다 Wikipedia 항목의 '마스터 복사본'의 업데이트된 버전이 제공된다. Wikipedia 관리자는 중앙 권한자가 액세스 및 사용 권한을 유지관리 할 수 있도록 데이터베이스 제어 권한을 유지한다. Wikipedia의 디지털 백본은 오늘날 정부나 은행 또는 보험회사에서 보관하는 고도로 보호되고 중앙화된 데이터베이스와 유사하다. 중앙 데이터베이스의 제어는 업데이트 관리, 액세스 및 사이버 위협으로부터 보호하는 것을 포함하여 소유자에 맡겨져 있다.

블록체인 기술로 만들어진 분산 데이터베이스는 근본적으로 다른 디지털 백본을 가지고 있다. 이것은 또한 블록체인 기술의 가장 독특하고 중요한 특징이기도 하다. Wikipedia의 '마스터 복사본'은 서버에서 편집되며, 모든 사용자는 새 버전을 보게 된다. 블록체인의 경우 네트워크의 모든 노드가 동일한 결론에 도달하며, 각 노드는 독립적으로 레코드를 업데이트 한다. 가장 많이 사용되는 레코드는 '마스터 복사본'이 아닌 사실상의 '공식 레코드'가 된다. 블록체인 기술을 유용하게 사용하는 것은 이러한 차이 때문이다. 정보를 등록하고 배포하는 데에 대한 혁신을 의미하며, 신뢰할 수 있는 당사자가 디지털 관계를 용이하게 할

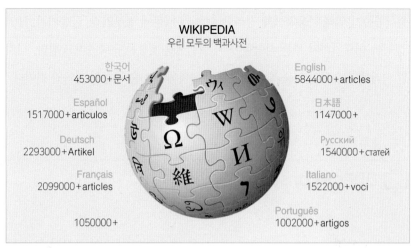

WIKIPEDIA
우리 모두의 백과사전

한국어
453000+문서

English
5844000+articles

Español
1517000+articulos

日本語
1147000+

Deutsch
2293000+Artikel

Русский
1540000+статей

Français
2099000+articles

Italiano
1522000+voci

1050000+

Português
1002000+artigos

자료 참조 : Wikipedia(위키피디아 ; 미국 온라인 백과사전)

필요가 없다. 그 결과 신뢰할 수 있는 제3자를 필요로 하지 않는 디지털 상호
작용을 위한 시스템이 탄생한 것이다. 디지털 관계를 보장하는 작업은 암묵적
이다. 우아하고 간단하면서도 강력한 블록체인 기술 자체의 네트워크 아키텍
처가 제공하는 것이다. 블록체인 기술의 경우 개인키 암호화는 인증 요구 사항
을 충족하는 강력한 소유권 도구를 제공한다. 또한 해커에게 노출 될 수 있는
사람이 교환을 위해 필요한 것보다 많은 개인 정보를 공유하지 않아도 된다. 인
증은 분산된 Peer-to-Peer 네트워크가 필요하다. 분산 네트워크는 중앙화된 손
상이나 실패의 위험을 줄여준다. 이 분산 네트워크는 또한 트랜잭션 네트워크
의 기록 보관 및 보안을 보장해야 한다. 트랜잭션 인증은 전체 네트워크가 설계
된 규칙인 블록체인의 프로토콜을 적용한 결과이다. 이러한 방식으로 제공되
는 인증 및 권한부여는 신뢰에 의존하지 않고 디지털 세계에서의 상호작용을
허용한다. 상상할 수 없는 새롭고 강력한 디지털 관계가 가능하다. 블록체인 기
술은 흔히 Value of Internet의 기초가 되는 인터넷 트랜잭션 계층의 백본(Backbone)
으로 설명된다. 실제로 암호화 키와 공유 원장(Ledger)이 디지털 관계를 보호하고

형식화하기 위해 사용자에게 장려할 수 있기 때문에 정부기관, 금융기관, IT기업 등에 이르기까지 모든 사람들이 이 트랜잭션 계층을 구축하려고 한다. 디지털 거래에 필수적인 인증 및 권한부여는 블록체인 기술 구성의 결과인 것이다.

📟 DDPoS Consensus 알고리즘

그래핀 툴킷(Graphene Toolkit Technology)을 사용, 블록체인 기반의 분산된 공용 네트워크이며 DPoS방식을 개선한 DDPoS(Dual Delegated Proof of Stake)방식이며, 기존 PoW방식의 단점인 트랜잭션 속도를 개선하였고, DPoS의 보안부분을 한층 더 강화하여 만들어진 자체 알고리즘이다.

- ⓑ DDPoS(Dual Delegated Proof of Stake)
- ⓑ 17개의 확정노드와 4개의 랜덤노드로 진행한다.

📟 블록생성 주기 및 트랜잭션

- ⓑ 블록생성주기설정 기능 : 네트워크 지연 등의 문제를 대비하기 위하여 최소 3초 이상 권장한다.
- ⓑ 블록 및 트랜잭션 최대 크기 : 제한이 없으며, 사용자 응용에 맞추어 설정이 가능하다.

 최적의 노드 수

◎ 최소 3~21 Node 권장 : 노드수가 많아질수록 동기화를 위해 네트워크 사용 및 노드별 데이터 저장을 위한 비용이 발생한다.

API(Application Program Interface) Layer

◎ LIVE Streaming

◎ Smart Wallet

◎ Communication Network

◎ P2P Cloud

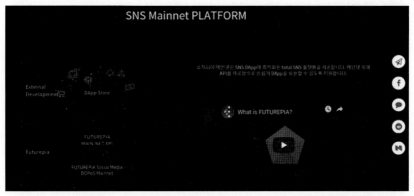

자료 참조 : FUTUREPIA 홈페이지

특허증(Certificate) 및 시험성적서(Test Result)

특허증(Certificate) 및 시험성적서(Test Result)

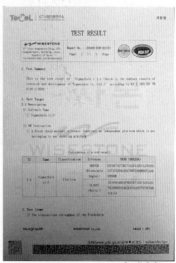

Resource

ⓓ Transaction 성능

검증방식의 차이에 따라 블록의 생성 및 트랜젝션 속도의 차이가 발생한다. PoW방식은 처리 가능한 트랜잭션이 초당 7~10,000개이므로 실제 서비스에 적용하기에는 처리속도의 문제가 발생하여 적용이 어렵다. 이에 따라 기존의 PoW방식 업체는 속도를 높이기 위한 다양한 시도를 하고 있으나 원천적인 모델의 한계를 벗어나지 못하고 있다. DPoS방식인 이오스(EOS)는 초당 100,000건의 트랜잭션을 처리하고 있지만, 시그마체인의 DDPoS 방식은 초당 300,000건의 트랜잭션 처리 속도와 3초마다 블록생성을 하고 있어 서비스에 적합하고 안정성에서도 뛰어나다.

ⓑ 보안성

시그마체인의 경우에는 DPoS에서 안정성을 더욱 더 발전시킨 모델이다. 17명은 검증대상으로 고정하고, 4명은 전체 참여자 중에서 랜덤하게 선발하여 검증한다. 기존의 DPoS모델은 21명을 해킹하는 대상으로 특정되나 시그마체인의 모델에서는 랜덤한 4개의 참여자가 추가됨으로 해킹하기가 더욱더 어렵다. 시그마체인은 이 모델을 DDPoS(Dual DPos, 이중위임지분검증)이라고 정하고 전 세계에 특허출원을 완료하였다.

ⓓ 안정성

시그마체인의 독립적인 메인넷으로 원활한 트랜잭션 처리와 자유로운 생태계 구성이 가능하며 Web/App 지갑의 생성, 안정적인 서비스를 제공한다.

❽ DApp을 위한 서비스강화

DApp 서비스의 안정성을 위하여 사용자의 각종활동^{(글을 올리거나, 댓글을 달거나,} _{코인을 송금하거나 등)}에 따라 암호화하는 개인키 값을 모두 다르게 보유하게 하여, 혹시 발생할 수 있는 해킹에 대비한다.

❾ 모니터링과 성능개선

시그마체인은 웹서비스를 기반으로 하여 블록생성노드에 대한 블록생성에 대한 결과를 모니터링 할 수 있도록 제공한다. 또한 시그마체인 메인넷에서는 블록체인 서비스 네트워크에 등록하지 않고 엔진 개선을 위한 개발 디버그 노드를 제공함으로서 블록체인 네트워크 상황을 모니터링 할 뿐만 아니라 현재 블록체인의 서비스와 분리된 개발을 가능하도록 해준다.

❿ 프라이빗 블록체인 적용 가능

참여자의 수, 검증자의 수 등 다양한 경우의 수를 모두 쉽게 변화할 수 있게 개발되었다. 따라서 은행이나 기업들이 내부적으로 블록체인을 구현하려고 할 때 손쉽고 안정적인 구축이 가능하다.

03

What is SNA
(SigmaChain Network Alliance)?

시그마체인 네크워크 얼라이언스 협회 출범

　블록체인 기반 메인넷 플랫폼 개발사 시그마체인은 국내 토종 메인넷 기술로 글로벌 표준을 지향하는 블록체인 연합체인 '시그마체인 네트워크 얼라이언스 협회^(이하 SNA 협회)'가 2019년 3월7일 공식 출범했다. SNA는 시그마체인 메인넷 기반 블록체인 네트워크 연합체가 출범한 것이다.

자료 참조 : 시그마체인 네트워크 얼라이언스 협회 출범식, 전자신문, 2019.3.8.

시그마체인은 SNA 협회 회원사들에게 메인넷 개발에서부터 토큰 이코노미 구축, 마케팅 솔루션, 글로벌 네트워크, 암호화폐 상장(ICO)에 이르는 블록체인 비즈니스 토탈 솔루션을 제공한다. 분야별로 맞춤 설계된 시그마체인 메인넷 플랫폼을 SNA 협회 회원사들을 통해 빠르게 확산하고 다양한 분야의 블록체인 실용 사례를 창출해 블록체인 상용화 시대의 개막을 주도하겠다는 계획이다. 곽진영 시그마체인 대표는 "블록체인 생태계를 활성화하기 위해서는 현재의 인터넷 서비스들이 블록체인으로 옮겨가는 데 무리가 없도록 블록체인이라는 신기술에 대한 진입장벽을 대폭 낮추는 것이 중요하다"라며 "SNA를 통해 다양한 분야로 시그마체인 메인넷 플랫폼을 적극 확산해 블록체인 기반 디앱 서비스의 대중화 및 상용화에 글로벌적으로 앞장서겠다"고 말했다. 신동윤 SNA 협회 사무국장은 "비트코인, 이더리움, 퀀텀 등 기존 메인넷 플랫폼이 각기 다른 영역의 사업을 하는 기업들이 무작위로 입주해 있는 일반 빌딩이라면, SNA는 분야별 전문 빌딩들로 설계된 신도시"라며 "시그마체인의 블록체인 기술이 글로벌 표준이 되고, 우리의 서비스가 세계 블록체인 시장을 선도하도록 하는 데 기여할 것"이라고 포부를 밝혔다.

SNA 협회에는 시그마체인을 비롯해 맛집 정보 앱 시럽테이블(몬스터큐브), AI 기반 뷰티 · 헬스테크 기업 엘픽스, 해양전략시뮬레이션 온라인게임 네이비필드(나이아드게임즈), AI 의료 지원 로봇 및 플랫폼 기업 와이즈케어, 사회적 약자를 위한 기부 플랫폼 기업 탱크, 블록체인 기반 크라우드펀딩 기업 IBS체인, 블록체인 기반 정보자산관리 솔루션 기업 타임(Tyme), 블록체인 교육기업 라이커월드, 카지노 올림픽을 추진 중인 e스포츠 기업 암블 등 100여 개 기업이 창립 멤버로 참여했다. 기존 인터넷 서비스를 시그마체인 메인넷 플랫폼 기반으로 재편하고, 세계 시장을 선점할 새로운 블록체인 도시 생태계를 구축하는 것이 SNA 협회 목표이다.

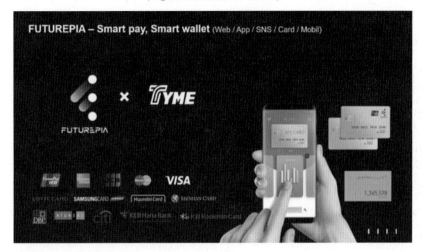

자료 참조 : 시그마체인 사진 제공

블록체인 기반 SNS 혁명, 퓨처피아의 스낵

여러분들은 어떤 SNS를 사용하고 계신가요? 페이스북? 인스타그램? 유튜브? 카카오톡? 4차 산업혁명시대를 맞아 소셜 네트워크 서비스 시장의 확대는 전 세계가 주목할 만큼 방대해졌고 엄청난 광고시장이 확대되고 있다. 전 세계를 잇는 페이스북 기업의 영향력이 어마어마할 정도로 대형 기업이 된 것은 모두가 알고 있는 사실이며, 페이스북 자사의 플랫폼들을 사용하는 사용자수가 25억 명에 달하는 것만 보아도 얼마나 많은 사람들이 열광하고 있는지 알 수 있다.

그러나 "이러한 열광의 보상은 누구의 것일까? 과연 유저 여러분 몫일까요? 해당 기업의 주주들일까?" SNS 시장이 확대됨에 따라 블록체인과 연계된 다양한 소셜 네트워크 서비스가 시장에 등장하고 있다. 뿐만 아니라 기존에 있던 서비스들도 블록체인 기술을 적극 도입하여 활용 가능한 방안을 구축하는 모습을 볼 수 있다. 그러나 "시그마체인 & 퓨처피아 스낵(SNAC)은 블록체인 기반의 SNS 중에서도 최적화된 퓨처피아 메인넷은 30만 TPS를 공식적으로 인증 받아 트랜잭션 처리에 굉장히 고효율임을 선보이고 있는 퓨처피아의 DApp"이다. '시그마체인 네트워크 얼라이언스 협회(이하 SNA 협회) 행사'에서 "베타 오픈 예정인 SNS 블록체인 플랫폼 프로젝트 '퓨처피아'의 주요 제원을 공개"했다. 퓨처피아는 시그마체인 메인넷 플랫폼의 성공적인 상용화를 실증하는 차원에서 시그마체인이 자체적으로 추진하고 있는 프로젝트이다. 시그마체인 메인넷을 기반으로 구축한 퓨처피아 메인넷은 SNS 디앱의 제작 및 운영에 필수적인 다양한 기능과 API를 제공하는 한편, 코인홀더와 디앱 간 상생을 위한 퓨처피아 에코 시스템까지 지원하게 된다.

| 시그마체인, 블록체인 기반 SNS 플랫폼 스낵(SNAC) |

자료 참조 : 시그마체인 홈페이지

블록체인(BlockChain)은 디지털 세상을 넓히는 촉매제이지만, 기술만으로 혁신을 이루는 것은 한계가 있다. 시그마체인은 대한민국 최초 SNS 플랫폼인 싸이월드를 개발한 경험을 바탕으로 성장하였으며, 이를 바탕으로 쌓여진 온라인 SNS 비즈니스 경력과 시그마체인이 보유하고 있는 기술을 활용한다면 완벽한 솔루션을 제공할 수 있을 것이다. 시그마체인은 자체 개발한 Main-Net 기술을 기반으로 광범위한 플랫폼으로 빠르게 성장하기 위해 SNS, 엔터테인먼트, 라이프, 패션, 의료, 스포츠 등 분야별로 메인넷 서비스를 제공하고 있으며, 정부기관 및 지자체, 금융기관, 병원, 학교 등 전 세계적으로 영역을 확장해 나가고 있다. 이들 메인넷은 각자 운영되는 동시에 시그마체인의 마스터 메인넷과 연결되어 있어 상호 검증이 가능하고 부가적인 시너지 효과를 발생시킬 뿐 만 아니라, 그 영향을 통해 블록체인 네트워크 생태계에서 블록체인을 이용한 기술 및 서비스 영역을 확장시켜 나갈 수 있다.

또한 "현재 전 세계 대표적인 소셜 미디어인 페이스북의 이용자는 22억명 이상, 페이스북을 따라 빠르게 성장하고 있는 소셜 미디어 인스타그램은 작년 기준 이용자가 10억명이 넘는다. 이처럼 21세기에 들어서 전 세계적으로 소셜 미디어를 이용하는 인구가 빠르게 증가되고 있다. 하지만 페이스북과 인스타그램의 주 수입원인 '광고' 노출에 대해 플랫폼 사용자는 원하지 않아도 광고를 필수적으로 일정 시간동안 보고 있어야 한다. 이에 대해 사용자는 어떠한 보상(Reward)도 얻을 수 없고, 자신의 개인 피드에 컨텐츠를 업로드 하여도 저작권이 제공되지 않는다. 이러한 문제를 개선하기 위해 블록체인 기술을 도입하여 나온 블록체인 기반 SNS 플랫폼 '스낵(SNAC)'을 세상에 내놓게 된 것이다."

각 메인넷별 코인이 자체 생태계를
구축할 수 있게 개발 및
마케팅을 지원함으로써 다양한 토큰을
유치할 수 있게 지원합니다.

시그마체인 네트워크 활성화를
위한 코인(토큰) 거래시장 형성을 통해
SNA 세상만의
기축통화 역할을 수행합니다.

BENEFIT

SNA에 속하는 메인넷과 DApp들이
상호 마케팅 제휴를 통해
상호 원원할 수 있도록
시너지 환경을 구축합니다.

시그마체인 네트워크에
속한 서비스의 코인과 토큰들을
상호 교환하거나 사고 팔 수 있는
시장을 제공합니다.

자료 참조 : 시그마체인 홈페이지

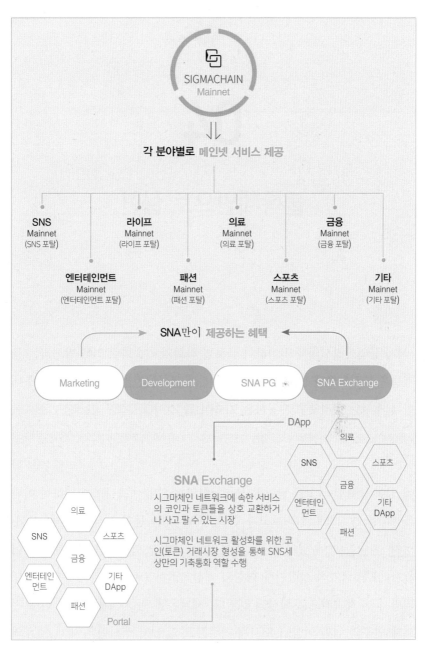

04

스마트시티, 시그마체인(SigmaChain)
블록체인으로 실현

4차 산업혁명시대를 맞이하여 글로벌 사회의 가속화로 인해 발생하는 문제들을 해결하고자 노력하고 있다. 그리고 블록체인은 이러한 문제들에 대한 실제적인 해결책을 제공하는 기술이 될 것이다. "첨단 정보통신기술(ICT)을 이용해 도시생활 속에서 유발되는 교통문제, 환경문제, 주거문제, 시설비효율 등을 해결하여 시민들이 편리하고 쾌적한 삶을 누릴 수 있도록 한 스마트시티를 건설"함에 있어 중요한 역할을 담당할 블록체인의 가치와 비즈니스에 대하여 아티클(article)을 중심으로 살펴보고자 한다. 지난 20년 동안 세상은 경제, 사회, 정치, 기술 분야에 있어 셀 수 없이 많은 그리고 혁신적인 진보를 이루어왔다. 또한 국가적 성장이자 혁신의 대상으로서 스마트시티(smart city)가 진행되면서 전 세계적으로 확산되고 있다. 세계은행(World Bank)에 따르면 현재 전 세계 인구의 절반 이상이 도시에 거주하고 있으며, 생산력은 세계 GDP의 80% 이상을 차지하고 있다. 그러나 이와 같은 혁신적인 진보에도 불구하고 사회적 변화들을 선진국과 개발도상국이 해결책을 모색 중인 가운데 오히려 더욱 복잡한 사회 문제들로 악화시키는 결과를 초래하기도 한다.

| SigmaChain Business |

자료 참조 : 시그마체인 홈페이지

'스마트시티(smart city)'란 첨단 정보통신기술(ICT)로 인해 발전한 다양한 유형의 전자적 데이터 수집 센서를 사용해서 정보를 취득하고, 이를 자산과 리소스를 효율적으로 관리하는 데 사용하는 도시 지역을 일컫는다. 정보통신기술을 이용하여 도시 생활 속에서 유발되는 교통문제, 환경문제, 주거문제, 시설비효율 등을 해결하고 시민들이 편리하고 쾌적한 삶을 누릴 수 있도록 하는 데 목적이 있다. 스마트시티는 각국 경제 및 발전 수준, 도시 상황과 여건에 따라 매우 다양하게 정의·활용되고, 접근 전략에도 차이가 있다. 스마트시티가 도시 문제를 해소할 수 있을 뿐만 아니라 4차 산업혁명시대에 선제적으로 대응하고 새로운 성장 동력을 창출할 수 있는 대안으로 떠오르면서 세계 각국의 도시가 스마트시티 구축에 나서고 있다. 스마트시티가 구축되면 실시간으로 교통정보를 얻을 수 있어 이동 거리가 줄고, 원격

근무가 가능해지는 등 거주자들의 생활이 편리해질 뿐만 아니라 이산화탄소 배출량도 줄일 수 있다.

🖥️ 블록체인 기반의 생태계와 친환경 에너지

점점 더 가속화되는 도시의 인구 증가와 맞물려 환경과 접촉하는 소비 패턴과 상호작용 역시 증가함으로써 환경오염은 매우 높은 수준으로 악화되고 있다. 도시의 인구활동과 에너지 소비 수준의 증가로 매년 발생하는 고체 폐기물과 이산화탄소 발생량은 각각 매년 약 350만 톤, 300억 톤 이상에 달하는 것으로 알려져 있다. 이에 따라 지구의 평균 기온은 약 0.8도 상승했는데, 이로 인해 기상 악화, 해수면 상승으로 인한 홍수 등 자연 재해를 초래할 가능성이 있다.

한국은 2021년 입주를 목표로 세종시와 부산에 스마트시티 국가 시범

자료 출처: 세계 이산화탄소 배출량은 1960년에서 2000년까지 10%가 증가하는데 40 년이 소요되었으나, 2000년부터 2010년까지 11% 증가하는 데 불과 10년 밖에 걸리지 않았다.(제공 : Conservation Institute)

도시를 조성한다. 총 사업비 1조 4876억 원이 투입되는 세종 5-1 생활권은 면적 274m2로 블록체인 기술, 인공지능[AI]을 기반으로 한 도시를 조성해 모빌리티, 헬스케어, 교육, 에너지환경, 거버넌스, 문화쇼핑, 일자리 등 7대 서비스를 구현한다. 이곳에서는 자율주행 셔틀버스, 전기공유차 등을 이용할 수 있고 개인 맞춤형 의료 서비스 등을 받을 수 있다. 총사업비 2조 2083억 원이 투입되는 부산시 에코델타시티는 총 219m2에 건설된다. 이곳에는 고령화, 일자리 감소 등의 도시문제에 대응하기 위해 로봇, 물관리 관련 신사업을 육성하며, 로봇이 주차를 하거나 물류를 나르는 등 일상생활에서 로봇 서비스를 이용할 수 있고, 첨단 스마트 물 관리 기술을 적용해 한국형 물 특화 도시모델을 구축한다.

블록체인은 안전하고 편리하게 정보를 검증하여 정부와 관련된 프로세스 및 거래를 최적화하기 위한 솔루션을 만들 수 있다. 즉, 이를 통해 정부의 업무처리 효율성을 증가시킬 수 있으며, 이산화탄소 배출량 및 환경오염을 줄일 수 있다. 두바이의 경우 이러한 지속가능한 행정의 측면에서 앞선 행보를 보이고 있다. 두바이는 2020년까지 블록체인을 사용하여 모든 업무를 수행하는 세계 최초의 정부가 될 것이라고 한다. 또한 모든 행정업무를 디지털화해 이전에 종이 문서로 진행했던 과정들을 없앰으로써 연간 1억 1,400만 톤의 이산화탄소 배출 감소 효과가 있을 것이라고 한다. 이는 미국이 2017~2018년도에 이산화탄소 배출량 400만 톤을 감축한 사례와 함께 중요한 영향력을 행사할 것으로 보인다.

이러한 노력은 지속 가능한 청정 도시를 만드는데 도움이 될 것이다. 하지만 청정에너지와 친환경적인 도시계획을 이루기 위해서는 이에 대한 인식의 증가와 지원이 필요하다. 블록체인은 전 지구적인 차원에서 이러한 문제에 대해 더욱 경각심을 갖게 만들어 줄 수 있을 뿐만 아니라, 환경 친화적인 스타트업 기업을 위한 투명하고 편리한 펀드레이징(fund-raising) 기회도 만들 수 있다. 글로벌 자산공유 플랫폼인 셰어러블 에셋(Shareable Asset)에서는 기업 폐기물을 재활용하고 환경적 영향력이 적은 다양한 폐기 방법을 시도하여 지속 가능한 환경을 창출하는 프로젝트인 SEED SRF Energy Farm을 지원함으로써, 이러한 이니셔티브를 성공적으로 진행했으며, SEED SRF Energy Farm 프로젝트의 경우, 펀드레이징을 위한 목적으로 자산 토큰화 플랫폼인 셰어러블 에셋 상에서 특별한 에너지 토큰을 활용한 바 있다.

자료 참조 : 두바이는 2020년까지 첫 번째 블록체인 도시가 되길 원하며, 두바이 블록체인 전략 2020에 따라 이산화탄소 배출량을 점차 줄여나갈 것이다.(Credit : Time Out Dubai)

블록체인 기반의 생태계는 친환경 에너지 설비의 정확한 에너지 사용량과 배출량을 모니터링 할 수 있고, 이를 디지털 토큰과 같은 개방형의 분산형 네트워크 상에서 네트워크에 기록 및 수치화할 수 있다. 결과적으로 이는 기업과 정부의 신규 사업 및 인센티브 모델을 촉진하고 보다 더 환경적 이점이 있는 지속가능한 방법들을 중점적으로 추구하는 기업의 증가를 가져올 것이다.

중국 항저우를 비롯한 중국의 여러 도시들은 블록체인 기술을 사물인터넷(IoT)과 디지털 월렛(Digital Wallet ; 전자지갑) 등에 적용하여 페이퍼리스(Paperless) 사회를 구현하고 있다. 알리바바의 알리페이를 통해 항저우 택시의 98%, 편의점의 95% 정도에서 모바일 결제가 가능하며, 정부 업무, 차량, 의료 등 60여 종에 달하는 서비스를 이용할 수 있다. 또한 중국은 이미 생산의 탈중앙화와 에너지의 토큰화를 실현하기 위해, 2015년부터 전력 부문의 개혁을 시작했으며, 이를 통해 탈중앙화 기반의 자율적인 에너지 공동체를 구축하는 시도를 진행 중이다. 이를 통해 개인은 에너지를 디지털 자산으로서 거래 가능할 것이며, 이는 지속 가능한 라이프스타일을 장려하여 농촌과 지역 사회에도 긍정적인 영향을 미칠 것이다. 또한 이와 관련된 모든 데이터들을 데이터베이스로 구축하여, 향후 더 나은 미래를 위한 분석과 대책 마련에 사용할 수 있을 것이다.

자료 참조 : 세계 최대의 온실가스 배출국인 중국이 2030년까지 국내총생산(GDP) 단위당 온실가스 배출량을 2005년보다 60% 이상 줄이겠다는 목표를 확인함, 한국경제, 2017.

한국 정부와 인천경제자유구역청(Incheon Free Economic Zone, IFEZ)도 2002년 서울에서 56km 떨어진 인천의 매립지에 혁신적이고 새로운 스마트 시티인 '송도 국제도시'를 설립했다. 환경적이고 지속 가능한 블록체인 허브 시티를 목표로 송도는 도시 전체의 40%를 차지하는 규모의 녹지, 공압 튜브 쓰레기 처리 시스템, 거대한 자전거 레인 등 주요 시설들을 갖춰가고 있다. 또한 IFEZ와 블루웨일은 2018년 11월 MOU를 통해 블록체인 관련 신생 기업, 인큐베이터, 공유 오피스를 위한 커뮤니티를 구축하는 데 동의하였다.

🖥️ 사회문화 부문의 임팩트 투자

'임팩트 투자(impact investment)'란 투자행위를 통해 수익을 추구하는 것뿐 아니라 사회나 환경에 긍정적인 영향을 미치는 사업이나 기업에 돈을 투자하는 행태를 말한다. 기존의 투자는 경제 및 재무적인 성과에 집중하였던 반면, 임팩트 투자는 경제 및 재무적 성과를 넘어 사회적 · 환경적 성과를 추구하는 투자를 말한다. 2011년 제이피모건(JP Morgan), 글로벌임팩트투자네트워크(Global Impact Investing Network, GIIN) 및 록펠러(Rockefeller) 재단은 이 용어를 '자본 회수를 넘어 긍정적인 영향을 목적으로 하는 투자'로 정의하였다. 공공 예산만으로는 더 이상 사회 문제를 해결하기가 어렵다는 세계적인 인식 하에 이제는 자본주의 안에서 사회문제를 해결하고자 하는 시도이다. 임팩트 투자는 사회적 책임 투자(Socially Responsible Investing, 이하 SRI)에 속하는 개념으로, 기존 SRI의 경우 사회에 해를 끼칠 수 있는 기업에 대한 투자를 회피하는 소극적인 방식으로 이루어진 반면, 임팩트 투자의 경우 사회에 긍정적인 영향을 미칠 수 있는 기업을 적극적으로 발굴하고 투자한다는 측면에서 차이가 있다. 미국 등 선진국에서는 사회성과 연계채권(Social Impact Bond, SIB)과의 연계를 통해 임팩트 투자를 적극 장려하고 있다. 사회성과 연계채권이란, 투자를 받아 사회적 성과를 낼 수 있는 곳에 투자를 한 후, 예상한 성과를 내면 정부로부터 수익금을 받는 채권이다. 2012년 골드만삭스가 미국 뉴욕시의 청소년 재범률을 낮추는 사업에 960만 달러를 이 채권으로 투자한 바 있다. 2014년에 글로벌임팩트투자네트워크(GIIN)에서 발간한 '세계지속투자리뷰, Global Sustainable Investment Review'에 따르면 전 세계 임팩트 투자에서 미국이 63%, 유럽이 26%, 아시아가 5%, 나머지 국가가(호주, 캐나다 등) 6%를 차지하고 있다. 동 보고서에서는 최근 사회적, 환경적 문제에 대한 관심이 급증하고 있는 아시아가 향후 임팩트 투자 성장의 주요 지역이 될 것으로 전망하였다.

자료 참조 : 중국내 차량 3억 3천만 대로 인한 대기오염을 원인으로 매년 평균 110 만명의 조기 사망자가 발생(제공 : South China Morning Post)

우리는 급격한 도시화에 따른 환경적, 정치적 변화에서 일어나는 어떠한 문제들을 해결하기 위한 솔루션으로서 블록체인의 가능성을 예측하고 어떻게 활용할 수 있을지에 대해 고민하고 있다. 도시의 인구 증가로 인해 동반 상승하는 여러 가지 필요 사항들에 부응하기 위해 다양한 측면에 걸쳐 도시의 인프라를 유지하고 개발해야 하는 상황에 직면해 있다. 다양한 인프라 요소 중 특히 부동산 산업은 인구변화로 인해 촉발되는 주거 및 상업용 건물을 포함한 자산의 수요 변화가 큰 산업이다. 하지만 이러한 인프라를 유지 및 개발함에 있어 정부가 전적으로 부동산 정책을 계획하고 유지하며, 재무적으로 지원하게 될 경우 선진국과 개발도상국 모두 재정적 도전 과제에 직면하게 될 것이다. 예산 편성의 어려움으로 말미암아 핵심 인프라의 개선 작업이 지연되기도 하고, 민간투자 지원을 받고자 할 것이다. 임팩트 투자가 필요한 산업군으로 운송 산업을 들 수 있는데, 이는 고밀도의 경제활동과 교통량을 감당할 만한 시스템의 필요성 때문이다. 대중교통

시스템의 처리 능력 부족과 더불어 자가용 차량의 증가는 교체증과 대기오염의 악화로 이어진다.

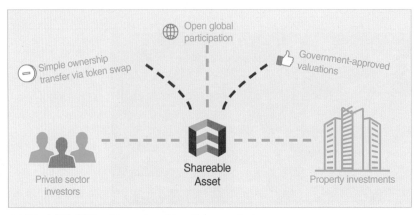

자료 참조 : 셰어러블 에셋(Shareable Asset, https://shareableasset.com/)

"블록체인은 부동산 산업에 대한 해결책 중 하나로 도시 인프라에 대한 민간 투자를 보다 쉽고 매력적으로 만들어 인프라 개발에 소요되는 재정적 부담을 완화하는 것"이다. 그리고 블록체인을 활용해 자산을 토큰화 한다면 더 나은 접근성과 더 높은 효율성 및 더 나은 수익을 기대할 수 있다. 블록체인은 탈중앙화, 분산된 원장과 데이터의 완결성과 투명성을 기반으로 하여 투자 유동성 부족, 어렵고 시간이 많이 소요되는 프로세스 등 전통적인 거래와 연계한 고질적인 문제들을 경감시킬 수 있다. 블록체인 기반 플랫폼인 셰어러블에셋(Shareable Asset)의 경우 부동산 산업 부문에서 유형자산을 토큰화하여 전세계의 개인과 개인이 자산을 공유할 수 있는 생태계를 조성하고 있다. 유무형 자산에 대하여 더욱 간단하고 투명하며 접근성 높은 솔루션을 제공하기 위해 셰어러블에셋은 참여자들에게 효율적이고 투명한 글로벌 자산에 대한 참여 기회와 함께 편리하면서도 유동성 높은 현금화 옵션을 제공하고 있다. 또한 셰어러블에셋 플랫폼에 업데이트되는 부동산 프로젝트들은 지방 정부가 승인한 밸류에이션을 근거로 제공하여 플랫폼 상에서 신뢰도와 경쟁력을 갖춘 자산에 대한 접근성을 제공한다.

또한 블록체인은 개선된 데이터 수집 및 분석과 관련된 관리능력과 더불어 운송과 관련된 거래를 단순화하여 대중교통 시스템을 상당한 수준으로 개선하는데 활용될 수 있다. 이 부문의 데이터 수집은 정부가 이동 행태를 파악하고 이를 기반으로 적합한 도시계획 전략을 수립하기 위한 필수 요소가 될 것이다. 블록체인을 활용한다면 변경 불가능한 공유형 데이터베이스에 모든 디지털 정보를 저장하여 다양한 이해관계자들이 이동 서비스의 진보에 참여가 가능할 것이다. 더 나아가 이 데이터는 점점 더 많은 도시들이 그렇듯이 효율성과 접근성을 개선하기 위해 복합적인 운송 구조를 설계할 때에도 유용하게 사용될 수 있다.

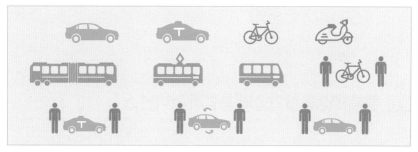

자료 참조 : MaaS(Mobility as a Service)의 주요 기능은 다양한 운송 옵션을 하나의 모바일 서비스에 결합하여 계획 및 일회성 지불의 번거로움을 없앰으로써 모든 여행 수단을 한 번에 제공한다. (제공 : MaaS Global)

더 나아가 "블록체인을 활용해 대중교통에서 사용가능한 토큰을 만든다면 이는 다양한 운송방식에 걸쳐 거래 프로세스를 단순화할 수 있을 뿐만 아니라, 수많은 운송 관련 서비스 제공자들 간의 거래를 원활하게 관리할 수 있다." 이미 싱가폴과 같은 국가들은 이처럼 통합적이고 지속 가능한 대중교통 시스템을 개발하기 위해 노력 중이며, 한 택시업체는 최근 하나의 플랫폼에 모든 교통 시스템을 통합하기 위해 핀란드 회사인 MaaS^(Mobility as a Service) Global과 파트너십을 체결했다.

자동차 소유주 증가에 따라 발생 문제들을 해결하기 위한 또 다른 해결책으로 차량 공유경제가 부상하고 있다. 이미 'Uber, Lyft, Grab, Didi Chuxing과 같은 공유 플랫폼들은 각각의 영역에서 파급효과'를 일으키고 있으며, 2025년까지 그 가치는 3,350억 달러 규모로 공유경제의 성장을 견인할 것으로 예상된다. 하지만 신뢰와 투명성에 대한 우려, 그리고 지불 과정의 분쟁으로 인해 이러한 플랫폼 기반의 서비스들에 대한 반발도 있다. 바로 여기에서 블록체인은 다음과 같은 해결책을 제시할 수 있을 것이다.

1) 중개 플랫폼을 제거하여 운전자와 탑승자의 직접 상호작용 증대

2) 스마트 계약으로 원활한 지불 및 거래 가능

3) 사용자의 신원을 안전하고 투명한 방식으로 보장

🔒 블록체인 융합기술의 통합과 거버넌스

우리는 도시화에 따라 점점 더 악화되는 환경문제와 사회정치적 불안과 함께 이를 해결하기 위한 블록체인 기반 솔루션의 가능성이 커지고 있다. UN과 미국 인구통계국^(United States Census Bureau)의 통계에 따르면 2050년까지 대부분의 국가는 97억의 인구 중 최소 68%를 수용하기 위해 도시화 될 것이라고 한다. 또한 경제협력개발기구^(OECD)는 2050년까지 전세계 이산화탄소 배출량이 70% 증가할 것으로 예측하고 있으며, 이는 극심한 자연 재해

및 동식물 멸종과 같은 심각하고 회생 불가능한 기후 변화를 가져올 것으로 예견되고 있다.

블록체인 시대에 우리는 매일 발전 가능한 기술적 진보를 갖추어 가는 것을 보게 된다. 물론 이러한 발전은 불확실성과 개선의 여지를 수반하지만 그렇다고 해도 블록체인 기술의 활용이 가져올 커다란 잠재력을 부정할 수는 없을 것이다. 따라서 만약 블록체인 기술에 기반 한 신성장 가치와 새로운 경제의 잠재력을 선도하는 한편 견고한 디지털 생태계를 구축한다면, 이를 통해 도시화로 발생하는 중요한 문제들을 해결할 수 있을 것이고, 더 혁신적인 미래를 꿈꿀 수 있을 것이다. 급속한 도시화는 경제적 성장과 생산성 향상, 그리고 문화적 다양성을 이끄는 원동력이기도 하지만 도시화로 인한 급격한 도시 인구증가는 기존의 사회적 인프라에 영향을 줄 수 있는 원인이 되기도 한다. 물론, 인구 규모가 5만~20만 명에 달하는 개발도상국의 도시들은 급격한 인구증가에 대비하기 위한 정치적, 사회적 구조가 필요치 않거나 그러한 대비책이 부재할 수도 있다.

그렇다면 선진국의 상황은 어떠할까? 선진국들은 기술적 진보를 바탕으로 우수한 설비를 갖추고 있지만 이러한 시설들은 오히려 데이터 유출이나 해킹과 같은 사이버 범죄에 더욱 취약하다. 최근 몇 년 동안 일어났던 사건들만 보면 싱가폴 정부의 건강 관련 데이터베이스 150만 건이 도난당했으며(2018년), 필리핀의 선거 웹사이트에 등록된 투표자 5,500만 명이 사이버 테러를 당했고(2016년), 어도비 시스템을 사용하는 미국인 유저 1억5천만 명 이상이 등록법을 위반한 사건(2013년)이 있었다.

자료 참조 : 싱가포르 총리 리셴룽(Lee Hsien Loong) 총리와 몇몇 다른 정치 지도자들이 포함되어 있었는데, 이들은 개인 정보와 NRIC(National Registration Identity Card) 번호를 도난 당했다.(제공 : 해커 뉴스, 2018.)

블록체인 기술은 개발도상국의 높은 실업률 문제를 해결하고, 동시에 예전과 달라진 선진국 고용시장의 트렌드를 반영하는 비즈니스 모델인 긱이코노미(빠른 시대 변화에 대응하기 위해 비정규 프리랜서 근로 형태가 확산되는 경제 현상, 1920년대 초 미국의 재즈공연장 주변에서 즉석 연주자를 섭외해 공연을 벌이는 긱(Gig)이라는 단어에서 유래한 경제분야 신조어)와 탤런트 이코노미 문제들을 해결할 수 있을 것이다. 긱이코노미와 탤런트 이코노미는 나이, 성별, 지역에 상관없이 업무의 신속함을 보장하지만 소득 불안정, 권리의 결여와 같은 문제들이 대중의 주목을 받기 시작했다. 이런 문제에 대한 해결로서 '블록체인은 스마트 계약과 변경 불가한 원장을 통해 보다 효과적이고 투명한 시스템을 제공하여

자료 참조 : Blue Whale Network라는 Blue Whale Foundation의 생태계는, 현재 Shareable Asset, Splash 및 Tal-Ket으로 구성되어 있으며, 다양한 산업에 혁신을 가져올 수 있다.(제공 : Blue Whale Foundation)

긱이코노미 및 탤런트 이코노미 안에서 지속 가능한 노동의 기회를 제공'할 수 있을 것이다. 싱가포르에 본사를 둔 블록체인 기반 공유경제 기업 '블루웨일(Blue Whale)'은 전 세계의 지역사회에 있는 프리랜서 및 자영업자들의 권리를 위해 노력하고 있다. "블루웨일은 블록체인 기술을 활용해 기존의 긱이코노미 모델에 혁신을 불어넣어 마켓플레이스, 광고, 네트워크, 보상 기능을 갖춘 탈중앙화 생태계라는 효과적인 공유경제 플랫폼을 개발"하고 있다. 이러한 생태계 안에서 각 개인들은 더욱 공정하고 효과적인 방식으로 재능을 극대화하고, 찾고, 홍보하며 수익화 할 수 있는 기회를 갖는다.

블록체인 기술과 참여 자동화 프로세스를 통한 탈중앙화된 데이터베이스 구축 및 데이터의 보안과 비효율, 투명성의 부재와 부패와 관련된 시스템적인 이슈들의 리스크를 감소시킴으로써 시민으로서의 신분 증명과 참여에 대한 관리를 향상시킬 수도 있다. 이러한 유익함으로 인해 이미 많은 국가들이 다양한 거버넌스(governance)에 걸쳐 다채로운 수준으로 '블록체인 융합기술의 통합'을 도입했다. 먼저 덴마크, 모스크바, 시에라리온은 선거 부정을 예방하기 위해 블록체인 기술과 투표 시스템을 융합했다. 이들 국가 기록의 보안성은 변경 불가한 탈중앙화 데이터베이스를 기반으로 데이터가 보관 및 구축됨으로 인해 더욱 강화될 것이다. 또한 조지아, 스웨덴은 부동산 및 토지 등록을 위해 블록체인을 활용하고 있으며, EU 회원국 중 7개국(몰타, 프랑스, 이탈리아, 키프로스, 포르투갈, 스페인, 그리스)은 2018년 교육, 교통, 헬스케어 등 다양한 분야를 개선하기 위해 블록체인 기술을 활용할 것임을 공동선언 했다.

자료 참조 : 국경 간 분산원장 기술 프로젝트는 모두에게 새롭고 투명한 기회를 제공할 뿐만 아니라, 정부기관의 부담을 줄일 수 있다.(제공 : 몰타 상공회의소)

각국은 거버넌스에 블록체인 기술을 통합함에 있어 다양하고 포괄적인 접근 방식을 취할 수 있으며, 에스토니아는 바로 이러한 진보의 최전선에 있다. 혁신적인 기술과 스타트업 허브를 선도하는 국가로 잘 알려진 에스토니아는 1997년부터 국정 운영 관련 전면적인 디지털화와 함께 스마트 자동화 시스템을 활용해 왔다. 이를 뒷받침하는 주요한 지표로서 세계 최초의 인터넷 총선, 디지털 신분증의 도입, 시민 전자 건강기록 관련 중앙화된 국가 데이터베이스 구축 등을 실현했다.

자료 참조 : 에스토니아는 e-레지던시 프로그램을 운영하고 있다. 이 프로그램은 거주지와 관계없이 모든 외국인이 국가에서 발급하는 디지털 신원을 신청할 수 있기 때문에 보다 쉽고 편리한 비즈니스 기회를 제공하고 있다.

세계최강 디지털국가로서 블록체인 기반 전자시민권^(e-Residency), 온라인에서 신청해 2주후 취득하며 정부가 스타트업보다 더 혁신되어 있다. 연말정산에 걸리는 시간이 5분밖에 되지 않는 나라, 해외에 사는 외국인들이 굳이 본토를 방문하지 않아도 유럽연합^(EU) 소재 법인을 설립하게 해주는 나라이다. "에스토니아는 인구 130만 명의 작은 나라이고, 100년이라는 짧은 역사를 갖고 있지만 그렇기 때문에 새로운 세대를 위해 디지털, 모바일 교육을 통해 혁신을 지속적으로 이어나가고 있다"고 말한다.

에스토니아는 전자시민권^(e-Residency) 제도를 시행한 곳으로 유명하다. 이 제도를 활용하면 에스토니아 사람처럼 한국인도 이 나라에서 법인을 설립할 수 있는 자격을 얻는다. 에스토니아는 EU 회원국이기 때문에 여기에 법인을 설립하면 EU에 소속된 것과 같은 법률·제도상 혜택을 얻는다. 저출산 고령화로 인해 성장 잠재력이 저하되는 현상을 이민자 유입 등 정치적으로 갈등하는 정책없이 기업시민증을 적극적으로 부여함으로써 인터넷 기술로 풀 수 있는 해법인 셈이다. 이 정책은 에스토니아로 전 세계 인재들이 몰려오도록 한 다음에 세계 어디서든 창업하게 하는 것이라며 전자시민권을 가지면 은행계좌 개설, 법인 설립 등이 자유로우며 재투자를 하면 법인세도 없다. 에스토니아는 블록체인과 연계한 전자시민권 제도를 2015년 12월부터 시행하고 있다. 인구 130만 명에 불과한 에스토니아는 디지털 이민자를 받아들여 전자시민권자 1000만 명을 유치하고, 10만개 기업이 활동할 수 있도록 하는 것이 목표이다. 또한 발트해 연안에 자리 잡은 소국 에스토니아의 수도인 탈린 외곽에 위치한 탈린공과대학에는 1년 365일, 24시간 불이 꺼지지 않는 곳이 있다. 에스토니아 청년에게 '창업 DNA'를 심는 중심부라는 '멕토리^(Mektory) 창업센터'이다. "학생들에게 기술^(technology)이 흥미롭다^(Fun)는 것을 알려주고, 기업가정신의 참된 의미를 가르치자는 것이 멕토리 창업센터와 에스토니아가 가진 교육철학"이라고 말한다. 학생들은 이곳에서 자신들이 가진 아이디어를 당장 팔 수 있을 정도의 완성도 높은 시제품으로 뚝딱 만들어내고 있다.

자료 참조 : 에스토니아의 e-Residency 전자신분증

디지털기술 시대의 도래를 포용하기 위해서는 각국의 도시들이 현재의 외부환경적인 변동성을 관리하고 보다 강력하고, 유연한 프레임워크를 만들기 위한 예측을 시행하고 전략을 고안해야 한다. 물론, 블록체인이 도시화와 관련된 모든 문제를 해결할 수 있는 만병통치약은 아니지만, 블록체인은 분명히 시스템적 개혁과 개선을 위해 활용할 수 있는 강력한 메커니즘으로서 큰 잠재력을 가지고 있다.

05
블록체인이 가져올
투명성과 환경변화

한국블록체인협회 진대제 회장(전 삼성전자 CEO 및 정통부 장관)은 블록체인협회 창립총회(2018.1.26.)에서 "블록체인 기술이 '제2의 반도체'이자 '제2의 인터넷 혁명'을 이끌 핵심기술"이라고 강조했다. 협회의 역할에 대해서는 "20세기 3차 산업까지의 경험만을 기준 삼아서 아직 우리가 경험해보지 못한 21세기 4차 산업혁명의 가능성을 미리 예단하고 막아버리는 우를 범하지 않도록 적절한 예측과 전망을 제공하는 역할을 하겠다"고 밝혔다.

블록체인은 기본적으로 회계 시스템

"블록체인은 기본적으로 회계 시스템이다. 지난 600년간 회계학의 근간이 된 복식부기^(複式簿記)의 실질적인 개선이다. 그래서 금융산업이 전환점을 맞게 될 것이다. 기본적으로는 금융 데이터를 기록하는 더 나은 방식이지만, 물류·헬스케어·금융·장부기록 등 보안이 필요한 모든 데이터의 추적 및 관리에도 적용할 수 있다. 장기적으로는 정부가 가장 큰 고객이 될 것이라 생각한다."고 데이비드 여맥 뉴욕대^(NYU) 스턴경영대학원 교수는 말했다. 왜냐하면, "출입국 관리부터 식품 안전까지 정부 업무의 상당 부분은 데이터 관리다. 정부가 서비스를 개선하고 공공 데이터 보안을 강화하기 위해 블록체인 기술을 활용하는 것은 자연스러운 흐름이다. 장기적으로 블록체인은 공무원 일자리를 대체할 수도 있다. 공무원 업무의 상당 부분은 데이터를 기록·관리·추적하는 일이다. 블록체인 기술이 5~10년 뒤 이런 일자리 상당 부분을 쓸모없게 만들 것이다."

특히 금융부분의 미래로서 "금융 부문은 그동안 너무 정체되어 있다. 연구에 따르면 컴퓨터와 통신 발전에도 불구하고 오늘날 금융업의 생산성은 1880년과 달라지지 않았다고 한다. 결제 시스템은 큰 변화를 맞게 될 것이다. 앞으로 결제는 은행이 아니라 애플·아마존·구글 같은 정보처리 기업이 하게 될 것이다. 10년 뒤 은행이 존재할지도 불분명하다."고 전문가들은 예측한다. 컨설팅회사 맥킨지는 10년 안에 세계에 은행이 2곳만 남을 수도 있다고 전망했다. 알다시피 맥킨지는 급진적인 성향과는 거리가 멀다. 블록체인 같은 혁신 기술은 은행이 도대체 왜 필요하냐는 의문을 제기한다. 물론 네트워크 병목현상, 용량 제한 문제는 블록체인이 풀어야 할 과제이다. 안전하지만 확장성은 아직 부족하다.

블록체인^(Block Chain) 혁명이란 "하위자와 상위자로 나누어진 상태에서 가진 자와 못가진자의 부의 배분"에 관한 것이었는데 현재와 같은 상태가 고착된다면 앞으로도 이 고리가 끊어질 가능성은 별로 없다. 그래서 이런 중간자들의 수수료 부분을 해결하고 음악가, 작가, 정보생산자들의 권익을 보호하고 블록체인 기술을 통해 나의 가치가 가치 그대로 온전히 타인에게 보상받을 수 있는 시스템을 보편화 시키는데 목적이 있다는 점이다. 사실 블록체인은 인공지능과 같이 계속 진화하고 있으며, 게다가 숨겨진 기술이기에 더더욱 그 가치에 대해서 앞으로 어떤 쓰임으로 우리 생활에 적용될지 알 수 없다. 이미 우린 그런 세상을 지나가고 있다. 아직은 극복해야 할 문제와 한계가 많지만, 모든 기술들이 그래왔듯이 인간은 충분히 그러한 한계를 극복할 '집단지성(Collective Intelligence ; 다수의 개체들이 서로 협력하거나 경쟁하는 과정을 통하여 얻게 된 집단의 지적 능력을 의미하며, 이는 개체의 지적 능력을 넘어서는 힘을 발휘한다는 것)'이라는 무기로 또 극복해 나갈 것이다. 블록체인이 가져올 변화에 비해 기존의 시스템은 뒤처져 있다. 오늘날의 금융 시스템은 불합리한 모순과 부조화로 가득 차 있으며 산업화 시대에 고안된 규칙에 따라 관리되고 있다. 하나의 사례로, 뉴욕 주의 송금에 관한 법률은 남북전쟁 시대 이후로 크게 바뀐 게 없다고 한다. 이 당시에 돈을 운반하는 주된 수단은 '말과 마차'였다. 오늘날 인터넷 뱅킹으로 현금 거래가 이뤄지고 있는 시장 상황에 말과 마차가 다니던 시절의 기준을 적용하고 있는 것이 문제이다. 이렇게 낡은 금융시스템을 시작으로 사회전반의 시스템을 바꿔 나갈 '혁명적 기술인 블록체인'은 우리의 미래를 확연히 바꿀 것이 확실시 된다. 우리에게 필요한 것은 블록체인을 받아들일 것인가, 말 것인가의 논의가 아니라 이미 현실화되고 있는 블록체인을 얼마만큼 이해하고 어떻게 응용할 것인가에 대한 논의는 매우 중요하다는 것이다.

⑥ 블록체인은 큰 환경변화를 이끌 원천 기술

　블록체인 기술은 비트코인으로 대변되는 암호화폐를 통해 향후 미래경제에 막대한 영향력을 끼칠 것으로 보인다. 하지만 블록체인은 비단 경제뿐만 아니라 정치, 사회적으로도 큰 변화를 이끌 원천 기술로 여겨지고 있다. 특히 정치, 정책분야에서 블록체인은 오늘날과는 다른 좀 더 직접적이고 참여적이며 투명한 환경을 만들어 낼 것으로 전망하고 있다. "블록체인의 익명성과 투명성은 정치 후원금을 모집하는 데에도 유용하게 활용"될 수 있다. 랜드 폴 상원 의원은 2016년 대통령 선거에 출마하면서 처음으로 비트코인 형태의 후원금을 모금하기도 했다. 한 가지 확실한 사실은 블록체인이 향후 어떤 형태로든 정치 분야에 영향을 미칠 것이다. 그런 면에서 블록체인은 단순히 비트코인으로 대변되는 핀테크^(FinTech)는 Finance^(금융)와 Technology^(기술)의 합성어나 IT의 융합을 통한 금융서비스 및 산업의 변화를 통칭하는 기술이 아니라 사회전반에 영향력을 미치는 원천기술 가운데 하나로 인식해야 한다.

　블록체인의 국내외 사례를 보면, 실손보험 청구시 블록체인 기술 도입으로 서류인증 최소화의 교보생명, 전자신분증 및 지급재가 서비스를 삼성카드에 적용한 삼성SDS, 블록체인 기반 공동인증서비스와 공인인증서 바이바이의 금융투자협회, 블록체인 기반 시정업무 적용 방안을 개발 중이며, 2022년까지 전체 시정업무에 확산하는 것이 목표인 서울시, 주민제안 공모사업 심사 전자투표에 블록체인기술 적용한 경기도 등이 있다. 현재 금융산업에는 블록체인에 대한 연구개발이 활발히 이루어지고 있다. "세계경제포럼^(WEF)은 2017년까지 전 세계 은행의 80%가 블록체인을 도입할 것이라고 전망"

했다. 산탄데르 이노벤처는 2022년까지 해외결제, 증권거래, 준법감시 등에 투입되는 은행들의 인프라 투자비용이 150~200억 달러 가량 절감될 것으로 예상했다. 하지만 블록체인은 금융산업 뿐만 아니라 다른 산업에도 중대한 영향을 미칠 것으로 기대된다. 블록체인은 결제나 송금뿐만 아니라, 코딩으로 프로그램화 할 수 있는 모든 유·무형 자산에 대한 거래를 가능하게 하기 때문이다. 예를 들어, 정부입찰과정이나 제조공정, 소매점 회원 포인트, 사물인터넷, 음악, 게임, 운송 등에도 블록체인이 적용될 수 있다. 이러한 특성 때문에 세계경제포럼은 2027년까지 전 세계 GDP의 10%가 블록체인 플랫폼에 보관될 것이라고 전망했다. UN 미래보고서 2050은 블록체인이 스마트계약을 가능하게 해 금융은 물론 행정시스템도 바꾸어 놓을 것이라고 전망한 바 있다. 2018년부터 2024년까지는 성장이 이루어질 것으로 내다보았다. 얼리아답터(earlyadopter ; 최신제품들을 미리 접하는 것을 좋아하고 신기술을 적극적으로 수용하는 사람)들이 혜택을 얻는 모습을 다른 은행들이 발견하기 시작하는 가운데, 사용자가 많아질수록 더 많은 사용자가 모이게 되는 네트워크 효과가 나타날 것으로 전망했다.

결론적으로 블록체인은 아직 도입 초기 단계에 있으며, 실생활에 완전히 적용되기 위해서는 아직 더 많은 노력이 필요할 것으로 보인다. 인프라와 법규를 재정비해야 하고, 갈등이 있는 부분에서 주요 이해관계자들의 합의를 이끌어내야 하며, 기술개발에도 더 많은 진전이 필요하다. 블록체인 기술은 복제가 불가능한 거래장부, 기존 시스템 대비 거래의 투명성 및 비용 절감 등은 효과로 많은 분야에 관심을 받고 있다. 물론 오픈소스로서 활용성과 확장성에 대한 의문, 익명성을 활용한 불법거래 및 탈세 가능성, 상대적으로 복잡한 제어 등의 논란점이 있지만, 블록체인 기술은 제2의 인터넷이라 불리고 있을 만큼 사회적 파급력은 클 것으로 예상된다. 국내외 기업과 공공기관도 앞 다투어 블록체인 사업에 뛰어들고 있다. 디지털 공공 장부로 불리는 블록체인은 데이터를 일종의 묶음(block) 형식으로 분산·저장해 거래에 참여하는 사람들과 공유한다. 중앙집중형 시스템이 아니므로 해킹과 위·변조 위험이 적고, 제3의 중개기관 없이도 거래가 가능하다. 또한, 계약이 자동으로 이행될 수 있도록 조건을 설정하는 것이 가능해 보험금 청구, 본인 인증 등 반복적인 업무에 효율적이다. 거래 비용은 적고, 정보의 신뢰도는 높기에 다보스포럼은 2027년 전 세계 총생산(GDP)의 10%가 블록체인 기술로 저장될 것으로 예상했다. 시장조사업체 가트너는 세계 블록체인 시장이 2022년 100억 달러에 이를 것으로 전망했다.

블록체인 기술의 성공적인 도입을 위해서는 블록체인 기술을 정확히 이해하고, R&D, 관련 인프라 구축, 제도개선, 인력양성 등 블록체인 기술의 경쟁력 제고를 위한 다각적인 노력이 필요할 것이다.

06
시그마체인(SigmaChain)
매스컴 홍보(PR) 마케팅

퓨처피아, 2019년 트랜잭션 속도 랭킹 1위 등극

해외 매체에서 2019년 가장 빠른 트랜잭션 속도를 분석하여 순위를 선정했는데 "시그마체인 퓨처피아(FUTUREPIA)가 TOP10 중 1위에 등극했다." 해당 기사 링크를 첨부하여 여러분들께 공유해 드립니다.

자료 참조 : Bitcoin Exchange Guide(B.E.G) : 가장
빠른 비트코인 및 블록체인 미디어 매체, 2019.4.
https://bitcoinexchangeguide.com/top-10-
cryptocurrencies-with-the-fastest-transaction-
speeds/

트랜잭션 속도는 시스템에서 매우 중요한 역할을 하며, 미래 암호화폐의 상용화를 더 촉진시키는 중요한 요소 중 하나이다. 지금까지 중앙집중식 데이터베이스로 수천 건의 거래를 처리해 왔지만, 트랜잭션 여부를 검증하는 데 3~5일정도의 시간이 걸린다는 점에서 심각한 문제를 야기시켜 왔다. 트랜잭션 속도가 중요한 이유는 두말할 여지없이 2017년 비트코인이 정점을 찍으면서 하루아침에 수백만 명의 새로운 팔로워와 수천 명의 신규 투자자들을 시장에 불러들였다. 시간이 지나면서 각 암호화폐는 자신만의 특정한 목표를 위해 노력하기 시작했다. 특히 개발자들은 매년 새로운 솔루션을 내놓았으며, 그 중에서 트랜잭션 속도가 가장 일반적이다.

예를 들어 비트코인은 전체 블록의 80%가 이미 채굴되었기 때문에 현재 채굴 난이도가 상당히 높고 10분이라는 고정블록 시간으로 더 비싼 네트워크 중 하나이다.

리플은 초단위의 빠른 거래 시간이 초고속 은행 솔루션을 만드는 데 큰 영향을 끼쳤다. 또한 리플은 3~10%의 기존 결제 포털의 거래 수수료와 비교할 때 초저거래 수수료로도 잘 알려져 있다. 이처럼 트랜잭션 속도는 어떤 네트워크에서든 매우 중요하기 때문에 탈중앙화 세계 안에서 많은 하드포크가 존재하는 이유가 되어 왔다.

2019년 가장 빠른 암호화폐 랭킹 Top100이 지난 4월28일 발표되었다. 여러분은 '비트코인'이 가장 빠른 암호화폐 상위 10위권에 포함되지 못했다는 사실을 알면 놀랄 것이다. 이처럼 유명 암호화폐가 속도 등과 같은 기능면에서 상위 랭킹을 차지하지 못할 수 있다. 그럼 어떤 암호화폐 블록체인들이 가장 빠른지 살펴보면,

ⓑ 1위 Futurepia

Futurepia는 인터넷 기반 프로젝트로서 PoW와 PoS 블록생산 방식의 단

점을 보완한 DPoS의 업그레이드 버전인 DDPoS^(Dual Delegated Proof of Stake)방식으로 블록을 생산한다. 이는 선출된 마스터 노드와 전체 블록체인의 무결성을 유지하기 위해 임의로 선택된 Futurepia 노드^(BO)가 함께 무작위로 블록을 생성하는 방식이다. 현재 Futurepia는 1초에 30만 번^(TPS)의 작업을 처리할 수 있다.

ⓑ 2위 EOS

EOS 네트워크는 분권형 공간에서 초당 3000건의 트랜잭션 속도를 가진 가장 빠른 암호화 네트워크라는 주장을 확고히 해 왔으며, DApps 생성과 EOS 블록체인 기반 기반을 제공하고 있다. 오늘날 처리 속도는 초당 5만 TPS로 나타났다.

ⓑ 3위 Ripple

Ripple은 속도면에서 3위를 했지만, 전 세계 수천 개의 은행들에 의해 가장 널리 채택된 기술 중 하나이다. 두 가지 은행 솔루션인 Xcurrent와 Xrapid는 은행 분야에서 인기를 끌었고, 그것을 채택한 광고 은행들뿐만 아니라 더 많은 은행들이 손을 잡기 위해 줄을 서 있다. 리플은 현재 초당 17,000건의 거래 능력을 보유하고 있다.

ⓑ 4위 NEO

NEO는 최근 인기 차트를 오르고 있는 또 다른 암호 블록체인이다. 초당 1000~10,000건의 트랜잭션 속도를 달성할 수 있는 Proof-of-Stake 기반 플랫폼이다. 블록체인에서 작업 블록을 처리하는 데, 15초밖에 걸리지 않기 때문에 일반적으로 Ethereum 실행자라고 불린다.

ⓑ 5위 Nano

Nano는 2017년 확장성이 뛰어나고 빠른 네트워크로 만들어진 또 다른 고속 블록체인이다. 현재, 네트워크상의 거래를 검증을 받는 데 5~10초가 소요된다.

ⓑ 6위 Dogecoin

Dogecoin은 평가와 가격면에서 매우 낮지만. 트랜잭션 속도는 60초도 걸리지 않는다. 네트워크는 작업증명서 합의(PoW)를 사용한다.

ⓑ 7위 DASH

DASH는 나이지리아 개발도상국에서 사용자 기반이 증가하고 있는 가장 빠른 암호 토큰 중 하나로, 이 토큰은 낮은 액면가치와 빠른 거래 속도 때문에 현지인들에 의해 활발하게 사용되고 있다.

ⓑ 8위 Monero

모네로는 주로 프라이버시와 익명성으로 유명하며, 이것은 프라이버시 코인이라는 이름을 얻었다. 모네로 네트워크는 동적 블록 크기로 알려져 있어 거래량에 따라 블록 크기를 조정할 수 있다.

ⓑ 9위 Ethereum

시가 총액이 두 번째로 큰 암호화폐로 최근 트랜잭션 처리 시간뿐만 아니라 개발자들에게 큰 골칫거리였던 네트워크의 보안을 강화하는 지분의 증명 쪽으로 이동하기로 결정했다. 현재, Ethereum 네트워크의 거래 속도는 12 TPS로 12~14초이다.

Ⓑ 10위 Litecoin

라이트코인은 비트코인에서 포크된 암호화폐이며, 트랜잭션 속도는 2분 30초로 비트코인보다는 뛰어난 것으로 알려졌다.

지금까지 트랜잭션 속도와 관련된 기사 원문을 요약정리 해보았다. 해외에서는 이미 퓨처피아(FUTUREPIA)의 기술에 대해 많은 분석과 정보가 오가고 있다.

시그마체인 암호화폐 '피아', 디지파이넥스코리아 1호 상장

시그마체인은 글로벌 암호화폐 거래소 디지파이넥스(DigiFinex)의 한국 지사 디지파이넥스 코리아와 암호화폐 상장 계약을 체결했다. 본 계약은 2019년 4월24일 디지파이넥스가 원화(KRW) 마켓을 위해 설립하는 디지파이넥스코리아의 '1호 상장' 암호화폐로 시그마체인이 개발한 토탈 SNS 블록체인 플랫폼 '퓨처피아'의 암호화폐 '피아(PIA)'를 선정했다고 밝혔다.

'디지파이넥스(DigiFinex)'는 쏜레이, 텐센트, 바이두, HP 등 유수의 IT 기업 출신 블록체인 전문가들이 지난 2017년 싱가포르에 설립한 글로벌 암호화폐 거래소다. 바이낸스, 후오비, 오케이이엑스, 비트렉스 등과 함께 높은 신뢰도와 거래량을 자랑하는 세계 최상위권의 초대형 거래소로 꼽힌다. 글로벌 코인 집계 사이트 코인마켓캡 기준 고정거래량은 세계 1, 2위를 다툴 정도이다. 전 세계 150여개 국가 이상에서 200만 명 이상의 가입자를 확보하고 있으며, 누적 거래량은 한화로 11조5000억 원 규모를 넘어섰다. 5월부터 진행될 디지파이넥스코리아 사전 가입을 시작으로 한국시장 공략에 적

자료 참조 : 곽진영 시그마체인 대표 & 디지파이넥스 코리아 CEO 기념촬영, 2019.4.24.(사진제공=시그마체인)

극 나선다는 각오이다. 시그마체인은 이번 상장 계약 체결을 통해 세계적인 규모의 초대형 암호화폐 거래소와 손을 잡아 자금 조달 기반을 탄탄히 다지고 대외 신용도 및 지명도를 대폭 제고할 수 있게 됐다.

'피아^(PIA)'는 6월1일 디지파이넥스코리아에 공식 상장될 예정으로 코인 거래는 7월 중 디지파이넥스코리아 거래 플랫폼이 열리는 대로 시작될 전망이다. 퓨처피아는 시그마체인이 개발한 토탈 SNS 블록체인 플랫폼으로, SNS 디앱^(dApp)의 개발 및 운영에 도움이 되는 응용 프로그래밍 인터페이스_(API ; Application Program Interface)와 자체 암호화폐 거래소 등을 제공한다. 디앱의 원활한 초기시장 진입과 성장을 위해 퓨처피아가 디앱에 투자하는 코인 이코노미도 구축했다. 국제공인시험기관으로부터 30만 TPS^(초당 거래량)의 트랜잭션 처리 성능을 공식 인증 받은 '시그마체인 메인넷'을 토대로 개발돼 속도와 안정성을 갖췄다는 점 또한 돋보인다. 퓨처피아의 1호 디앱인 '스낵^(SNAC)'의 경우, 지난 4월 16일부터 전 세계 40여 개국의 20만 명을 대상으로 오픈 베타 테스트(OBT)를 시작했다. 스낵은 메신저와 뉴스피드를 한 데 묶은 블록체인 기반의 SNS 메신저로, 일대일 채팅, 그룹 채팅, 콘텐츠 제작 및 공유, 쇼핑, P2P 분산 클라우드, 자체 암호화폐 지갑 등 다양한 기능을 제공하고 있다. 서비스 생태계 구성원 모두와 콘텐츠에서 발생하는 수익을 공정하게 나누고 있다. 스낵 회원 모두는 자신의 활동 내역에 따라 개당 가치가 원화와 동일한 스테이블 코인 '스낵(SNAC)'을 보상으로 받을 수 있으며 쇼핑 및 유료콘텐츠 구입 등에 활용할 수 있다. 또 스낵을 퓨처피아의 암호화폐 '피아(PIA)'로 교환해 디지파이넥스 등 암호화폐 거래소에서 원화 및 다른 암호화폐로 환전하는 것 역시 가능하다.

키아나 쉐크 디지파이넥스 공동설립자는 "블록체인 프로젝트의 완성도와 사업성 등이 확실하다는 점이 디지파이넥스코리아 1호 코인으로 퓨처피아의 '피아(PIA)'를 선택한 이유"라며 "시그마체인이 국제공인시험기관으로부터 우수한 성능을 인정받은 메인넷을 자체 개발할 정도로 뛰어난 기술력을 갖춘 블록체인 전문기업이라는 점도 높이 평가했다"고 전했다.

곽진영 시그마체인 대표는 "이번 거래소 상장으로 생태계 구성원과 함께 서비스를 발전시키고 수익 또한 공정하게 나눈다는 퓨처피아의 개발 이념이 빛을 발할 것으로 보인다"며 "구성원에게 공정한 보상을 약속하는 여러 블록체인 프로젝트가 하루 빨리 연착륙할 수 있도록 플랫폼 역할을 하는 퓨처피아 생태계 확장에 박차를 가하겠다"고 말했다.

시그마체인 & 퓨처피아 '보상형 서비스' 앞세워 대중화 박차

블록체인업계가 이용자의 기여도에 따라 암호화폐를 보상으로 지급하는 '보상형 블록체인 서비스'를 잇달아 선보이고 있다. 수익을 서비스 생태계 구성원 모두와 나눈다는 블록체인의 핵심 정신을 시스템으로 구현, 이를 통해 이용자를 보다 폭넓게 확보함으로써 블록체인 서비스의 대중화를 앞당기겠다는 것이다. SNS 메신저부터 뷰티 정보 공유 댑, 온라인 동영상 서비스, 환경보전 독려 댑, 태그 개설형 광고 플랫폼까지 종류 또한 각양각색이다.

블록체인 기반 SNS 메신저 '스낵(SNAC)'을 개발한 시그마체인 곽진영 대표이사는 "블록체인 서비스에서 보상으로 지급되는 암호화폐는 콘텐츠 제작자, 소비자, 플랫폼 등 생태계 구성원 사이를 선순환하며 이들을 유기적으로 결합해주는 역할을 한다"며 "기존 중앙집권형 서비스 이상의 완성도에 체계적인 보상 시스템까지 갖춘 블록체인 서비스가 등장해 성공적으로 시장에 안착한다면, 블록체인 서비스의 대중화는 더욱 가속화될 것"이라고 말했다.

시그마체인이 자체 개발한 메인넷 '퓨처피아(Futurepia)'의 1호 디앱(DApp)인 '스낵(SNAC)'은 메신저와 뉴스피드 기능이 결합한 블록체인 기반의 글로벌 SNS

자료 참조 : 시그마체인과 자체 블록체인 플랫폼 퓨처피아

메신저다. 일대일 채팅, 그룹 채팅, 콘텐츠 제작 및 공유, 쇼핑, P2P 분산 클라우드, 자체 암호화폐 지갑 등 다양한 기능을 제공한다. '모두가 주인인 SNS'를 표방하는 서비스답게, 메신저 회원 모두에게 활동 기여도에 따른 공정한 보상을 지급하는 민주적인 시스템이 특징이다. 보상으로 지급되는 암호화폐는 개당 가치가 원화와 동일한 스테이블 코인 '스낵(SNAC)'이다. 스낵은 회원가입, 친구 초대, 이벤트 응모, 콘텐츠 제작 및 조회·공유·추천, 광고 시청, 배팅, 투표, 그룹채팅방 활성화 등의 활동 시에 지급되며, 이용자는 스낵으로 쇼핑, 유료콘텐츠 구입 등을 할 수 있다.

시그마체인은 자체 개발한 메인넷 '퓨처피아(Futurepia)의 1호 디앱(DApp)'인 블록체인 기반 SNS 메신저 '스낵(SNAC)'이 지난 4월16일 오픈베타 테스트(OBT)에 돌입했다. 스낵은 메신저와 뉴스피드를 한 데 묶은 블록체인 기반의 SNS 메신저다. 일대일 채팅, 그룹 채팅, 콘텐츠 제작 및 공유, 쇼핑, P2P 분산 클라우드, 자체 암호화폐 지갑 등 다양한 기능을 제공한다. 가장 큰 특징은 'SNS의 경제민주화'를 목표로 보상 시스템을 적용해 서비스 생태계 구성원 모두와 콘텐츠에서 발생하는 수익을 공정하게 나눈다는 점이다. 이 때문에 스낵 회원 모두는 자신의 활동 내역에 따라 개당 가치가 원화와 동일한 스테이블 코인 '스낵(SNAC)'을 보상으로 받을 수 있다.

현재 전 세계 40여 개국의 19만여 명이 스낵의 오픈베타 테스트 사전참가 신청을 마쳤다. 사전참가 신청자는 사전참가 신청 보상 2000스낵뿐만 아니라, 회원가입 및 관심사 해시태그 입력 시 각각 지급되는 2000스낵과 500스낵을 포함해 총 4500스낵을 받을 수 있다. 스낵의 이번 오픈베타 테스트는 구성원 모두와 함께 서비스 완성도를 끌어올리는 것에 중심을 두고 있다. 이를 위해 서비스 개선에 적극적으로 참여한 구성원에게 보상을 지급하는 이벤트도 마련됐다. 종류는 시스템상의 오류를 제보한 선착순 1만

명에게 오류 1건당 1000스낵을 지급하는 '버그잡기 이벤트'와 서비스 개선점을 제시한 이용자 가운데 10명을 선정해 스낵을 제공하는 '스낵 아이디어 챌린지 이벤트' 등도 있다. 서비스 활성화를 위한 이벤트도 준비됐다.

먼저, '도전! BEST 피드!' 이벤트는 좋은 콘텐츠를 만든 크리에이터와 이를 추천한 회원들에게 보상을 지급한다. 한 주 동안 작성된 전체 피드 가운데 '좋아요' 수 및 조회 수가 높은 상위 10개 피드만을 후보로 '톱3'를 가리는 투표와 베팅을 진행하는 방식이다. 이벤트 상금으로는 스낵 운영진이 제공하는 100만 스낵과 회원 모두의 베팅액을 더한 배당금이 제공된다. 투표만 참여해도 100스낵을 받을 수 있으며, 본인이 베팅한 피드가 1~3위에 오를 경우 순위별로 각각 총 배당금 82% 가운데 70%, 20%, 10%를 각 순위의 피드에 베팅한 회원들과 나눠 가질 수 있다. 1~3위 피드 작성자에게는 각각 배당금의 10%, 5%, 3%를 지급하며, 매주 진행되는 '도전! BEST 피드!'에서 3회 이상 1~3위를 차지하면 추가로 10만 스낵을 제공한다.

커뮤니티를 위한 '그룹 톱10 이벤트'도 있다. 그룹채팅방 참여자가 많은 10개 그룹에 총 상금 550만 스낵을 지급하는 것이 골자다. '그룹 톱10' 이벤트와는 별개로 스낵은 그룹채팅방 참여자가 일정 수를 넘을 때마다 보상과 추가 서비스 역시 제공한다. 100명 달성 시 10만 스낵, 1000명 달성 시 100만 스낵을 그룹채팅방 참여자 전체에게 지급하며, 1만 명을 넘으면 1000만 스낵과 함께 실시간 스트리밍 및 그룹 전용 마켓 기능을 무상 제공한다.

'친구 초대 이벤트' 또한 진행된다. 지인에게 본인의 추천코드를 보내고 이를 지인이 스낵 가입 시 입력하면 양쪽 모두가 각각 1000스낵을 받을 수 있다. 여기에 평소 마당발로 자신이 있다면 가장 많은 친구를 초대한 10명에게 총 550만 스낵을 지급하는 '인맥왕 선발대회' 이벤트까지 노려볼 만하다.

이벤트를 포함해 활동 시 보상으로 지급되는 스낵은 쇼핑, 유료콘텐츠 구입 등에 활용 가능하다. 스낵이 탑재된 퓨처피아 메인넷의 암호화폐 '피아'(PIA)로 교환해 암호화폐 거래소에서 원화 및 다른 암호화폐로 환전도 할 수 있다.

시그마체인 곽진영 대표는 "자본을 보유한 운영주체가 서비스의 모든 것을 지배하는 기존 중앙화 서비스와 달리, 블록체인의 핵심 정신은 구성원 모두가 함께 서비스를 고민하고 만들어가는 것은 물론, 그 과정에서 발생하는 수익을 공정하게 나눈다는 것"이라고 말했다.

🖥️ 시그마체인, 스위스 '블록체인 리더십 서밋' 1등 차지

시그마체인(SigmaChain)은 이중위임지분증명(DDPoS) 합의 알고리즘을 사용하는 블록체인 플랫폼이다. 시그마체인 곽진영 대표는 싸이월드 개발자 출신이자 창업자이기도 했으며, 업계의 뜨거운 관심을 받고 있는 블록체인 프로젝트 메인넷을 국가기술표준원 한국인정기구(KOLAS)가 공인한 국제공인시험기관으로부터 30만 TPS(초당 거래량)의 처리속도를 공식 인증 받았다는 사실이 심사위원들의 비상한 관심과 함께 높은 평가를 받았다. '빠르면서도 안정적인 메인넷' 기술은 전 세계 블록체인 업계의 가장 뜨거운 화두로, 블록체인 상용화를 위한 필수 요소로 꼽힌다.

분야별로 맞춤 설계한 메인넷을 전세계 기업에 공급해 자체적인 생태계를 확보하는 동시에, 시그마체인 메인넷을 적용한 자체 블록체인 플랫폼 프로젝트 '퓨처피아'를 함께 추진한다는 사업 계획 또한 높은 평가를 받았다. 특히, 퓨처피아의 경우, 디앱의 제작 및 운영에 필수적인 기능과 API를 제공하는 데에 그치지 않고, 코인홀더와 퓨처피아 에코시스템이 디앱에 투자해주는 '상생하는 코인이코노미'까지 구축했다는 점에서 더욱 높은 점수를 얻었다

DPoS방식인 이오스는 초당 100,000건의 트랜잭션을 처리하고 있지만, 시그마체인의 DDPoS방식은 초당 300,000건의 트랜잭션 처리 속도와 3초마다 블록생성을 하고 있어 서비스에 적합하고, 안정성에서도 뛰어나다.

보안성 또한 시그마체인의 경우에는 DPoS에서 안정성을 더욱 더 발전시킨 모델로써 17명은 검증대상으로 고정하고, 4명은 전체참여자 중에서 랜덤하게 선발하여 검증한다. 기존의 DPoS모델은 21명을 해킹하는 대상으로 특정되나 시그마체인의 모델에서는 랜덤한 4개의 참여자가 추가됨으로 해킹하기가 더욱 더 어렵다. 시그마체인은 이 모델을 DDPoS(Dual DPos, 이중위임 지분검증)이라고 정하고 전 세계에 특허출원을 완료하였다.

시그마체인의 메인넷과 디앱인 블록체인은 디지털 세상을 넓히는 촉매이지만, 기술만으로 혁신을 이루는 것은 한계가 있다. 시그마체인은 대한민국 최초 SNS 플랫폼인 싸이월드를 개발한 경험을 바탕으로 성장하였으며, 이를 바탕으로 쌓여진 온라인 SNS 비즈니스 경력과 시그마체인이 보유하고 있는 기술을 적극 활용하여 완벽한 솔루션을 제공한다. 시그마체인은 자체 개발한 Mainnet 기술을 기반으로 광범위한 플랫폼으로 빠르게 성장하기 위해 SNS, 엔터테인먼트, 라이프, 패션, 의료, 스포츠 등 분야별로 특화된 메인넷 서비스를 제공 할 것이다. 이들 메인넷은 각자 운영되는 동시에 시그마체인의 마스터 메인넷과 연결되어 있어 상호 검증이 가능하고 부가적인 시너지 효과를 발생시킬 뿐만 아니라, 그 영향을 통해 블록체인 네트워크 생태계에서 블록체인을 이용한 기술 및 서비스 영역을 확장시켜 나갈 수 있다. 글로벌 진출과 성장을 펼치고 있는 블록체인 전문기술 기업 시

그마체인^(대표 곽진영)은 지난 2018년 11월 스위스 바젤 콩그렝스 센터에서 열린 '블록체인 리더십 서밋 피칭 대회에서 1등 대상을 수상'했다.

'블록체인 리더십 서밋'은 스위스 최대 스타트업 투자 유치 플랫폼 인마인드^(InnMind)가 주최하는 행사다. 이번 행사는 2017년 3월에 이어 두 번째로 개최됐으며 리플, 네오, 후오비, 대쉬 등 세계 각국을 대표하는 70여 블록체인 기업과 2500명이 넘는 블록체인 전문가들이 참가해 '블록체인 산업의 성장과 세계화'를 주제로 열띤 발표와 토론을 진행했다. 시그마체인은 '블록체인 리더십 서밋'의 부대행사로 23일 열린 피칭 대회에 참가해 독일, 러시아, 캐나다, 에스토니아 등 각 국의 경쟁업체를 따돌리고 대상을 차지한 것이다.

자료 참조 : 스위스 바젤 콩그렝스 센터, 블록체인 리더십 서밋 피칭 대회, 2018.11.

한편 퓨처피아는 블록체인 기반 분산형 소셜 네트워크 플랫폼이자 암호화폐이다. 퓨처피아는 블록체인 기반 탈중앙화 된 소셜네트워크서비스^(SNS) 플랫폼이다. 퓨처피아에서는 SNS 커뮤니티, 미니홈피, SNS 지갑 서비스를 제공하며, 초당 30만 TPS로 안정적이고 원활한 서비스를 제공한다. 또한 암호화폐 SNS 지갑을 탑재하여 소셜 네트워크 친구들에게 코인을 쉽게 전송, 제휴한 쇼핑몰을 통해 결제할 수 있다.

블록체인 생태계를 꿈꾸는 시그마체인

　사용자와 상생으로 글로벌시장 확장을 꿈꾸고 있는 시그마체인 곽진영 대표는 우리나라의 대표적인 SNS 소셜네트워크서비스 개발자이기도 하다. 이후 우연한 계기를 통해 이중위임지분증명(DDPoS) 합의 알고리즘을 사용하는 블록체인 플랫폼인 시그마체인을 설립하면서 블록체인 산업에 뛰어들었다. 이제는 솔루션 설계분석 조정 및 컨설팅 분야에서 전문성을 갖춰나가며, SNS 정보기술 부문의 권위자로 불리고 있으며, 건강한 블록체인 산업 구축을 목표로 뛰고 있다. IT 발전을 위한 아이템 발굴 철학으로 '시그마체인'을 설립하였으며, 2015년 분산 네트워크에 관한 연구를 진행하던 중

자료 참조 : 시그마체인 내부 전경(출처: 시그마체인)

블록체인과의 접점을 발견하면서 현재의 시그마체인에 이르고 있다.

"2015년에 분산네트워크 연구를 통해 중앙 서버가 아닌 개개인의 서버를 활용해 영화나 대용량 데이터를 무제한으로 주고받을 수 있는 신개념 모바일 메신저 '깡통'을 개발했다. 중앙 서버로 몰리는 과도한 네트워크 트래픽을 분산할 수 있는 장점과 서버 증설 비용도 대폭 절감하는 효과를 볼 수 있었다. 이때 분산네트워크와 블록체인 기술과의 접점을 발견하게 됐고, 시장 확대 가능성을 가지고 장기적으로는 IT 발전에 도움이 될 수 있는 좋은 아이템을 발굴해 내겠다는 철학으로 시그마 체인을 설립했다."

시그마체인은 자체적으로 개발한 시스템을 기반으로 블록체인 생태계를 확장시키는 것을 목표로 뚜벅뚜벅 대한민국을 넘어 세계로 뻗어나가고 있다. 곽 대표는 블록체인 생태계를 확장시키기 위해서는 기존의 인터넷 서비스들이 블록체인 분야로 자연스럽게 이동할 수 있어야 한다고 강조한다. 블록체인 생태계가 확장되기 위해서는 현존하는 인터넷 서비스들이 블록체인으로 옮겨가는 데 무리가 없어야 한다. 2세대 블록체인 플랫폼인 이더리움의 경우 데이터 처리 속도 문제로 실 서비스의 상용화는 어려운 상황이다. 이러한 이더리움의 속도 지연 문제를 개선한 3세대 블록체인 플랫폼인 EOS의 경우, 속도는 이더리움과 비교해 많이 개선됐지만, 증인 노출 문제에서 보안에 취약점이 드러났다. 즉, 현실성 있는 메인넷은 그간 존재하지 않았던 것이다. 시그마체인은 초당 거래 속도를 30만 TPS로 향상했고, 보안을 강화한 DDPoS^(Dual Delegated Proof of Stake, 이중위임증명방식) 알고리즘을 직접 개발했다. 인터넷 생태계가 블록체인 생태계로 넘어오기 위한 중요한 과제를 해결한 것이다.

시그마체인은 이중위임지분증명 합의 알고리즘을 사용하는 블록체인 플랫폼이다. 이중위임지분증명 알고리즘은 위임자지분증명 방식에 검증 절차를 한 단계 더 추가한 합의 알고리즘이다. Steem, EOS가 채택한 위임자지분증명^(DPoS)방식의 경우 코인홀더 들이 선출한 BP^(Block Producer)가 노출돼 있어 공격에 쉽게 무너지는 문제점이 있다. 시그마체인은 이를 개선한 자체 알고리즘인 DDPoS를 개발했다. 이중위임지분증명^(DDPoS, Dual Delegated Proof of Stake)은 위임자지분증명^(DPoS)방식에 검증 절차를 한 단계 더 추가한 합의 알고리즘이다. 이중위임지분증명^(DDPoS) 합의 알고리즘은 선출된 17개의 BP^(마스터노드)와 전체 블록체인의 무결성을 유지하기 위해 임의로 선택된 4개의 BO^(랜덤노드)가 함께 무작위 순서로 블록을 생성해 증인 오염 등의 보안 위협을 사전에 차단할 수 있다. 이러한 방식을 통해 현존하는 블록체인 중에서 가장 빠른 속도인 30만 TPS를 인증 받은 것이다.

시그마체인은 "중앙집중형 시스템 권력이 사용자에게로 이동되는 서비스 제공할 것"이며, 블록체인 메인넷을 기반으로 작동하는 SNS 통합 서비스인 퓨처피아를 시작으로 블록체인 운영 체계 구축과 활용에 박차를 가하고 있다. 퓨처피아는 시그마체인 블록체인 메인넷을 기반으로 구축한 SNS 메인넷이다. 퓨처피아 솔루션은 블록체인 운영체제로 블록체인 댑^{(DApp, 가상화폐 응}

용프로그램)을 얹을 수 있는 댑스토어와 댑 개발사를 위한 다양한 API(Application Programming Interface)를 제공한다. 퓨처피아는 사용자가 한 번의 인증만으로 모든 댑을 이용할 수 있는 싱글사인온(SSO) 시스템이 적용돼 퓨처피아 플랫폼을 사용하는 여러 댑은 사용자를 손쉽게 확보할 수 있고, 더불어 이용자들이 일상생활에서 익숙한 Window GUI를 제공함으로써 쉽고 편리하게 서비스를 이용할 수 있다. 또한 퓨처피아 '코인(PIA)' 보상 시스템을 도입한 퓨처피아 에코시스템을 통해 중앙집중형 시스템이 갖고 있던 권력이 사용자로 이동되는 서비스를 제공하고 있다. 퓨처피아를 시작으로 댑서비스 엑셀러레이팅(accelerating)을 지원하고자 업체들과 업무 협약을 통해 더 많은 플랫폼 사업을 지원함으로써, 블록체인 OS(운영 체계)를 만드는 것이 목표이다.

기존의 SNS들은 중앙처리방식을 통해 수익을 독차지하고 있다. 사용자들과 수익을 나눌 방법에 대한 시그마체인의 깊은 고민은 이 지점에서 시작됐다. 시그마체인은 철저히 탈중앙화를 지향하고 있다. 기존의 중앙처리방식을 사용하는 SNS에서 문제점을 발견했기 때문이다. 대형 플랫폼들은 수익 대부분을 독점하고 있는 현실이다. 페이스북의 경우를 보더라도 사용자들이 열심히 보는 광고에 대한 수익은 페이스북이 모두 가져가고 있다. 퓨처피아는 사용자의 활동에 대한 수익을 보장하는 에코시스템을 구축함으로서 사용자와 함께 상생하는 생태계를 만들고 있다.

퓨처피아의 사용자에게는 활동에 대한 합당한 보상인 '코인(PIA)'이 지급된다. "페이스북, 인스타그램 등의 중앙집중형 SNS에서 사용자는 글을 쓰고, 읽고, 반응하며 하루를 보낸다. 하지만 그에 대한 보상은 콘텐츠 생산자의 극히 일부만 받고 있다. 퓨처피아는 사용자의 모든 활동에 대한 보상이 이루어진다. 콘텐츠를 생산하고 '댓글'이나 '좋아요' 등으로 생산된 콘텐츠를 함께 만들어가는 큐레이터들도 보상을 받게 된다. 즉, 퓨처피아에서 사용자가 하는 모든 활동은 보상과 연결이 된다고 보면 될 것이다. 개인 정보 유출 위험성에 대한 우려의 목소리가 점점 더 커지고 있다. 그러나 시그마체인 퓨처피아를 통한 개인정보 유출 가능성은 매우 힘들다. 퓨처피아는 자체 개발한 DDPoS(Dual Delegated Proof of Stake, 이중위임증명방식) 알고리즘으로 각 라운드에서 블록이 생성되도록 설계되어 있다. 개인정보 유출 피해를 방지하기 위해 DPoS 합의 방식의 보안 문제를 개선한 것이다. 정확히 3초마다 블록을 생산할 수 있게 하며, 블록은 최대 21개 노드에서 생성한다. 이 21개의 노드는 선출된 마스터노드(BP)와 안정성 확보를 위해 라운드마다(1라운드에 21개 블록 생성) 무작위로 선택된 랜덤노드(BO)로 구성되므로 노드 간의 결합 위험이 감소하고 처리 속도가 향상된다. 또한 블록 생산 라운드 중 각 노드는 블록 및 트랜잭션의 유효성 검사를 지원한다. 해시 링크를 사용해 블록을 생성하는 방식에 비해 오버헤드가 거의 없는 방식이다. 따라서 체인의 증명을 검증하는 시간 및 대역폭의 최적화가 가능하며, 3초간 블록생산을 하는 21명의 블록생산자가 확정적으로 존재하기 때문에 불가역성을 결정하는데 63초라는 시간만이 소요된다. 개인정보 유출을 시도하는 악의를 가진 이용자들은 위 과정을 한 번에 확인하고 변경해야 하므로 현존하는 해킹 기술로는 개인정보 유출 가능성은 거의 희박하다.

세계 각국의 다양한 기업들이 시그마체인 메인넷에 대해 도입 문의와 제휴 제안을 쏟아내고 있다. 시그마체인은 20여 년 전 벤처 성공신화를 이끌었던 IT 업계의 주목받는 구성원들이 주축이 돼 설립된 기업이다. 오랜 경험과 노하우로 시그마체인 블록체인 시스템을 구축한 것이다. 시그마체인 메인넷은 분야별로 최적화돼 맞춤형으로 설계가 가능한 것이 특징이다. 각 댑의 상호 마케팅 제휴를 통해 시너지 효과를 극대화할 뿐만 아니라, 분야별 API 제공을 함으로써 각 업체에서는 단기간에 댑을 개발할 수 있다는

강점이 있다. 시행착오를 거치지 않고 안정적인 서비스를 구축하기 위한 기업들의 탁월한 선택이라고 생각된다. 시그마체인 곽 대표는 미래 블록체인 산업에서는 단순히 기존의 메인넷을 뒤따라가는 기업들은 자연스럽게 도태될 것이라고 한다. 2009년 1월 3일, 처음으로 채굴된 비트코인 제니시스 블록이 10살이 됐다. 전 세계에서 블록체인 기술로 탄생한 암호화폐는 2천여 개를 돌파했고, 1만6천 개에 달하는 암호화폐 거래소가 운영 중이다. 화폐가치가 떨어지는 개발도상국은 다양한 블록체인 프로젝트로 미래를 준비 중이며, 유럽에서는 블록체인을 이용해 일상생활에서 다양한 생활을 누릴 수 있게 됐다.

앞으로 인터넷은 모두 블록체인으로 바뀔 것이다. PC통신을 처음 했던 그 시절에 인터넷이 이렇게 급속도로 퍼질 것이라고는 아무도 생각하지 못했다. 앞으로 몇 년 정도 후면 모든 서비스는 세대교체가 될 것이며, 그 중심은 기술력이 있는 블록체인 업체가 될 것이다. 중앙집중형 플랫폼이 블록체인 개발에 나서는 것은 기존에 보유한 모든 권한을 포기해야 하기에 쉽지 않을 것이라고 본다. 2019년 현시점에서 블록체인 생태계에서 단순하게 기존의 메인넷을 모방하는 업체들은 오래가지 못할 것이다. 블록체인에 대한 확고한 철학을 기반으로 자체기술력과 실현 가능한 로드맵을 제시하는 업체들만이 블록체인 춘추전국시대를 거쳐 다가올 4차 산업혁명의 핵심 기술인 블록체인 생태계에서 살아남을 수 있을 것이다.

곽진영 대표, '블록체인 혁신부문 대상' 수상

대한민국 국회에서 열린 '2018 글로벌경제문화발전대상' 시상식에서 시그마체인 곽진영 대표가 '블록체인 혁신부문 대상'을 수상했다. 2018년 시상식은 국회의원회관 제1소회의실에서 개최되었으며, 한국언론연합회, 선데이뉴스신문이 주최/주관했다. 주최 측은 '글로벌 경제문화발전대상'의 선정원칙을 "글로벌경제와 국가경제에 일자리창출, 확고한 경영혁신과 기술개발, 국가브랜드 향상과 사회발전에 기여한 기관이나 단체, 기업, 개인 등에게 수여한다"고 밝혔다. 국회의원회관 제1소회의실에서 열린 '2018 글로벌경제문화발전대상' 시상식에서 수상자와 관계자들이 기념촬영을 하고 있다.

이 시상식에서 '블록체인혁신부문대상'을 수상한 곽진영 대표는 국내에서 큰 인기를 끈 온라인 커뮤니티 '싸이월드' 개발자와 창업자 출신이며, 솔루션(데이터베이스)설계분석 조정 및 컨설팅 분야에 강점을 가지고 있는 SNS정보기술전문가라는 평가를 받았다. 곽 대표가 개발해낸 SNS터치는 '이용자가 특정 인물 단체와 관계를 맺고 나면 그와 공유하는 가상의 공간에 들어가 화면을 손가락으로 넘어가는 것만으로 채팅과 메시지 스크랩 공간, 주고받은 파일함 등 다양

자료 참조 : 시그마체인 곽진영 대표, 2018 '블록체인혁신부문대상' 수상

한 서비스를 전환해 가며 이용할 수 있다'고 알려져 있다.

곽 대표는 이날 "앞으로 온라인 커뮤니케이션서비스 SNS는 대화뿐만 아니라 일
정과 기록, 나아가서는 서로가 지난 정보와 자료, 인간관계, 취향까지도 관리 공유할
수 있어야 한다"며 "앞으로도 지속적인 SNS 개발에 힘쓰겠다"고 수상소감을 피
력했다. 대회장인 홍창석 총장(글로벌산학교육원 이사장)은 대회사에서 "이렇게 뜻깊
은 자리에 함께 하여 기쁨과 반가움이 크며, 앞으로도 사회 각 분야에서 글
로벌경제와 국가경제 발전을 위해 많은 사람들이 함께하길 바란다"고 소망
했다. 또한 행사에는 외국대사, 국회의원 및 공무원, CEO, 일반인 등 300
여명이 참석했다.

07
블록체인 기술 생태계와
나아갈 방향

탈중앙화를 앞세운 블록체인 기술이 우버(Uber)와 에어비앤비(AirBnB) 등 중앙화된 서비스를 제공하는 IT플랫폼 업체를 대체할 것이라는 전망이 나오고 있다. 머니투데이 글로벌 콘퍼런스 '2019 키플랫폼'에 참석한 전문가들은 "우버와 에어비앤비 같은 공유경제 업체들은 진정한 의미의 P2P 마켓이 아니다"라며 "블록체인은 중개자 없이도 상품이나 서비스를 직접 거래하는 것이 가능하기 때문에 블록체인 기술이 이들을 대체할 것이라고 믿는다."고 말했다. 또한 기존에는 온라인에서 물건을 판매하기 위해 많은 비용과 시간을 들여 홈페이지를 구축하거나 높은 수수료를 내고 중개업체들을 이용해야 했지만, 블록체인 기술로 인해 누구나 손쉽게 거래 플랫폼을 만들 수 있게 될 것이고, 모든 정보를 공유하고 공개하는 블록체인의 특성을 활용하게 될 것이다.

블록체인은 불필요한 수수료를 없애 거래 참여자 모두에게 이익을 줄 수 있고, 중앙 통제 없이 누구나 자유롭게 거래할 수 있으며, 중앙집중형 서비스는 20~30%에 달하는 높은 수수료를 부과하면서도 실제 참여자들에게 주어지는 혜택은 극히 적다는 것이다. 블록체인의 탈중앙화 특성을 활용하면 보다 수평적인 P2P 거래시장을 만들 수 있고, 시장 참여자 모두 기존 거래 시스템을 이용하는 것보다 더 많은 보상과 이익을 얻을 수 있다. 블록체인을 이용한 P2P 플랫폼이 거대 공유경제 업체들보다 더 높은 경쟁력을 발휘하게 될 것이다. "미래의 블록체인이 전 세계인들의 일상을 크게 바꾸는 기술이 될 것이며, 공유경제(Sharing Economy)가 사람들의 일상을 바꿔 놓았듯이 블록체인 기술 역시 소외된 사람들에게 새로운 기회를 가져다 줄 것이다."

블록체인은 모든 구성원들이 분산형 네트워크를 통해 정보 및 가치를 검증, 저장, 실행함으로써 특정인의 임의적인 조작이 어렵도록 설계된 분산 시스템 기술이다. 신뢰를 담보해주는 제3의 기관 도움 없이도 거래 참가자들이 거래 기록을 각자 보관하고, 각 참가자들이 공동으로 인증하여 거래가 성립되는 구조이다. 블록체인은 분산, 추적성, 보안성, 투명성이라는 특징이 있어 비용과 시간을 절감할 수 있고, 평등적이라고 볼 수 있다. 특히 "블록체인 기술은 신뢰와 믿음이 부족한 국가, 사회, 조직, 업무에서 블록체인이 해결해 줄 수 있을 것이다."

인터넷이 출현한지 50년이 지났다. 인터넷은 분산된 정보의 공유와 접근을 가능하게 하는 강력한 툴(Tool)로서 분산 컴퓨터 연결, 분산 데이터 연결, 분산 데이터 활용을 넘어 데이터 신뢰성을 향해 가고 있다. 과거 인터넷 경제는 필요에 따라 접근할 수 있는 대규모의 사용자와 리소스의 관리 및 중개의 필요성이 있었기에 대형 플랫폼에 의한 정보와 거래, 가치의 독점이 일어났던 것이다.

하지만 블록체인은 물리적 기술뿐만 아니라 사회적 기술이기도 하다. 다가오는 "2027년에는 세계 GDP의 10%가 블록체인에 저장될 것이라는 전망"도 나오고 있다. 과거 인터넷 경제에서는 고가의 자산이나 이력관리, 소유증명은 어려웠으나 블록체인 경제에서는 이것이 가능해진다. 블록체인이 중앙화 되면 독점적이었던 플랫폼 기반의 시스템이 코드 기반 분산시스템으로 변환될 것이다. 이제 블록체인은 금융, 소매 및 전자상거래, 공급망 및 물류, 헬스케어, 전력 및 에너지 분야를 넘어 정부 및 공공분야에 이르기까지 다양한 분야의 비즈니스로 진화하여 대기업 중심의 투자가 선도될 것이 분명하다. 이미 글로벌 기업들은 블록체인 기술에 대한 투자를 계획하거나 실행하고 있다. 2020년을 기준으로 5천 명 이상의 대기업 86%가 사물인터넷(IoT)를 채택하고, 56%가 블록체인을 채택할 것이라 예측하는 통계도 있다. 이에 대기업들은 IT 예산을 증액하여 노후화된 인프라 업그레이드를 추진하고 있는 것이다. 특히 금융서비스 기관이 이러한 신흥 기술을 조기수용하고 있는데 반해 정부기관은 아직 신흥 기술 채택에 인색한 편이다. 현재 블록체인 대부분의 기술이 아이디어 또는 개발단계에 있어 기술 자체가 불안정한데 비해 비싸고, 복잡하다는 주장도 일부 있다. 하지만 시간이 좀 더 소요될 뿐 블록체인 기술 발전은 플랫폼과 융합하는 고성능, 고효율 블록체인 시대를 거쳐 인터넷과 같은 기반 인프라가 되는 단계로 발전할 것이다. 이런 과정을 거쳐 훗날 전자정부와 공공서비스 모두가 블록체인으로 이루어질 것이다. 이에 "시그마체인 메인넷 기반의 블록체인은 이러한 문제들을 해결할 수 있는 방안을 제시하고 정책적 대안 기술로 떠오르고 있다."

세계적인 컨설팅기관들은 블록체인 기술이 분산원장의 특성과 보안인증의 강점을 통해 향후 금융혁신을 주도하고 미래 산업구조를 변화시킬 것으로 전망하고 있다. 인포월드(Info World)는 금융거래 중심으로 계약, 디지털 수집품, 투표, 선하증권, 엄격한 예측, 소액결제와 보상 포인트를 활용 분야로, 딜로이트(Deloitte) 컨설팅은 산업응용 중심으로 금융서비스, 방송통신, 소비재 및 산업생산물, 생명과학 및 헬스케어, 공공부문, 에너지 및 자원, 수평 응용(스마트 계약, 자동 회계감사, 사이버 보안 등) 분야를 각각 7대 유망 활용 분야로 선정하였다. 미래 경제·사회·기술·정치 시스템 등에서 블록체인 기술이 안착할 수 있도록 미치는 영향 및 문제점을 고려하여 시사점을 살펴보고 바람직한 생태계 조성을 위한 정책대안을 수립하는 것이 시급한 과제이다.

첫째, 법제도 측면에서, 세계적으로 암호화폐를 국가에서 공식 인정하는 것은 아니지만 화폐 기능과 블록체인 활용에 관심을 갖고 법제도 관련사항을 적극 검토하고 있으며, 일부 국가는 화폐에 준하는 정책을 추진하고 있다. 영국은 가상화폐를 2014년 8월 최초로 화폐의 개념으로 규정하고, 미국은 재무부의 가이드라인을 통해 비트코인을 재산(Property)으로, 독일은 사적 화폐(Private money)로 인식하고, 일본은 2016년 5월 금융청이 가상화폐를 실물화폐로 취급하는 개정 자금결제법안이 통과되어 가상화폐를 통화로 인정하고 있다. 또한, 실물증권을 발행하지 않고 전자적으로 등록한 증권으로 권리양도, 담보설정, 권리행사 등을 가능하게 하는 전자증권제도가 이미 선진국에서 시행중이다. 우리나라도 '주식·사채 등의 전자등록에 관한 법률안'이 공표(2016.3.22.)되었으므로 이에 따른 블록체인 기술을 활용한 파격적인 전자증권제도를 마련해야 한다. 특히, 안전한 금융거래와 이용자 편의성을 위해 가상화폐의 법률적 지위, 거래소의 사업허가, 블록체인 인증 등 시급하고 중요한 사항부터 법·제도적 장치를 마련해야 할 것이다.

둘째, 경제적 측면에서, 핀테크 2.0 보고서에 의하면, 블록체인 기술을 활용한 분산장부시스템 등을 구축하면 국제지불, 증권거래, 규정준수 등의 업무 효율성으로 2022년까지 매년 15~20억 달러의 비용을 절감할 것으로

구분	블록체인 기술 활용의 시사점
법제도 측면	• 영국은 가상화폐를 2014년 8월, 최초로 화폐 개념으로 인정, 미국은 재무부 가이드라인을 통해 비 트코인을 재산(property), 독일은 사적 화폐(private money)로 인식하고, 일본은 2016년 5월, 금융 청이 가상화폐를 실물화폐로 인정하는 자금결제법안 통과되었으며, 가상화폐 위상과 불법거래, 탈 세관련 법제도 검토, 분산자율조직 등에 대한 법제도 검토
경제적 측면	• 중앙집중적 조직 필요 없이 블록체인의 신뢰성을 기반으로 시스템을 구축하여 유지보수비용 및 금 융거래 수수료 절감 효과, 이에 따른 새로운 고객 유치, 그리고 사물인터넷 융합, 지식재산/콘텐츠 등 인증, 전자투표, 공공데이터 관리 등에 새로운 시장창출이 가능하며, 블록체인 조세징수 시스템 구축, 중소상인 및 지역주민을 위한 미시 경제정책 마련
금융적 측면	• 금융과 ICT가 접목된 핀테크가 블록체인 기술과 융합되고 중앙은행 개념의 금융서비스는 부분적으 로 P2P 망을 통한 분산거래 시스템으로 변화될 전망이고, 디지털 가상화폐, 금융거래환전소, 분산 자동투자조직 등 새로운 금융 비즈니스 창출 예상되며, 블록체인을 활용한 새로운 금융 서비스 탐 색과 금융기관 역할 및 위상, 경쟁구조 대비
기술적 측면	• 글로벌 기업들은 미래 사물인터넷 및 분산 사회구조 시대를 대비하여 금융부문은 물론 블록체인을 전 산업에 활용하기 위한 소프트웨어, 플랫폼, IoT 적용 디바이스·센서 등의 기술개발을 적극 추진하 고 비즈니스 모델을 개발하여 새로운 생태계를 주도하며 암호화폐, 플랫폼, 인증, 서비스 등 복합기 능을 가진 블록체인 기술 개발의 선도적 추진
사회적 측면	• 중앙화는 분권화를 거쳐 분산화로, 국가권한은 지방분권과 함께 시민자치로, 독점경제는 과점경쟁 을 지나 공유경제로, 대가족은 핵가족에서 1인 가구로 전환되는 현상들이 나타나고 사회간접자본 을 공유하는 시민자치 시대가 전개되어 사회문화 가치의 공감대 형성과 블록체인 기술을 활용한 제 반 서비스 확대 및 사회적 검증, 블록체인 투표제도 도입

추정하고 있다. 따라서 블록체인 시스템 구축으로 불필요한 수수료 등을
절감하여 금융기관의 수익성을 강화하고 저렴한 수수료를 바탕으로 신규
고객을 유입하고, 시스템 구축·유지보수 비용절감에 따른 수익성을 제고
해야 한다. 그리고 국가 차원에서 주민등록, 토지대장, 문서정보 등 공공자
원을 블록체인 방식으로 DB를 구축하여 효율화시키고 블록체인 세금징수
를 통해 탈세를 최소화시켜 국가재정에 기여해야 한다. 또한, 가상화폐의
거래량이 늘고 통화 기능으로서 위상이 높아짐에 따라 중소상인 및 지역주
민을 위한 블록체인 거래시스템에서 경제활동을 할 수 있도록 미시 경제정
책을 마련해야 한다.

셋째, 금융적 측면에서, 스마트와 분산화 시대를 맞이하여 안전하고 편리한 금융거래가 가능한 암호화폐와 플랫폼이 지속적으로 개발되어 출시되고 있다. 기존 금융 인프라를 보완하는 대안으로서 해외 글로벌 금융기관들은 블록체인을 이용편의성 제고 및 영역 확대에 초점을 두고 있으며, 국내는 해외보다 활발하지 않지만 금융 인프라를 보완하는 방식으로 접근하고 있다. 따라서 블록체인을 활용한 미래 금융 서비스로 금융기관들이 보유하고 있는 고객 데이터를 기반으로 전통적인 금융 서비스와 융합한 새로운 차원의 디지털 금융 서비스를 모색하고 은행, 증권, 보험, 투자, 핀테크 분야에 분산원장을 적용한 블록체인 분산원장의 금융거래 시스템을 구축해야 한다. 또한, 블록체인의 활용 분야 및 기술수용 방법(독자적인 블록체인 기술개발 또는 스타트업과 파트너십 참여 등)의 선택폭이 다양해지므로 금융기관들은 비즈니스 목적과 규모에 맞는 솔루션을 개발하고 시스템을 구축해야 한다. 미래에는 중앙은행이 필요 없는 P2P 네트워크기반의 거래시스템에서 금융기관이 경영능력보다 신기술 도입 활용 및 컴퓨팅 처리능력에 좌우되고 가상화폐 거래소, 핀테크 업체, 지식정보 인증기관 등과 경쟁하는 새로운 시장 환경을 맞이하기 때문이다.

넷째, 기술적 측면에서, 금융부문은 물론 블록체인을 전 산업으로 활용하기 위한 기술적 노력으로 비트코인을 넘는 다양한 암호화폐와 솔루션이 개발되고 있으며, 글로벌 기업들은 미래 사물인터넷(IoT) 시대를 대비한 기술 개발에 박차를 가하고 있다. 그러나 현재의 블록체인은 투명성, 익명성, 보안성, 편리성 등의 장점에도 불구하고 확장성(Scalability)이 부족하여 1초에 수십 건 이상 거래되는 신용카드, 지구촌 수억 가입자의 SNS, 수십억 개의 IoT 기기들을 감당하기에는 한계가 있다. 이후 비트코인의 확장성 문제를 개선한 이더리움은 블록체인을 튜링 완전 언어(Turing-complete language)로 구성하여 한 개의 블록체인 대신 여러 애플리케이션 기반의 오픈 플랫폼으로 설계하여 이러한 한계를 일부 극복하고 있지만 아직은 미진한 실정이다. 따라서 한국도 경제사회에 블록체인을 활용하기 위한 다양한 오픈소스를 개발해야 하며, 이를 통합형·개방형 표준으로 구현하는 협업 프로젝트도 추진해야 한다. 블록체인은 자체가 글로벌 서비스이기 때문에 미래 성장 동력으로 인식하고 비트코인과 이더리움을 능가하는 기술개발 성과를 통해 세계 시장을 리드해야 한다. 해외 매체에서 2019년 가장 빠른 트랜잭션 속도를 분석하여 순위를 선정했는데 "시그마체인 퓨처피아가 TOP10 중 1위에 등극"한 기술력을 바탕으로 블록체인 시대를 시그마체인이 리드해 나아갈 것이다.

다섯째, 사회적 측면에서, 거대한 경제·정치·사회 흐름에서 보면 중앙화는 분권화를 거쳐 분산화로, 국가권한은 지방분권과 함께 시민자치로, 독점경제는 과점경쟁을 넘어 공유경제로, 대가족은 핵가족에서 1인 가구로 전환되는 현상들이 블록체인 기술로 준비해야 한다. 따라서 새로운 차원의 사회문화가 창조될 수 있도록 조기에 블록체인 서비스를 도입하고 합의에 의한 안정화를 도모해야 한다. 지역 또는 개인 단위의 P2P 솔루션이 활성화되어 거대 기업자본 기반의 공유경제가 아닌 소규모 지역에서 생성된 사회간접자본을 공유하는 진정한 시민자치 시대가 예상되므로 사회문화 가치에 대한 이해와 교육도 필요하다. 또한, 한국과 같이 정치사회에 관심이 많은 국가에서 블록체인 투표는 개표결과에 대한 갈등을 최소화시킬 수 있으므로 각종 선거와 주주총회 의결 등에 부정시비를 원천적으로 방지할 수 있는 암호화 블록체인 투표를 도입하여 서로 신뢰하는 사회를 조성해야 한다.

세계적으로 블록체인 기술 개발 관련 수요는 계속 증가하고 있으며, 공기업 및 사기업들의 기업용 블록체인 기반 개발업무는 최근 급속도로 성장하는 직무기술로 우뚝 서있다. 블록체인 개발역량을 갖춘 개발자들의 일자리는 2017년과 비교하면 약 200% 이상 증가했다. 또한 글로벌 시장조사기관인 IDC(International Data Corporation)에 의하면 2019년 전 세계적으로 블록체인 관련 지출은 2018년과 비교하여 약 89%가 증가할 것으로 예상하고 있으며, 금액으로 환산한다면 약 30억 달러 규모가 될 것으로 전망했다. 블록체인 관련 지출은 은행 및 보험 등 금융업과 관련한 분야가 11억 달러, 제조업 분야에서 6억5,000만 달러, 유통업 분야에서 6억5,000만 달러 지출이 예산된다. IDC는 2022년에는 세계 블록체인 관련 시장 지출액이 117억 달러까지 사용될 것으로 전망하고 있다.

Eepilogue

투자액 380% 증가한 블록체인, 산업 패러다임에 어떤 변화를 가져올까?

마치며^(epilogue)면서 4차 산업혁명과 블록체인 기술에 관하여 언론과 매스컴 등에서 중요하게 다루었던 내용들을 간추리면서 산업의 패러다임과 블록체인 기술의 중요성을 정리해 보고자 한다. 4차 산업혁명과 블록체인 기술에 관한 관심은 기업뿐만 아니라, 정부나 학계 및 개인들에게까지 확대되고 있다. 특히 비트코인, 이더리움 등의 가상통화에 대한 투자 열기가 뜨거워지면서 블록체인에 관한 관심이 더욱 커졌다고 보인다. 블록체인 기술은 금융기관 등에서 본격적으로 활용하기 시작했다. 최근에는 더 나아가 제조생산·유통·물류·보험·부동산·병원의료 서비스·스마트시티·공공 등의 다양한 실생활 영역에서의 도입이 확대되면서 4차 산업혁명의 핵심기술로도 부상하게 되었다.

블록체인이 부상하고 있는 현상을 객관적으로 보여주는 통계는 투자액이다. 2016년 1분기에 비트코인 및 블록체인에 대한 글로벌 투자액은 약 1억 7,000만 달러로 직전 분기 대비 380% 이상 증가했으며, 2015년 1분기 최고점 달성 이후 등락을 반복하는 추세를 보이다가 2017년 2분기 2억3,000만 달러로 최고점을 경신했다. 세계적으로 블록체인의 활용을 확대하기 위한 정책적 노력도 뒷받침되고 있다. 영국 정부는 'Beyond Blockchain 전략'을 발표하여 정보보안, 정부문서의 위·변조 방지, 사회보장 부정수급 방지 등 다양한 분야에서의 블록체인 활용을 촉진하고 있다. 독일과 일본은 블록체인 기술뿐만 아니라 가상통화 거래에 대해서도 개방적인 정책을 마련했다. 미국이나 중국의 경우 가상통화에 대한 규제는 강화하면서도 블록체인의 산업적 활용은 촉진하는 방향으로 정책이 수립되고 있다.

　우리나라도 예외는 아니며, 과학기술정보통신부는 핵심정책과제로서 블록체인 기술개발(100억원), 시범사업(42억 원) 등을 통해 2018년을 블록체인이 다양한 산업으로 확산되는 원년으로 삼을 것을 발표하기도 했다. 2018년 상반기 중에는 블록체인 산업발전 기본계획을 수립했다. 우선적으로 사물인터넷(IoT) 센서 데이터, 대용량 의료정보, 음악·영화 등 다양한 산업에 블록체인을 적용할 수 있는 핵심기술 개발에 집중적으로 투자할 계획이다. 또한, 물류·유통관리 즉 SCM(Supply Chain Management)을 통한 실시간 정보교류, 전자투표를 위한 신뢰 형성, 저작권 관리 등의 블록체인 실증 시범사업을 계획하고 있다. 나아가 블록체인 아카데미, 오픈포럼 등 교육지원 및 산·학·연 협력체계를 구축해 나가고 있다. 과학기술정보통신부 뿐만 아니라, 금융위원회, 중소벤처기업부, 산업통상자원부 등 다양한 부처에서 블록체인을 활용한 관련 산업의 시스템 혁명을 본격적으로 모색하고 있다. 한편, 정부는 "규제와의 전쟁"을 선포하며, 산업현장에서 당면하는 규제와 현장 애로사항 등을 반영해 나갈 계획으로 블록체인의 산업적 활용 환경이 크게 개선될 것으로 전망하고 있다. 블록체인 기술의 도입과 산업별 패러다임 변화를 종합적으로 정리해 살펴보면,

첫째, 블록체인 기술이 가장 활발하게 적용되는 부문은 금융산업이다. 따라서 블록체인을 핀테크(Fintech)로 분류하기도 한다. 핀테크 기업들은 블록체인 기술을 활용해 금융소비자와 공급자를 직접 연결시키고자 노력하고 있으며, 기

존의 금융기관들도 블록체인 플랫폼에 기반 한 금융서비스 개발을 위해 적극적으로 협력하는 모습을 보이고 있다. 블록체인 플랫폼을 활용하면 금융 거래의 운영절차가 간소화되고, 거래의 인증이나 검증과정에서 중개기관의 역할이 축소됨에 따라 결제에 소요되는 시간이 단축될 수 있다. 또한 최초 거래에서부터 모든 거래내역이 영원히 기록되고 공유되기 때문에 거래상대방에 대한 위험(Counterparty Risk)과 부정거래의 발생을 줄일 수 있으며, 실시간으로 거래과정을 모니터링 할 수 있어 규제·감독의 효율성을 높일 수 있다.

둘째, 생산제조·유통·물류·판매에도 블록체인 도입이 가속화 되고 있다.

블록체인 기술이 공급사슬관리(Supply Chain Management, SCM)에 적용되면 공급사슬의 가시성과 투명성을 제고시킬 수 있다. 블록체인상의 기록을 통해 제조사, 제품을 구성하고 있는 원자재 등에 대한 정보 파악이 가능하다. 그리고 제품의 생산·유통·판매 전 과정에서 발생하는 데이터는 제품의 최초 생산자부터 최종 소비자에 이르는 모든 참여자들에게 제공되기도 한다. 따라서 생산자는 공급사슬상의 전 지점에서 제품이력을 추적할 수 있고, 이를 통해 구매자 별 구매성향 등을 파악할 수 있어 제품개발에 활용하기도 한다. 블록체인에서 공유되는 개인 정보는 익명으로 처리되기 때문에 개인 정보의 유출 없이 소비자 맞춤형 마케팅 전략 수립이 가능해진다. 다이아몬드나 와인을 블록체인으로 관리하는 영국의 스타트업 에버레저(Everledger)는 블록체인을 통해 고부가가치 상품인 다이아몬드나 와인의 거래 투명성을 높일 수 있다. 수출입 과정에는 수출업자, 수입업자, 선주, 보험사, 금융사 등 다양한 기업과 중개기관들이 다양한 역할을 수행하고 있다. 블록체인 기술은 수출입 프로세스 상의 다양한 파트너들을 연결하고, 네트워크 내부의 모든 거래 기록을 변경 불가능한 형태로 공유할 수 있게 한다.

전 세계 여러 국가에서 토지 · 주택 · 차량 관리, 선거 및 투표 관리, 의료 정보 관리 등 다양한 공공서비스 영역에 블록체인 기술을 적용하기 위한 검토 작업을 진행 중이다. 그동안 공공서비스는 정부에 의해 중앙집중적으로 제공되어 왔다. 블록체인을 활용하면 각종 공과금 및 과징금의 징수, 납세, 공공서비스 관련 시민행정, 여권발급, 토지 등기 내역 등 일선 공공업무와 기록들을 통합 관리할 수 있고, 인건비와 서버 관리비 등 운영비용을 크게 절감할 수 있다. 우리나라의 경우에도 블록체인을 이용해 병원의료 서비스 등 진료기록의 내용을 통합 관리해, 의료행정 효율화를 추진할 수 있다. 현재 실비보험 가입자는 의료기관으로부터 진료비 영수증을 발급받아 보험사에 팩스로 보내야만 의료실비를 지급해 주는 시스템이라고 할 수 있다. 교보생명은 2018년 상반기부터 블록체인 기술을 활용해 실손 의료보험금 자동청구 시범 서비스를 현재 3개 병원에서 향후 20곳으로 확대해 나갈 계획이고, 2020년까지 600개 병원에서 이 시스템을 운영할 방침이다.

블록체인은 예술 산업의 지적재산권 문제를 해결하는데 유용한 플랫폼으로 자리 잡게 될 것이다. 예술 산업은 예술 작품의 출처관리와 소유권에 대한 문제가 매우 중대하다. 2013년 코르넬리우스 구를리트(Cornelius Gurlitt)라는 한 독일인의 아파트에서 "나치의 보물(Der Nazi-Schatz)"이라고 불리는 나치 정권의 약탈 미술품 1,500여 점(약10억 유로)이 발견되었는데 미술품의 수집 경로나 소유권 판별에 상당한 어려움이 있었다. "구를리트 컬렉션(Gurlitt Collection)"으로 회자되는 이 사건이 발생된 이후로 예술 산업 내 작품의 출처관리는 매우 중요한 이슈가 되었다. 많은 연구기관들은 블록체인 기술이 작품 출처의 정확성과 거래의 투명성 확보가 중요한 예술 산업에서 지식재산권 문제를 해결할 핵심적인 기술로 활용될 수 있다. 인터넷 및 클라우드 등을 통해 다양한 디지털 콘텐츠들이 전달 및 공유되고 있다. 저작권이 있는 디지털 음악, 그림, 사진, 영상 콘텐츠들을 전달하는 과정에서 블록체인에 기반하여 자동으로 지급결제가 가능한 방향으로 시스템이 진화할 것으로 예상된다. 특히, 음악 산업의 구조를 근본적으로 변화시킬 수 있을 것으로 블록체인 기술이 활용될 경우 불합리한 유통·수익 구조를 개선해 공정한 거래 구조를 형성될 것으로 보인다. 블록체인 플랫폼은 음원 사용자들에게 다양한 정보를 용이하게 공개해 주고, 창작자의 권리 보호 수준을 크게 높일 수 있을 것으로 전망된다.

블록체인 기술이 고도화되고, 사물인터넷(IoT)이나 생체 및 안면인식 기술이 융복합화되는 과정에서 블록체인의 활용 영역이 더욱 확장되고 있다. 이러한 과정에서 새롭게 등장할 새로운 비즈니스 모델을 발굴하고, 산업혁신을 이루어갈 방향성을 도출할 필요가 있다. 이를 위해서는 정부, 기업, 연구기관 등의 긴밀한 협력이 절실히 요구되는 상황이다. 향후 도래할 제2의 인터넷 시대라고 하는 블록체인 세상에서 협력 또는 협업관계가 되지 않으면, 국내 기업들이 경쟁력을 잃을 것이다. 따라서 정부는 산·학·연 협력 관계를 구축하고, 새로운 블록체인 플랫폼을 개발하며, 새로운 비즈니스 모델을 구상할 수 있도록 환경을 시급히 조성해 줘야 할 것이다. 특히, 기업 간의 자율적 협력 및 협업이 이루어지도록 하는 오픈 플랫폼 구축을 유도하고, 블록체인 전문 기술 인력이나 비즈니스 전문가를 양성해야 한다. 특히, 블록체인 기술의 활용성이 특정 산업에 국한된 것이 아니기 때문에, 정부의 정책 의사결정자 뿐만 아니라 대·중·소기업들의 다양한 분야의 담당자들이 블록체인에 대한 기본적인 이해와 정보공유가 필요하다. 다양한 분야의 사람들이 기술적 개념뿐만 아니라 산업적 활용 가능성 등에 대해 충분한 이해를 보유하고 있을 때 새로운 블록체인 플랫폼을 제안하고, 해당 분야를 선도적으로 글로벌 시장에서 선점할 수 있을 것이다.

정부기관 및 기업들도 블록체인 기반의 미래 산업에 대응해야 한다. 이미 다양한 산업에 걸쳐 새로운 비즈니스 모델들이 제시되고 있다. 글로벌 제조업, 유통업, 해운업, 금융업, 의료업, 서비스업 등은 각기 독특한 블록체인 기반의 플랫폼을 도입하고 있다. 특히, 다양한 규제완화 정책 기조와 블록체인 연구개발 예산 지원 등 다양한 정책들을 적극적으로 모니터링하고, 활용할 필요가 있다는 것을 인식해야 할 것이다.

Reference data & document

- 가상(VR)과 증강(AR)의 만남, 혼합현실(MR)시대 온다, 최용석, 2017.
- 강병준, 공유경제 시스템의 사회적 기업 적용 연구, 한국정책학회, 2012.
- 고승윤, ICT 발달에 따른 공유경제에 대한 소고, e-비즈니스 연구, 2014.
- 국토교통부, 카셰어링이 교통수요에 미치는 영향 연구, 한국교통연구원, 2014.
- 김난도 외, 트랜드 코리아 2014, 미래의 창, 2013.
- 김점산 외, 공유경제(Sharing Economy)의 미래와 성공조건, 경기개발연구원, 2014.
- 김형균 외, 도시재생 소프트전략으로서 공유경제 적용방안, 부산발전연구원, 2013.
- 디지털콘텐츠 Weekly Report, 정보통신산업진행협회, 2018.
- 강승준, 블록체인 기술의 이해와 개발현황 및 시사점, 정보통신산업진흥원, 2018.
- 경기도, 기부금 관리시스템에 블록체인 기술도입, 매일일보, 2017.
- 고윤승·최홍섭, 비즈니스 패러다임 변화와 그 활용 방안, 한국과학예술포럼, 2017.
- 금융결제국 결제연구팀, 분산원장 기술과 디지털통화의 현황 및 시사점, 2016.
- 금융권 블록체인 활용 방안에 대한 정책 연구, 금융보안원, 2016
- 금융보안원, 국내외 금융분야 블록체인 활용 동향, 2015.
- 금융보안원, 블록체인 응용기술 개발 현황 및 산업별 도입 사례, 2017.
- 금융업의 블록체인 활용과 정책과제, 한국금융연구원, 2017.
- 김동섭, 분산원장 기술과 디지털통화의 현황 및 시사점, 지급결제조사자료, 2016.
- 김성준, 블록체인 생태계 분석과 시사점, 한국과학기술기획평가원, 2017.
- 김수현, 미국 최초 합법적 비트코인 거래소 서비스 시작, 조선비즈, 2015.
- 김열매, 블록체인과 디지털 경제, 유진투자증권, 2017.
- 김예구, 블록체인 기술과 금융의 변화, KB지식 비타민, 2015.
- 김일용, 비트코인과 블록체인, 미래를 지배할까, 안랩, 2016.
- 김일용, 비트코인과 블록체인, 미래를 지배할까, 안랩, 2017.
- 김재성·임성철, 국제 무역거래에서 블록체인의 활용 가능성에 관한 연구,
- 김정석·김광용, 블록체인 기술 수용의도에 영향을 미치는 요인에 관한 연구,
- 김진화 외, 블록체인의 기술적 이해 및 도입을 위한 첫걸음.(주)코빗, 2016.
- 네이버 지식백과, 스마트 시티, 2018.
- 디지털데일리, 2018 블록체인 공공분야에 구현, 전자정부서비스 진화, 2018.
- 박수민, 블록체인 기반의 안전한 핀테크 서비스 정책 제언, 한국인터넷정보학회
- 박용범, 블록체인 에스토니아처럼, 매일경제신문사, 2018.
- 박준식, 공유교통서비스의 효과적 활용을 위한 법제도 개선방향, 월간교통, 2015.
- 박현제, 블록체인 TechBiz 컨퍼런스, IITP, 2017.
- 변준석, 금융산업에서 블록체인 기술의 현황과 시사점, 이슈리포트, 2016.
- 변준석, 금융산업에서 블록체인 기술의 현황과 시사점, 이슈리포트, 2016.
- 보안 Talk '파괴적인 혁신' 블록체인 Overview, SK인포섹 블로그, 2016.
- 블록체인 기술과 금융의 변화, Kb금융지주경영연구소, 2015.

- 블록체인 기술의 기대와 우려, 하나금융경영연구소, 2016.
- 블록체인 기술의 활용 동향 분석, 정보통신기술진흥센터, 2016.
- 블록체인 생태계 분석과 시사점, 한국과학기술기획평가원, 2017.
- 블록체인 활용 전자투표 주요사례 및 시사점, 한국정보화진흥원, 2017.
- 블록체인(Block chain)의 등장과 기업금융에 미치는 영향, 포스코경영연구원, 2016.
- 블록체인. 분산된 공개장부, 세상을 바꾼다, 네이버캐스트, 2018.
- 블록체인과 AI가 5G를 만나다!, 과총, 2019.
- 블록체인의 개념과 활용 사례, 우리금융경영연구소, 2016.
- 블록체인의 개념과 활용사례분석, 한전경제경영연구원, 2017.
- 블록체인이 온다, 블록체인 확산, 혁신 주도할까? 아이뉴스24, 2017.
- 블록체인이 온다, 블록체인 활성화, 과제는? 아이뉴스24, 2017.
- 비트코인 거래 메커니즘과 사설블록체인 활용 동향, 하나금융경영연구소, 2016.
- 서영희 외, 블록체인 기술의 산업적·사회적 활용 전망과 시사점, 소프트웨어정책연구소, 2017.
- 송상화, 블록체인이 물류를 바꾸는 3가지 시나리오, CLO, 2017.
- 송상화의 물류돋보기, 블록체인이 물류를 바꾸는 3가지 시나리오, CLO, 2017.
- 쉬밍싱·티엔잉·리자위 저, 김응수 옮김, BLOCK CHAIN, Book Star, 2018.
- 수진, 공유경제 서비스 영향요인에 대한 실증연구, 인터넷전자상거래연구, 2016.
- 안정락, 대만·싱가포르 '핀테크'도 상륙…모바일 결제 '한국은 없다', 한국경제TV, 2014
- 양이랑, ⑧ 정부, 가상통화 '비트코인' 공식 결제수단으로 인정, 조선비즈, 2016.
- 윤승욱, 소셜네트워크서비스(SNS) 혁신저항에 관한 연구, 언론과학연구, 2013.
- 이상진·박경록·박종찬, 제4차 산업혁명과 스마트팩토리 운영과 전략, 한올, 2018.
- 이제영, 「국내외 과학기술혁신 10대 트렌드」, 통권 222호, 과학기술정책연구원
- 이중원, 공유서비스 이용 후 만족에 영향을 미치는 요인, e-비즈니스연구, 2016.
- 이코노믹리뷰, 미래를 본다, 2018.
- 이호, 블록체인 기술 국내 도입 전망, 소프트웨어 정책연구소, 2016.
- 임명환, 블록체인 기술의 영향과 문제점 및 시사점, 한국전자통신연구원, 2016.
- 임명환. 블록체인 기술의 활용과 전망, 한국전자통신연구원 미래전략연구소, 2016.
- 자본시장이 새로운 생태계를 주도하는 블록체인 2.0, 정보통신기술진흥센터, 2017.
- 정승화, 블록체인 기술기반의 분산원장 도입을 위한 법적 과제, 금융법연구, 2016.
- 제4차 산업혁명 제2의 인터넷 블록채인, 하이투자증권, 2017.
- 제4차 산업혁명 핵심 '블록체인'행정혁신 가능성 무한, 경기도웹진G-Life, 2017.
- 크로스웨이브, "가트너, 기업 CIO 77%, 블록체인 이용 계획 없다, 2018.
- 한국금융연구원, 최근 아시아에서의 공유경제 확산과 시사점, KIF 정책보고서, 2014.
- 한국은행, 비트코인 분산원장 기술과 디지털통화의 현황 및 시사점, 2016.
- 한민옥, 준비없는 핀테크는 재앙이다, 디지털타임스, 2014.
- 한화투자증권, 블록체인, 이상과 현실, 어디쯤 와 있나, 한화리서치, 2018.
- 홍승필, 블록체인기술 금융분야 도입방안을 위한 연구, 금융위원회, 2016.
- KT경제경영연구소, 블록체인 비즈니스의 미래, 한스미디어, 2018.

곽 진 영(kwakjy@sigmachain.net)

Griffith University 컴퓨터 공학석사로 Max automation에서 소프트웨어 엔지니어로 싸이월드를 개발하였다. 이후 DBA출신으로 세이큐피트 CTO를 거쳐 한국산업기술대학교에서 게임공학과 겸임교수를 맡았고, 솔루션(DB) 설계분석 조정 및 컨설팅 분야에 강점을 가지고 있는 SNS 정보기술전문가라는 평가를 받고 있다. 2015년부터는 분산네트워크기반의 SNS 서비스 관련 기술들을 개발하여 현재 ㈜시그마체인의 설립자이자 CEO/CTO로 퓨처피아 글로벌 서비스를 책임지고 있다. 2018년 글로벌경제문화발전대상 시상식에서 블록체인 혁신상을 수상했다. 블록체인 전문기업인 ㈜시그마체인이 국제 블록체인 피칭 대회 '스위스 블록체인 리더십 서밋'에서 1위를 차지했다. 국제공인시험기관 KOLAS 로부터 30만 TPS의 트랜잭션 처리 성능을 공식 인증받은 '시그마체인 메인넷'을 개발했다. 이를 통하여 2019년 해외 매체에서 가장 빠른 트랜잭션 속도를 분석하여 순위를 선정했는데, 시그마체인 퓨처피아가 TOP10 중 1위로 등극시켜 놓았다. 시그마체인의 대표적인 퓨처피아(FUTUREPIA), 모두가 주인인 SNS 포탈 플랫폼, 우리가 만드는 FUTUREPIA를 통하여 글로벌시장 진출, 특히 블록체인 기반 메인넷 소프트웨어를 개발·판매, 블록체인 기반 스마트시티 및 메인넷을 구축함에 있어 중추적인 역할 수행과 글로벌시장 확장을 펼치고 있다.

오 영 석(kwakjy@sigmachain.net)

현재 ㈜시그마체인의 부사장이자 재무책임자(CFO)로서 2천여 개의 기업컨설팅을 통하여 다양한 분야의 비즈니스 모델을 설계하고 있으며, 수십여 차례의 성공적인 인수합병 컨설팅을 수행한 이력을 가진 최고운영집행 책임자이다. 코스닥 상장을 2회(모디아, 넷마블)시키고, 상장사인 넥서스창업투자회사 이사, 저축은행 대표이사의 경험을 가지고 있다. 비즈니스 모델의 핵심 밸류체인을 기반으로 한 사업모델의 수평적, 수직적 확장을 중심으로 한 비즈니스 모델을 개발하고 개발된 모델을 성장시키는 기획력을 가지고 있다. 시그마체인의 대표적인 퓨처피아(FUTUREPIA), 모두가 주인인 SNS 포탈 플랫폼, 우리가 만드는 FUTUREPIA를 통하여 글로벌시장 진출, 특히 블록체인 기반 메인넷 소프트웨어를 개발·판매, 블록체인 기반 스마트시티 및 메인넷을 구축함에 있어 중추적인 역할 수행과 글로벌시장 확장을 펼치고 있다.

박 경 록(mit2060@naver.com)

서강대, MBA와 성균관대 경영대학원 경영컨설턴트, 건국대 경영학박사로 한국생산기술연구원, 충주MBC '출발새아침'방송진행 등을 거쳐 현재 경희대학교 글로벌미래교육원 경영학과 교수, 건국대 신산업융합학과 대학원 겸임교수이다.(주)시그마체인 경영자문위원,(주)Most HR그룹 대표이사, 경북상주시 홍보대사, 고용노동부 HRD기관 인증심사위원, 중소벤처기업진흥공단, 국방부, 국정원, 기상청 등 정부기관, 전국시도교육청, 삼성(그룹)인력개발원, 현대ENG 등 기업체에서 교수활동을 하고 있다. 저서로 <4차 산업혁명과 스마트팩토리>, <Core 핵심리더십>, <HRM & HRD 전략>, <승계전략과 핵심인재육성>, <Fun(뻔)Fun(뻔)으로 혁신>과 <Developing 교사리더십>, <학교장 리더십> 번역서 등 20여권의 저서가 있다. 중기청, 충주MBC, 한국GM, 성균관대, 매일경제, KSA, 국토부산하(재)건설산업교육원 등으로 부터 공로상을 수상했으며, 중소벤처기업부와 APEC 지원 인도네시아 등 아태지역 개발도상국 등에서 리더십, 변화관리, 경영혁신, 전략경영 등 해외강의 활동을 하고 있다.

윤 장 준(yun@sigmachain.net)

현재 ㈜시그마체인의 기술 마케팅이사(CMO) 겸 ㈜두베 대표이사, 한국 소프트웨어산업협회 기술고문을 맡고 있다. 과거에 신한은행 스마트 전담반을 운영하였고, 신한은행에서 블록체인을 기반으로 한 개인정보운영 시스템을 구축한 경험을 가지고 있다. 그 외에도 경찰청 인공지능 기반 동영상 증거 분석시스템을 구축하였으며, LG 디스플레이에서 구글과 함께 빅데이터 POC 생산센터를 만든 이력이 있다. 또한 현대기아차그룹 GCRM / GVOCM을 구축하였다. 시그마체인의 대표적인 퓨처피아(FUTUREPIA), 모두가 주인인 SNS 포탈 플랫폼, 우리가 만드는 FUTUREPIA를 통하여 글로벌시장 확장, 특히 블록체인 기반 메인넷 소프트웨어를 개발·판매, 블록체인 기반 스마트 시티를 구축함에 있어 중추적인 역할 수행과 글로벌시장 확장을 펼치고 있다.

박 종 찬(most-hr@naver.com)

중앙대학교 법학과를 졸업했으며, Korean Augmentation To the United States Army, KATUSA인 대한민국 육군인사사령부 예하 주한 미8군 한국군지원단을 거쳐, 경남기업(주)에서 건축, 토목, 플랜트, 전기, 에너지 사업 프로젝트와 종합건설 관련 Project 법무팀 중점 업무 및 기획을 담당했다. 현재 (주)시그마체인 홍보이사(CCO) 겸 (주)Most HR그룹에서 HRM 및 HRD 관련 분야 CMO로서 4차 산업혁명관련 분야와 ICT 프로젝트 업무기획을 담당하고 있다. 주요 프로젝트로는 조달청, 기획재정부, 국토교통부, 지방자치단체, 대한건설협회 등의 에너지 사업, 플랜트, 건축, 토목, 전기 사업 프로젝트와 용역 업무를 기획 운영했다. 시그마체인의 대표적인 퓨처피아(FUTUREPIA), 모두가 주인인 SNS 포탈 플랫폼, 우리가 만드는 FUTUREPIA를 통하여 글로벌시장 확장, 특히 블록체인 기반 메인넷 소프트웨어를 개발·판매, 블록체인 기반 스마트 시티를 구축함에 있어 중추적인 역할 수행과 글로벌시장 확장을 펼치고 있다.

모두가 주인인 SNS
우리가 만드는 FUTUREPIA

블록체인과 SNS 혁명

초판 1쇄 인쇄　2019년 6월 1일
초판 1쇄 발행　2019년 6월 1일

저　자　곽진영 · 오영석 · 박경록 · 윤장준 · 박종찬
펴낸이　임 순 재
펴낸곳　**(주)한올출판사**
등　록　제11-403호
주　소　서울시 마포구 모래내로 83(성산동 한올빌딩 3층)
전　화　(02) 376-4298(대표)
팩　스　(02) 302-8073
홈페이지　www.hanol.co.kr
e–메일　hanol@hanol.co.kr
ISBN　979-11-5685-774-7